동유럽
소도시
여행

동유럽 소도시 여행

지은이 백상현
펴낸이 임상진
펴낸곳 (주)넥서스

초판 1쇄 발행 2010년 8월 1일
초판 2쇄 발행 2010년 8월 5일

2판 1쇄 발행 2016년 7월 25일
2판 3쇄 발행 2019년 1월 20일

출판신고 1992년 4월 3일 제311-2002-2호
10880 경기도 파주시 지목로 5
Tel (02)330-5500 Fax (02)330-5555

ISBN 979-11-5752-878-3 13980

저자와 출판사의 허락 없이 내용의 일부를
인용하거나 발췌하는 것을 금합니다.
저자와의 협의에 따라서 인지는 붙이지 않습니다.

가격은 뒤표지에 있습니다.
잘못 만들어진 책은 구입처에서 바꾸어 드립니다.

본 책은 『아호이 아호이』의 개정판입니다.

www.nexusbook.com
넥서스BOOKS는 (주)넥서스의 실용 브랜드입니다.

누구나 꿈꾸는 감성 여행지

동유럽
소도시
여행

백상현 지음

넥서스BOOKS

여행을 가보지 않고
어찌 인생을 말할 수 있으랴.

여행에 인생의 해답이 담겨져 있다.

Prologue

여행의 순간, 가슴이 뛴다

시들하던 인생에 생기가 넘쳐흐르고 인생이 빛나기 시작한다. 머리보다 가슴으로 느끼고, 차분한 들숨보다 거친 날숨으로 호흡하는 것, 그것이 진정한 여행이면서 동시에 삶이다. 폴란드 국경에서 마주친 이름 모를 새들처럼 자유롭게 국경을 넘나드는 여행이 삶의 화두가 될 때 내 심장은 숨 가쁘게 요동친다.

여행길 위의 인연, 그 낯선 만남처럼 가슴을 뛰게 하는 순간들이 있을까. 화려한 도시에서 만나는 멋진 수트의 인텔리겐차Intelligentsia나, 동유럽의 한적한 시골마을에서 포도밭을 일구며 살아가는 농부들이나 내게는 모두 소중한 인연들이다. 서로 다른 문화와 삶의 이야기를 간직한 그들의 인생길을 엿보고 눈을 마주하며, 서로의 마음이 닿을 때 그 어떤 건배보다 힘찬 삶의 찬가가 흘러나온다. 노인들의 삶과 말 한 마디 속에서 인생의 지혜를 배우고, 젊은이들의 자유롭고 활기찬 모습에서 잃어버린 청춘의 한때를 회상한다. 그 속에서 나는 다시금 여행자로서의 영원한 삶을 꿈꾼다.

우리는 모두 노마드족이다

화석처럼 딱딱해진 일상을 살아가는 이들도, 거친 여행길 위에 서 있는 자들도 모두 길게 바라보면 자신만의 인생길을 여행하는 순례자들이다. 결국은 모두에게 있어서 그것을 주저하게 만드는 것이 바로 현실이다. '언젠가는 떠날 거야.'라고 입버릇처럼 말하지만 늘 현실이라는 시간의 감옥 속에서 용기를 내지 못한 채 망설인다.

어쩌면 무모하게 내디딘 한 걸음이 이 현실의 감옥을 탈출하는 열쇠가 될지도 모른다. 여행길에 나서는 순간, 그동안 존재하던 시간의 한계는 사라지고 영원함에 닿아 있는 지혜의 길이 보일 것이다. 과거와 현재, 그리고 미래가 공존하는 여행은 그 어떤 정교한 기계보다, 그 어떤 초고속 열차보다 더 빠르게 여행자를 낯선 시간의 정류장에 데려다준다. 여행자는 잠시 어리둥절하다가도 그 새로운 시간 속에서 모험을 시작한다. 아득히 먼 곳도 부지런히 걸어가면 언젠가는 닿을 수 있다. 여행이 주는 즐거움은 바로 그런 것이다. 한 발 한 발 설레는 가슴으로 낯선 골목길에 들어설 때 그곳은 단지 작은 골목이 아니라 무수한 이야기로 가득한 전설의 무대가 된다.

꿈을 꾸며 걷는 길, 그것이 여행이다

주어진 대로만 살아가는 것은 재미가 없다. 때로 발자국이 덜 나 있는 길에서 예상치 못한 즐거움을 만날 수 있다. 그런 점에서 동유럽은 아직 베테랑 여행자들에게든, 첫걸음을 내딛는 여행자들에게든 매력적인 곳임에 틀림없다. 풍부한 문화유산과 따뜻한 마음을 가진 사람들이 공존하고 있는 곳이기 때문이다. 그리고 무엇보다도 서유럽에 비해 때 묻지 않은 순수함이 아직도 남아 있기 때문이다.

그렇게 여행을 하다보면 어느 순간 낯선 여행이 말을 걸어온다. 많은 여행자들의 발걸음이 켜켜이 쌓인 도시에서도, 누구의 발길도 닿지 않은 숲속 오솔길에서도 마음을 열면 그 소리가 들려온다. 무거운 배낭에 어깨가 처질 때마다, 닫힌 가슴을 가진 굳은 얼굴을 대할 때마다, 계획에서 어긋나 망칠 것만 같은 여행에 좌절할 때마다 포기하지 말고 길을 걸으라고. 걷다 보면 그 길에서 반드시 무언가를 찾을 것이라고.

돌이켜보면 내가 여행을 하는 것이 아니라 여행이 나를 이끌어준 것이리라. 여행은 어둠 속에서 내게 밝은 빛을 비춰주었다. 단순히 종이 위에 죽어 있는 글자들만 가이드가 되어준 것이 아니다. 보이진 않아도 살아서 호흡하는 그 어떤 실체, 상황에 따라 변화하고 역동적인 힘을 가진 그것-여행-이 나의 인도자였고 동행이었다.

그렇게 시간의 감옥을 탈출해서 꿈꾸듯, 신명나는 춤을 추며 여행을 했다. 미지의 세상 속에 나를 던져 넣고, 내가 알던 속도와는 다르게 흐르는 시간과 공간 속에서 지낸다. 하지만 영원히 시간의 도망자로 살 수는 없다. 다시금 자신으로 돌아오는 과정이 있어야 여행의 가치는 더욱 빛난다. 잠시 숨을 멈추고 견디어보라. 내가 지금 의식하지 않고 자유롭게 호흡하는 이 공기가 얼마나 소중한지 알게 된다. 마찬가지로 여행길에 서면 일상의 자리가 소중함을 알게 되고, 다시 그 자리에 돌아와야 또 다른 여행을 꿈꿀 수 있다. 그래서 언제나 자각몽自覺夢, lucid dream처럼 아름다운 꿈 같은 여행을 하고 스스로 그 잠을 깨우곤 한다. 그리고 다시 일상으로 돌아와 여행을 꿈꾼다. 당신이 꿈꾸는 바로 이 순간부터, 여행은 이미 시작되고 있는지도 모른다.

꿈꾸는 여행자, 휜상어
백상현

CONTENTS

사진에
취 해
동유럽을
거.닐.다

프롤로그　006

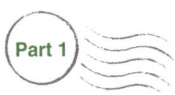

Part 1
오스트리아
누구나 여유가
필요한 순간이 있다

프라이슈타트　낯선 골목에서 만난 사랑스러운 세 천사　016
수머라우　추억을 거슬러 오르는 타임머신　030
잘츠부르크　화려한 축제 속 별과 같이 빛나는 우정　042
장크트 길겐　천혜의 자연 속에 숨은 소박한 마을　058
슈피츠　알싸한 포도향에 취하는 곳　070

Part 2
슬로바키아
지친 마음,
정겨운 미소로 위로받다

브라티슬라바　황금빛 햇살을 머금은 강가에서　086
반스카 비스트리차　슬로바키아의 숨은 보석　100
코시체　자유로운 영혼이 춤추는 곳　118

Part 3
폴란드
중세의 전설 속으로 걸어가다

크라쿠프　슬프도록 아름다운 전설의 도시　**132**
토룬　신비한 이야기가 머무는 곳　**148**
그단스크　싱그러운 바다향이 그윽한 항구　**164**
기치코　국경에서의 하룻밤　**180**

Part 4
발트3국
가슴 속에서 차오르는
자긍심을 느끼다

빌뉴스　우연이라는 필연 속에서 맺어진 인연　**198**
트라카이　호숫가에서 만난 붉은빛 고요의 시간　**214**
리가　위기의 순간에 빛을 발한 특별한 인연　**226**
탈린　중세의 시간 속에 머문 에스토니아의 보석　**242**

Part 5
체코
다채로운 문화가 피어오르다

프라하　6년만의 재회, 잠 못 드는 밤　**260**
체스키 크롬로프　첫사랑처럼 아련함으로 다가온 그곳　**278**
타보르　황금빛 밀밭에서 꾼 행복한 꿈　**294**
텔치　평범함 속에 숨겨진 비범함의 아름다움　**310**
올로모우츠　슈베르트를 스쳐 만난 말러의 향취　**324**
미쿨로프　국경에 숨겨진 모라비아 와인의 보석　**340**

Part 1

오스트리아
Austria

누구나   여유가   필요한   순간이   있다

낯선 골목에서 만난 사랑스러운 세 천사
프라이슈타트

낯선 세상에 마음이 두 근 거 리 다

◆ 깊은 밤 침대 머리맡에 지도를 펴고 누웠다. 내일은 어디로 갈까. 손가락으로 지도를 짚어나가다가 체코와 오스트리아의 국경 근처에서 시선이 멈췄다. 문득 6년 전 여행길에서 멋진 친구를 얻었던 수머라우Summerau가 떠올랐고 그 바로 옆에 프라이슈타트Freistadt라는 이름이 눈에 띄었다. 프라이슈타트, 자유의 도시. 여행이란 자유를 향한 갈망이기에, 그 자유라는 이름의 도시가 몹시 궁금해졌다.

체코의 국경을 넘고 수머라우를 지나 거의 처음으로 정차한 역이 바로 프라이슈타트 간이역이었다. 기차에서 내려 마주한 광경은 상상 이상이었다. 작은 언덕 위에 기차역이 있고 건물 몇 채가 그 아래로 있을 뿐 마을이 어디인지 전혀 알 수 없었다. 사방을 둘러봐도 손바닥 하나 가려줄 그늘이 없고 7월의 작열하는 태양만이 여행자의 머리를 뜨겁게 달굴 뿐이다. 도대체 어디로 가야 하는 것인지.

그러나 여행을 오래 하다 보면 터득하는 것이 있다. 어느 누구에게든 별 거리낌 없이 물어볼 수 있다는 것이다. 곰곰이 생각하다 마침 기차역 부근의 한 회사 건물로 들어가서 프라이슈타트 구시가지로 가는 방향을 물었다. 그때 한창 바쁘게 일을 하고 있던 한 남자, 알베르트Albert가 호기심 어린 표정으로 나에게 다가왔다. "구시가지까지는 거리가 3km는 족히 될 텐데……. 이 무더위에 그렇게 짐을 메고 걸어가기에는 꽤 힘든 길이에요. 차라리 기차역에서 버스를 타거나 택시를 타는 편이 좋을 겁니다." 그는 고개를 절레절레 흔들며 한껏 걱정스러운 목소리로 말했다. 어느새 옆에서 한창 일하고 있던 다른 세 명의 직원들도 몰려와 내가 가야할 길에 대해 열띤 토론을 벌였다. 한참을 듣다가 일단 걸어가기로 했다. 사실 인구가 7천 명 조금 넘는 소도시여서 버스는 언제 올지도 모르고, 택시는 거의 보이지도 않았다. 어쨌든 방향을 알게 되었으니 어떻게든 가보는 수밖에.

무거운 배낭을 짊어지고 작열하는 태양 아래를 힘겹게 걸어가고 있을 때, 갑자기 뒤에서 '빵빵' 하는 자동차 경적 소리가 들렸다. 지나가는 차인가 싶어 길가로 몸을 피하면서 돌아보니 알베르트였다. 그는 바쁜 일과 중에도 나를 마을까지 데려다 주기 위해 잠시 짬을 내어 자신의 차를 몰고 나온 것이다. 고마움에 눈물이 다 나올 지경이었다.

어쨌든 그의 도움으로 구시가지 중심에 단번에 도착할 수 있었다. 막상 광장에 도착했지만 서둘러 하룻밤 머물 숙소를 찾는 것이 급선무였다. 무거운 배낭을 메고 광장 한 모퉁이에 있을 《론리 플래닛Lonely Planet》 추천 숙소를 찾기 위해 이리저리 배회하던 중 환한 미소의 두 아가씨를 만났다. 자전거를 타고 가던 그들에게 론리에 있는 숙소 주소를 가리키자 자신들을 따라오라며 주저 없이 앞장섰다. 자신들이 가던 길의 방향을 바꿔 내게 길을 알려주는 환한 미소의 두 천사로 인해 오랜 시간이 지난 지금도 프라이슈타트는 정감 있는 도시로 기억되고 있다.

돌이켜보면 고된 여행길에서 무수히 많은 천사들을 만났다. 그들이 없었다면 도중에 여행을 포기했을지도 모른다. 천사와의 동행은 지친 여행길에 생기와 힘, 그리고 새로운 용기를 준다. 여행길처럼 우리의 힘든 인생길에도 분명 천사들이 존재한다. 찬찬히 생각해보면 우리는 부지불식간에 그들을 이미 여러 차례 만났는지도 모른다.

여러 천사의 도움으로 도착한 펜션은 입구와 창문마다 향기롭고 예쁜 꽃들로 장식되어 벌들이 날아들고 있었다. 숙소에 짐을 풀고 잠시 숨을 돌리고 있는데, 거센 소나기가 시원하게 쏟아졌다. 꽃을 희롱하던 벌들은 모두 어디론가 달아나고, 빗방울은 한껏 신명난 타악기 연주자처럼 리드미컬하게 창문을 두드렸다. 알베르트와 두 아가씨의 도움이 아니었다면 아마 난 아직도 저 빗속에 무거운 배낭을 메고 길을 헤매고 있었겠지.

어느새 맑게 갠 하늘 아래 아련함이 가득한 골목길을 따라 걸어본다. 소박하지만 개성 있는 주택들이 나란히 늘어서 있는 모습이 아기자기하다. 오스트리아 최초의 왕조였던 바벤베르크Babenberger 왕조의 대공 레오폴트 6세Leopold Ⅵ는 1220년경 '북쪽의 숲Nordwald'이라고 불린 빽빽한 숲 한가운데에 도시를 건설하고자 했다. 그래서 이 숲에 정착해서 숲을 개간하고, 집을 짓고, 경작지와 도로를 만든 사람에게는 특별한 지위를 부여했다. 자신이 건설한 집과 경작한 땅에 대해 당시로서는 상상할 수조차 없는 절대적인 권리를 가졌고 봉건 영주에 대한 의무가 면제되는 특권까지 누렸다. 중세의 신분적, 경제적 종속의 상징이었던 봉건제도에 예속되지 않는 것이야말로 '완전한 면제'의 특권을 의미했다. 이 봉건적 의미의 면제는 곧 자유를 뜻했고, 오늘날 자유 도시, 프라이슈타트의 기원이 되었다. 그래서인지 프라이슈타트를 거닐다보면 왠지 모르게 여유로운 기운이 느껴진다.

낯선 여행지에서 맛보는 음식은 언제나 여행자를 푸근하게 만든다. 펜션 주인의 추천으로 찾은 식당 안에는 중세 시대에 번성했던 도시의 모습을 담은 부

숲과 나무, 집이 길을 만들고, 길은 숲과 집, 그리고 사람을 잇는다.
길 위에 선 여행자야말로 길의 묘미를 가장 잘 느낄 수 있다.

조물이 벽면에 크게 붙어 있었다. 지배인은 내 손에 들린 커다란 카메라를 보더니 주문을 받기도 전에 나와 동행자의 사진을 찍어주겠다고 했다. 느긋한 이 시간, 낯선 도시에 무사히 도착했다는 안도감과 새로운 도시에 대한 호기심으로 여행자의 가슴이 뛰기 시작했다. 잠시 후 지배인의 추천으로 주문한 음식이 나왔다. 고소하고 풍부한 풍미의 치즈와 밥알이 조화를 이룬 리조또Risotto는 멋스럽고 세련된 접시에 담겨져 나왔고, 오스트리아에서 늘 시켜 먹던 비너 슈니첼Wiener Schnitzel은 특이하게 달콤한 잼을 곁들여 주었다.

마음의 배까지 두둑히 불리고 다시 길을 나섰다. 저 멀리 보이는 두터운 성벽과 높이 솟은 감시탑은 자유 수호의 험난한 역사를 말해주는 듯했다. 도시를 둘러싼 성벽 바깥으로는 깊은 고랑을 파고 물을 채워 적의 침입을 막았다. 지붕의 굴뚝 덮개는 마치 비상하는 새의 모양을 하고 있고 시선이 닿는 곳마다 은근한 멋이 느껴졌다. 14세기에 지어진 프라이슈타트 성Schloss Freistadt은 그 모습이 온전히 보존되어 현재는 박물관으로 이용하고 있다. 중세의 영주가 거닐었을 성 안쪽의 통로를 걸어본다. 50미터 높이의 베르그프리트Bergfried 탑에서 바라보는 프라이슈타트의 풍경은 이루 말할 수 없이 아련하고 고즈넉했다.

중세의 도시 속을 걷다 보니 유난히 고요하고 평화로운 밤이 내리기 시작했다. 낮과 밤의 경계에 선 시간, 그 시간은 언제나 내게 황홀한 빛을 선사한다. 이대로 잠자리에 들기에는 너무 아쉬워 마을 광장에 있는 카페에 들렀다. 카드놀이를 하던 대여섯 무리와 나와 같은 여행자인 듯한 두 커플이 소곤소곤 정겨운 대화를 나누고 있었다. 그 시간 속에 잠시 머물며 시간이 들려주는 이야기에 귀를 기울여본다. 오랜 시간 여행자로서 거쳐온 여정과 순간순간의 단상들이 스쳐간다. 자유의 도시 프라이슈타트에서 내가 누리는 여행자의 자유와 이제는 더 이상 여행길에서 벗어날 수 없는 역설적인 모순에 대한 생각에 잠기며 프라이슈타트의 밤을 온전히 누려본다.

다음 날 아침 5시가 조금 넘자 눈이 저절로 떠졌다. 이곳만의 특별한 아침을 느껴보고 싶어 카메라 하나만 달랑 메고 펜션을 나섰다. 도시는 아직 잠에서 깨어나지 않았다. 작은 숨소리조차 들리지 않는 아침, 혹시라도 내 발자국 소리가 사람들을 깨울까 싶어 조심조심 골목길로 접어든다. 마을 바깥 성벽을 나서자 중세 감시탑이 낯선 이방인인 나를 의심스러운 눈초리로 감시하듯 내려다보고 있었다. 게으른 해님은 이제서야 잠에서 깨어난 듯 동쪽 하늘에 황금빛 가루를 뿌렸다.

성벽 바깥 길로 마을을 에둘러 뒤편 언덕길에 올랐다. 밤새 이슬이 내렸는지 풀숲은 촉촉이 젖어 있고, 공기는 푸른 녹음을 머금은 듯 싱그럽다. 한적한 언덕길을 따라 드넓은 목장이 펼쳐져 있고, 그 안에 한 무리의 사슴들이 단란하게 모여 있다. 발자국 소리에 놀란 사슴이 고개를 쳐들고 나를 돌아본다. 이슬같이 맑은 눈망울이 세상 욕심으로 혼탁한 여행자의 마음을 꿰뚫어보듯 더욱 초롱초롱 빛났다. 동그란 언덕에 오르자 프라이슈타트는 안개인지 구름인지 알 수 없는 묘한 띠로 살짝 얼굴을 묻고 있었다.

프라이슈타트의 아침은 일상에 지친 여행자가 스스로에게 주는 소박한 선물이다. 이슬을 머금은 초록 풀밭을 마음껏 거닐기도 하고 맑은 눈의 사슴처럼 사

과거와 현재가 공존하는 카페에 앉아 차 한 잔의 여유를 누려본다.(위)
중세의 고즈넉함과 싱그러운 꽃향기가 머무르는 프라이슈타트, 이곳에서는 어느 누구나 동유럽의 정취를 느낄 수 있다.(아래)

프라이슈타트의 고요한 새벽은
낯선 여행자에게 작은 파문을 일으킨다.

바쁜 일상에서 벗어나 만난 중세의 도시, 프라이슈타트.
작고 소박한 도시의 새벽 공기가
여행자의 마음 깊이 싱그러운 기운을 불어넣는다.

뿐사뿐 뛰어보기도 한다. 자유로운 벌판을 이리저리 거닐 수 있는 이 시간이야말로 내 눈과 마음이 느끼는 세상의 풍경보다 더한 만족을 누려본다.

　늘 일상의 짐에 매여 있는 사람들은 떠나고 싶어도 떠나지 못하고 언제나 자유만 갈망한 채 살아간다. 그러나 그들이 꿈꾸는 자유는 분명 멀리 있지도, 어렵지도 않다. 일상의 틀에서 한 발짝만 벗어나면 세상이 달라지고, 자신의 시야가 변한다. 그 한 발자국을 내딛는 무모함이야말로 여행자와 일상인을 가르는 가늠자이다. 그저 가만히 있으면 그 어떤 이야기도, 역사도 만들어지지 않는다. 자유는 주어지는 게 아니라 지향하는 것이다. 마음 깊이 쏟아지는 햇살 속에서 새로운 여행자로 태어난 시간이었다.

　저 멀리 낮은 구릉 너머로 새로운 길이 구불구불 끝없이 펼쳐져 있다. 앞으로 어떻게 될지에 대한 걱정은 잠시 접어두고 지금은 그저 자기에게 주어진 이 아침을 마음껏 누리면 된다. 이 햇살, 신선한 공기, 맑은 자연. 언덕 반대편에 황금빛으로 물든 보리밭이 따사로운 아침 햇살에 빛나고 있다. 그 황금 보리밭처럼 우리 인생에도 분명 그렇게 환희로 눈부신 때가 오리라.

in good memories

프라이슈타트

◆ 체코 국경에 인접한 오스트리아의 소도시

프라하와 잘츠부르크를 오갈 때 들르기에 용이하다. 오스트리아에 있는 중세 도시들 중 가장 잘 보존되었다. 역에서 구시가까지는 거리가 꽤 되므로 역 앞에서 출발하는 버스나 택시를 이용하는 것이 좋다.

볼거리
- 박물관 역할을 하고 있는 프라이슈타트 성과 50미터의 탑
- 마을을 둘러싼 요새를 따라 산책하고 마을 뒤편 언덕에 올라 전경 바라보기
- 중세에 건설된 두 개의 문 뵈메르토르Boehmertor와 린제르토르Linzertor
- 고딕과 바로크 양식의 교구 교회Stadtpfarrkirche와 교회 종탑

잠자리
- **Pension Pirklbauer**(Hoellgasse 2-4번지, Tel. 724 40)
  린제르토르 근처에 있는 깨끗하고 아담한 펜션. 친절한 주인 아주머니가 꽃으로 단장해 아기자기한 멋이 있다. 아침 식사 포함.

먹을거리
- **Stadtwirtshaus**(Salzgasse 5, Tel. +43 7942/776 20)
  선술집이란 식당 이름처럼 전통이 느껴지는 실내 장식이 푸근한 인상을 준다. 가격도 적당하고 입맛에도 잘 맞는다. 슈니첼이나 리조또 요리 추천.

추억을 거슬러 오르는 타임머신
수머라우

떨리는 마음으로 추억을 더듬어 가다

◆ 프라하만큼이나 내 여행의 심연 속에 소중히 담아두었던 수머라우 Summerau. 체코와 국경이 접해 있는 오스트리아의 변방에 위치하며 한적하다 못해 쓸쓸함이 감도는 작은 국경역이다. 그곳에 다가갈수록 지난 여행의 추억은 6년의 시간을 거슬러 올라갔다. 그때도 오늘처럼 무더운 한여름이었다. 뜨거운 태양에 달아오른 객차에는 더위와 여정에 지친 사람들이 한 데 엮여 있었다. 당시 초보 여행자였던 나는 잘츠부르크에서 프라하로 향하는 기차 연결편을 다시 기다려야 해서 뜻하지 않게 일정에 공백이 생겼다.

　역 내에는 작은 카페나 식당, 쉴 공간도 없었다. 할 수 없이 조금만 걸어가면 식당이 있다는 말을 듣고 무작정 길을 나섰다. 낮게 경사진 들판을 따라 황금빛 밀밭이 펼쳐져 있고 그 사이로 난 작은 길가의 식당에서 만프레드 Manfred를 만났다. 여름 휴가를 떠난 아버지를 대신해 식당을 관리하던 20대 효자 청년의 환대는 외롭고 낯선 여행길을 가던 내게 너무나 큰 위안을 주었다. 넓은 세상을 보고 싶어 하던 만프레드는 이미 그리스를 비롯해 유럽의 곳곳을 누비고 있었고, 아버지가 돌아오는 대로 또 다시 어디론가 떠날 거라며 웃었다. 타인을 향한 배려와 온정, 그리고 그의 활달한 성격은 여행 내내 활력소가 되어주었다.

다시금 이 길을 지나게 된다면 꼭 수머라우에 들러 만프레드를 만나고 싶었는데, 마침내 그 순간이 다가왔다. 수머라우 역에 내려 바라본 역 앞 풍경은 6년 전 모습 그대로였다. 프라하로 가려는 여행자들은 이곳에서 열차를 갈아타야 한다. 그래서인지 작은 국경역에는 프라하로 향하는 여행자들로 북적거렸다. 단체 여행자들 한 무리는 예기치 않은 국경역 방문에 흥분한 듯 서로 사진을 찍어주며 즐거운 한때를 보내고 있었다. 일단 배낭을 맡길 만한 곳이 있는지 역사를 살폈지만 사물함이나 물품 보관소가 따로 없어 결국 역무원 사무실을 노크했다. 낯선 동양인 방문자를 보고 너무 놀라 눈이 동그래진 역무원에게 부탁을 했다.

"죄송하지만, 제가 잠시 수머라우 마을에 다녀오려고 하는데, 제 배낭을 이곳에 맡겨도 될까요?" "아, 그래요. 저쪽에 내려놓으세요. 6시까지는 저희가 이곳에 근무하니까 그때까지만 오면 됩니다." 갑작스러운 방문자의 부탁에도 역무원은 넉넉한 미소를 지으며 흔쾌히 승낙해주었다. 다른 열차를 기다리기 위해 간이역에 옹기종기 모여 있는 단체 여행자들을 뒤로하고 기차역을 나섰다. 그때 한 청년이 내게로 성큼 다가왔다. "어디 가세요?" "아, 네. 저기 마을에 들를 일이 있어서요." "괜찮으시면 잠시 동행해도 될까요? 기차 시간이 좀 남은 것 같아서요." 알고 보니 그도 혼자서 배낭여행을 하고 있었다.

잠깐이지만 한적한 수머라우를 걸으며 그 청년과 여행과 사진에 관한 이런저런 얘기를 나눴다. 자신에게 주어진 시간 속에서 열정적으로 유럽의 곳곳을 누비고 다니는 그의 이야기를 들으니 새삼 20대의 열정이 부러웠다. 이야기 중간 중

소박한 전원 풍경이 근사한 그림을 그려내는 곳, 수머라우
오랜 추억이 아로새겨진 그곳에서
기억을 더듬어본다.

간 그와 함께 수머라우의 들판을 카메라에 담기도 했다. 어느덧 열차 출발 시간이 다다른 그는 나와 작별인사를 나누고 기차역을 향해 돌아갔다. 분명 그는 여행길에서 더욱 넓은 세상을 보고 인생에 그 무엇과도 바꿀 수 없는 귀한 보물들을 안고 돌아갈 것이다. 힘찬 그의 발걸음에 축복어린 기도를 보냈다.

초록의 들판 군데군데 몇 채의 집들이 옹기종기 모여 있고, 하늘에는 양떼구름이 가득하다. 풀밭 사이로 긴 곡선을 그리며 나 있는 두 갈래 비포장 길에서 추억을 더듬어 오른쪽 길로 발걸음을 옮겼다. 이렇게 흙길을 걸어보는 게 얼마만인지 모르겠다. 언젠가 흙과 인체의 구성 성분이 거의 비슷하다는 얘기를 들었다. 어머니 대지의 양분을 받고 태어난 인간은 대지가 키운 곡식을 먹고 살다가 다시 대지의 품으로 돌아간다. 그래서 대지에서 멀어질수록 인간의 삶은 피폐해지고, 대지에 가까울수록 그 삶은 자연스럽고 풍성해진다. 수머라우에는 그런 풍성함이 가득했다. 들판을 가로질러 마을길로 들어서자 어디서 인기척을 들었는지 까만 고양이 한 마리가 내게 다가왔다. 한참을 그녀석과 함께 놀아주다가 이렇게 여유부릴 때가 아니란 생각에 다시 만프레드의 식당을 찾아 나섰다.

6년 전이나 지금이나 마을은 거의 변하지 않아 생각보다 쉽게 만프레드의 식당이 있는 골목길을 찾았다. 그러나 큰 기대를 안고 찾은 식당은 문이 굳게 잠겨 있었다. 다만 오후 4시 이후에 문을 연다는 안내문만 적혀 있을 뿐이다. 이제 겨우 12시인데, 무작정 네 시간을 기다릴 수는 없었다. 잠시 고민하다가 결국 수소문해서 집을 찾아보기로 했다. 마침 식당 맞은편 이웃집 정원에 한 동네 아주머니가 나와서 정원을 손질하고 있었다. "아주머니, 혹시 만프레드라는 청년 아세요? 이 식당에서 일하고 있었는데……." 그러나 그 아주머니는 영어로 물어보는 내게 잘 모르겠다며 고개를 갸우뚱거리다가 '만프레드'라는 말에 눈빛이 빛났다. "만프레드는 지금 없어요. 미국에 가서 9월에나 돌아올거에요." 고등학교 때 배운 독일어 실력으로 대충 종합해보니 그런 의미였다. 그런 다음 그녀는 손가락으로 내가 걸어온 길 너머에 있을 만프레드 가족의 집을 가리켰다.

만프레드의 소식이나 듣고 가족에게 안부나 전할 겸 집을 찾아보기로 마음먹었다. 중간에 만난 또 다른 동네 주민도 친절히 길을 안내해 주었다. 그러나 집 대문에 특별히 명패도 없어 어느 집이 만프레드의 집인지 알 수가 없었다. 때마침 자전거를 타고 지나가던 동네 꼬마를 불러 세웠다. 갑작스레 만난 동양인에 조금 놀랐는지 눈이 동그래진 그 소년은 경계심과 호기심 어린 얼굴로 내 입에서 무슨 말이 나올지 잔뜩 긴장하고 있었다. "너 혹시 만프레드나 그 동생 토마스Thomas 아니?" 토마스는 6년 전에 식당에 들른 나를 보고는 수줍게 미소 짓던 겨우 열두 살 남짓의 귀여운 막내 동생이었다. 만프레드와 토마스란 말이 내 입에서 튀어나오자마자 소년의 표정이 환하게 밝아졌다. "저 토마스 잘 알아요." "그럼 토마스의 집이 어디니?" 내 물음에 소년은 의아한 듯한 눈빛으로 나를 한 번 더 쳐다보더니 바로 내 등 뒤를 가리켰다. "바로 저기에요." 토마스의 집 바로 앞에서 장황하고 소란스럽게 동네 소년에게 위치를 물어보고 있었던 것이다.

초인종을 누르는 손끝이 떨렸다. 6년의 시간이 지나 이뤄진 갑작스러운 방문, 더구나 만프레드의 부재……. 가족들이 나를 알아볼까. 잠시 후 안에서 인기척이 나더니 문이 열리고 덩치가 산만한 10대 청년이 문을 열었다. 낯선 동양인의 예기치 못한 방문에 당황한 그를 보자마자 나는 한눈에 - 비록 6년의 세월이 흘렀지만 - 그가 토마스라는 걸 알 수 있었다. "안녕, 토마스!" 하고 인사를 건네자, 그의 놀란 두 눈이 더욱 커졌다. 내 가슴 근처에 왔던 그의 키는 내 머리보다 더 높았고 어느새 열여덟의 건장한 청년이 되어 있었다.

잠시 어리둥절하던 그도 그 예전 낯선 동양인을 기억해냈는지 만면에 그때와 다름없이 수줍은 미소를 지었다. 잠시 후 토마스의 누나 엘리자베스Elizabeth와 그녀의 남편 볼프강Wolfgang, 아버지 프리드리히Friedrich가 차례로 나왔다. 평온한 대낮에 갑자기 들이닥친 동양인에 놀라면서도 6년 전 내가 만프레드와 함께했던 그

푸른 들판과 황금 물결이 수머라우의 풍경을 더욱 풍요롭게 만든다.

추억을 가족들도 기억하고 있었다. 토마스의 누나 엘리자베스는 내가 그때 식당에서 만프레드, 토마스와 함께 찍은 사진을 보내주었던 것을 알고 있었다. 만프레드의 아버지는 인자한 미소와 함께 힘찬 악수로 멀리서 온 나를 반갑게 맞아주었다. 함께 그때의 추억을 떠올리며 이야기를 나누고, 기념사진을 찍었다. 원래 오후 4시에 식당 문을 여는데, 이날은 나를 위해 특별히 바로 식당 문을 열었다.

6년 만에 들어선 레스토랑은 옛날 모습 그대로였다. 레스토랑에 붙어 있는 실내 테니스장도 잘 정돈되어 있었다. 6년 전에 앉았던 테이블에 만프레드를 제외한 가족이 함께 앉았다. 만프레드는 미국 피츠버그에서 버스 운전을 하고 있다고 했다. 늘 넓은 세상을 돌아다니기를 좋아했던 그의 꿈은 미국으로까지 이어지고 있었다. 식당문을 평소보다 3시간 가까이 일찍 열었는데도 동네 주민들이 기다렸다는 듯이 너댓명 들어왔다. 그중의 한 명은 6년 전에도 식당 한편의 테이블에 자리 잡고 맥주를 마시던 코가 빨간, 낯익은 아저씨였다. 이 식당의 스페셜 게스트라며 엘리자베스가 웃었다. 왠지 모를 반가움이 앞섰다.

수학선생님인 토마스의 누나가 영어로 이런저런 이야기들을 통역해주었다. 엘리자베스와 볼프강 사이에서 태어난 두 남매 펠릭스^{Felix}와 안나^{Anna}는 예전의 토마스와 똑같은 눈빛과 표정으로 나를 경계하듯 멀리서 쳐다보았다. 함께 사진도 찍고 6년 전의 추억과 현재의 일상에 대한 이야기를 함께 나눴다. 아버지 프리드리히는 6년 전 만프레드처럼 나에게 차가운 맥주 한 잔과 데친 소시지, 잘츠 비테를 가져다주었다. 느끼함이 전혀 없는 따끈한 소시지와 소금으로 인해 약간 짭짤한 잘츠 비테는 그때나 지금이나 변함없는 맛이었다.

"어떻게 이곳을 다시 찾아오게 되었나요?" 엘리자베스가 궁금증 가득한 표정으로 내게 물었다. "만프레드가 6년 전 내게 대접해 주었던 음식 맛을 잊지 않았어요. 무엇보다 낯선 여행자인 내게 그가 보여준 친절과 따스한 마음을 잊을 수가 없었지요." "만프레드는 언제나 행복한 사람이에요. 늘 밝게 웃는 그를 사람들은 정말 좋아해요." 엘리자베스가 맞장구를 쳤다. "9월에 고향에 온다고 했어요. 만프레드가 이 자리에 있었다면 정말 반가워했을 거에요."

비록 만프레드를 만나진 못했지만, 내 마음은 그때만큼 따스함으로 충만해졌다. 한참 얘기를 나누다 보니 시간이 꽤 흘렀다. 몇 대 오지 않는 열차 출발 시간에 맞추기 위해 아쉽게도 일어나야 했다. 마지막으로 만프레드와 그랬던 것처럼 다같이 모여 기념사진을 찍었다. 한사코 계산을 만류하는 만프레드 가족의 배웅을 받으며 재회의 행복감과 이별의 아쉬움을 뒤로한 채 레스토랑을 나섰다.

그때처럼 밀밭은 황금빛으로 익어가고 있었고, 구름은 낮게 드리워 수머라우를 포근히 감쌌다. 수머라우의 풍경은 여전히 평화롭고 아름다웠으며 그곳에 사는 사람들도 순박하고 따스했다. 오로지 그 세월만이 흘렀다. 하지만 우리의 추억은 오히려 더욱 생생하게 빛나고 있었다. 추억이 없는 인생, 만년에 되돌아볼 아름다운 시절의 기억들이 없는 인생은 얼마나 그 마음이 가난할까. 내게 주어진 오늘을 더욱 아름다운 인연으로 만들어가고, 오늘 하루를 세상의 마지막 하루처럼 살아간다면 먼 훗날 이 하루는 너무나 소중한 날로 기억되겠지. 수머라우가 등 뒤로 점점 멀어질수록 그 옛날 환하게 웃던 만프레드의 웃음이 더욱 크게 내 귓가에 메아리쳤다.

수머라우
◆ 체코 국경 너머, 오스트리아 국경도시

잘츠부르크에서 프라하로 이동할 때 수머라우 역에서 열차를 갈아타야 한다. 기차 시간에 여유가 있다면 잠시 수머라우의 밀밭과 한가로운 전원 풍경 속을 산책해보는 것도 좋다.

볼거리
- ◆ 잘츠부르크와 프라하 사이의 국경역 둘러보기
- ◆ 푸른 하늘과 양떼구름, 초록의 들판이 넘실거리는 전원 풍경

먹을거리
- ◆ **Tennis-alm Bar/Pub**(Summerau 220, Tel. +43 7949 6777)
  테니스장 겸 바와 펍(선술집)을 겸한 특이한 식당이다. 동네 주민들이 대부분 이용하는 동네 사랑방 같은 곳으로 잘츠 비테와 부르스트의 맛이 일품이다. 오픈 시간이 제한적이어서 문을 닫고 있는 경우도 종종 있다.

화려한 축제 속 별과 같이 빛나는 우정
잘츠부르크

낯선 공간에서 마음으로 대화를 나 누 다

◆ "누구시죠?" "칼Karl, 나 기억해? 예전에 슬로바키아 반스카에서 만났던……." "아! 상현!" 그는 나를 분명히 기억하고 있었다. "칼, 난 지금 오스트리아 국경 근처 프라이슈타트에 있어. 내일쯤 잘츠부르크Salzburg로 갈 예정인데, 얼굴이나 볼까 해서…….""아, 정말이야. 그럼 만나야지. 몇 시쯤 올 거야?" "잘츠부르크 중앙역에 오후 네다섯 시 정도면 도착할 것 같아." "그래, 알았어. 마중 나갈게. 내일 봐. 네 소식을 들으니 정말 기쁘다."

오스트리아를 여행하던 길에 무작정 특별한 계획에도 없이 그에게 전화를 걸었다. 그의 반가운 목소리를 듣자 큰 힘이 솟았다. 구체적인 여행지를 딱딱 정해 놓지 않은 여행이라 만일 칼이 전화를 받지 않았다면 잘츠부르크는 그냥 지나칠 생각이었다. 전화를 끊고 어느새 나의 시간은 1년 전 슬로바키아의 소도시 반스카 비스트리차로 거슬러 올라갔다.
　반스카 비스트리차의 한적한 밤거리를 거닐고 있을 때, 근처 카페에서 숨차게 달려오더니 동양인 여행자를 무척이나 신기해하고 반겨주었던 칼. 그는 열린 마음을 가진, 속이 깊고 따스한 사람이었다. 여행길에서 만난 칼은 자칫 관광지만 돌아보는 식상한 내 여행에 큰 활력소가 되어주었다. 그렇게 여행길에 만난 작은 인연이 소중한 추억이 되었고, 그 추억은 새로운 만남이 되어 돌아왔다.
　잘츠부르크 중앙역Salzburg Hbf에 내려서 배낭을 메고 중앙역 홀을 두리번거리고 있을 때 누군가 내 앞을 막아섰다. 바로 칼이었다. 예의 그 얼굴 가득 선한 미소를 짓고 있었다. 우리는 재회의 기쁨을 힘찬 악수로 나눴다. 그는 만나자마자 반가움과 함께 미안한 표정으로 말했다. "정말 마음 같아서는 우리 집에 묵게 하고 싶은데, 어제 갑자기 연락을 받아서 집 정리도 못 했고, 집사람이 둘째 아기를 임신하고 있는데, 아직 조심해야 할 초기여서……." 말끝을 흐리던 그는 조심스럽게 말을 이었다. "그래서 우리 집 근처에 내 동창 어머님이 하시는 작은 호텔이 있는데, 내가 그쪽에 방을 하나 잡아뒀어. 구시가로 바로 가는 버스도 호텔 앞에 서니까 잘츠부르크를 돌아보기에도 편할 거야. 거기에 머물러도 괜찮겠어?" "물론이지. 난 괜찮아. 배려해줘서 고마워." 그제서야 환한 미소를 되찾은 칼은 트렁크에 내 짐을 싣고는 다시 길을 나섰다.
　구시가 중심에서 벗어나 10분 정도 달리자 한적한 동네가 나타나고 도로변에 있는, 작지만 전통이 느껴지는 호텔로 들어갔다. 노부인이 우리를 반갑게 맞아주며, 2층에 위치한 넓고 안락한 방으로 안내했다. 창밖으로 잘츠부르크 외곽을 둘러싼 높은 산들이 보였다. "우리 집은 여기서 차로 5분도 안 걸리는 곳에 있어. 오늘은 피곤할 텐데 좀 쉬고, 내일은 내가 가이드 역할을 해줄 테니 전화해. 저녁에는 다 함께 모여 우리 집에서 바비큐 파티를 하자구." 6년 만에 다시 찾은 잘츠부르크의 첫날, 내 가슴 속 설렘과 열기를 달래듯 소나기가 시원스레 쏟아졌다.

다음 날 아침, 마침 주말이기도 하고, 임신한 아내 대신 바비큐 파티 준비를 해야 할 칼에게 부담을 주고 싶지 않았다. 나 홀로 잘츠부르크를 돌아다니기로 결심하고 칼에게 전화해 내 마음을 전했다. "칼, 오늘은 나 혼자 잘츠부르크를 구경다닐게. 그게 좋을 것 같아." "그래? ……, 알았어. 그러면 오후 5시쯤에 호텔로 데리러 갈게. 그때 봐."

칼이 알려준 대로 숙소 앞에서 21번 버스를 타고 구시가로 향했다. 잘츠부르크를 다시 찾으면 제일 먼저 가보고 싶었던 곳이 바로 미라벨 정원Mirabell Garten이었다. 미라벨 궁전Schloss Mirabell은 1606년 당시의 절대 권력자인 볼프 디트리히Wolf Dietrich 대주교가 평민의 딸이자 사랑하는 연인 살로메를 위해 지었다고 한다. 그런 사연 때문인지 이 궁전은 세계에서 가장 낭만적이고 아름다운 결혼식이 열리는 식장으로도 단연 인기가 높다. 마침 토요일이어서 결혼식을 올리고 기념사진을 찍는 커플이 정원과 궁전 곳곳에서 눈에 띄었다. 내 친구 칼도 물론 이곳에서 결혼식을 올리고 기념촬영을 했다고 한다.

궁전을 거닐다 결혼식을 올리기 위해 대기 중인 커플에게 축하인사를 건네자 그들도 행복한 미소로 화답했다. 내 카메라를 향해서도 환한 미소를 보여주는 커플들에게서 사랑의 바이러스가 내 가슴 속으로 가득 스며드는 듯했다. 화사한 장미꽃과 우아한 대리석 조각, 곳곳에서 시원한 물줄기를 뿜어내는 분수들이 조화를 이루고, 사랑과 행복의 약속이 가득 넘치는 미라벨 정원은 사시사철 사랑의 세레나데가 흐르는 그림 같은 곳이다.

미라벨 정원에서 한가로운 산책을 마치고 잘차흐Salzach 강을 건너 게트라이데Getreide 거리로 향했다. 보행자 전용 거리답게 많은 인파가 거리를 가득 메우고 있었다. 때마침 잘츠부르크 축제 개막일이어서 더욱 흥겹고 들뜬 분위기가 넘쳐흘렀다. 이리저리 인파에 휩쓸려 걷다가 모차르트 생가Mozart Geburthaus 앞에서 아름다운 선율로 연주 중인 3인조 거리공연가를 만났다. 음악에 취해 군중들 사

최고의 결혼식장으로 사랑받고 있는 미라벨 정원, 이곳에서는 언제나 사랑의 기운이 넘쳐흐른다.

이로 몸을 움직이며 그들의 모습을 프레임에 담고자 애썼다. 그때 노천카페 테이블에 앉아 있던 한 남자가 유심히 내 모습과 카메라를 가리키며 옆에 앉은 아가씨와 얘기를 나누는 눈치였다.

잠시 후 내가 사진 찍기를 멈추자 기다렸다는 듯이 그 남자가 내게 말을 걸어 왔다. "괜찮다면 우리와 합석하지 않겠어요?" 그의 이름은 로버트^{Robert}, 그의 동행은 모니카^{Monica}였다. 그도 사진 애호가였다. "당신들 둘은 정말 잘 어울리는 커플 같아요." 내가 말하자마자 옆에 앉아 있던 모니카가 당황한 듯 손사래를 쳤다. "아니에요! 우리는 그냥 직장 동료일 뿐이에요. 주로 남자들로 구성된 직장이고, 또 로버트 같은 멋진 남자들과 이렇게 어울려 다니니까 다른 남자들이 아예 접근을 하지 않아요." 그녀는 장난스럽게 웃으며 살짝 불만을 내비쳤다. 모니카는 내가 조금 전에 구입한 거리공연가의 5유로짜리 음반을 가리키며 표지 제목에 관해 설명을 해주었다. "'Seitsprung'이란 원래 '줄을 튕긴다'라는 의미가 있어요. 하지만 그 단어는 'unfaithful', 즉 바람을 피우는 것을 나타내는 이중적인 의미도 있지요." "아, 그렇군요. 정말 재미있는 제목이네요." 그때 로버트가 끼어들었다. "모니카의 성이 중세 시대 주교^{Bishop}를 의미하는 비숍^{Bischof}이야. 아마 그 옛날 어떤 주교가 분명 'Seitsprung'해서 모니카 가문이 생겼는지도 몰라." "하하하!" 그의 어이 없는 설명에 우리는 다같이 웃었다.

모니카는 에너지 컨설턴트로, 중저음용 목관악기 바순^{Bassoon}을 연주하는 음악 애호가였다. 그녀는 잘츠부르크 축제 개막일에 무료로 공개되는 각종 연주와 행사를 시간표대로 체크해서 축제를 마음껏 즐길 거라고 했다. 로버트는 나와 같이 필름부터 디지털까지 니콘 카메라 애호가였고, 그래서 더욱 이야기가 잘 통했다. "비자 페르피냥$^{Visa\ Perpignan}$이라고 알고 있어? 프랑스 소도시 페르피냥^{Perpignan}에서 열리는 포토저널리즘 축제인데, 난 거의 매년 참석하고 있어. 작년에도 다녀왔는데, 정말 인상적이고 놀라워. 꼭 참석해봐." 원래 전공이 건축가인 그는 포토저널리즘에 깊은 관심과 조예를 가지고 있었다. 그들은 그렇게 스스럼없이 낯선 여행자에게 마음을 열어주었다. "우리랑 같이 잘츠부르크 축제의 첫날을 즐겨보는 건 어때?" 그의 제안에 나는 흔쾌히 오케이하고 그들을 따라나섰다.

때마침 점심 시간이 되어서 그들은 유명 인사들이 자주 찾는 괜찮은 맛집으로 안내해주겠다며 성큼성큼 앞장섰다. 시장을 지나서 시립극장 근처 식당에 도착하니 벌써 빈자리가 없을 정도로 꽉 차 있었다. 기다란 노천 테이블의 한쪽에 겨우 자리를 잡고 앉았다. 로버트가 추천한 인기 메뉴는 닭가슴살 슈니첼이었다. 그런데 주문을 받던 종업원의 표정이 살짝 어두워졌다. 축제 첫날이어서인지 손님이 너무 많아 오늘은 그 메뉴를 더 이상 주문을 받을 수가 없단다. 할 수 없이 겨자 소스와 부르스트Wurst, 소시지를 주문했다. 그들과 함께 수다를 떨며 즐거운 식사를 하는데, 갑자기 소나기가 쏟아졌다. 그런데 어찌된 일인지 노천 테이블 위의 천막이 걷히기 시작했다. 레스토랑에서 손님들에게 하는 짓궂은 이벤트였다. 소나기를 맞게 된 모니카와 로버트, 그리고 다른 손님들은 짜증을 내기보다는 뜻하지 않은 즉흥 이벤트를 시끌벅적한 웃음과 즐거운 비명으로 받아들였다.

"자, 이제 게트라이데 거리로 사냥꾼을 찾으러 가보는 게 어때?" 즐거운 수다와 맛있는 식사가 끝나고 갑자기 로버트가 뜬금없는 제안을 했다. 무슨 소리인가 싶어 의아해 하며 그들을 따라 게트라이데 거리로 서둘러 갔다. 한참을 가다가 모차르트 생가 근처에서 로버트가 갑자기 걸음을 멈췄다. 그의 앞에는 거짓말같이 긴 사냥총을 메고 매서운 눈빛을 한 남자가 사람들 사이를 조심스레 어슬렁거리고 있었다. 그러더니 어딘가를 향해 장총을 겨누고 연달아 몇 번 방아쇠를 당겼고, 놀랄 만큼 큰 총성이 울렸다. 사람들 가운데서 웅성거리는 소리가 들리기 시작했고, 그들은 어느새 무언가를 빙 둘러싸고 땅바닥을 내려다보고 있었다. 사람들 틈을 비집고 들어가 살펴보니 보행자 거리 한복판에 새하얀 드레스를 입은 한 여인이 쓰러져 있는 게 아닌가. 로버트는 그 모든 순간을 재빠르게 카메라

게트라이데 거리에 나타난 사냥꾼. 잘츠부르크 축제 개막일에는 거리 곳곳에서 다양한 이벤트가 열린다.

에 담고 있었다. 일단 나도 뒤질세라 열심히 경쟁적으로 셔터를 눌렀다.

"잘츠부르크 축제 개막일에 있는 여러 이벤트들 중 하나인데, 저기 쓰러져 있는 여자가 바로 로버트의 여자친구 마누엘라Manuella예요. 오늘 하루 잘츠부르크의 거리 곳곳에서 이런 이벤트를 해요" 놀란 얼굴을 한 내게 모니카가 예의 그 상큼한 미소를 지으며 알려주었다. TV 카메라가 이 모든 과정을 촬영하고 있었고, 마누엘라는 어느새 자리에서 일어나 기자와 웃으며 인터뷰를 하고 있었다.

잘츠부르크 축제 개막일에는 모든 것이 무료다. 다양한 거리 공연과 이벤트들을 보기 위해 모니카의 스케줄표를 보며 또 다른 장소로 이동했다. 다양한 축제와 행사, 공연이 동시다발적으로 펼쳐지기 때문에 하루 동안 다 본다는 건 불가능하다. 모니카처럼 자신이 보고 싶은 공연을 취사선택해서 관람할 수밖에 없다. 이번에 모니카가 추천한 공연은 바로 비엔나 필하모닉 오케스트라 공연이었다. 축제 개막일의 행사에 대해 잘 모르고 있던 내게 모니카는 최고의 가이드가 되어주었다.

모니카를 따라 넓은 공터에 들어서자 벌써 연주가 시작되고 있었다. 빈 필하모닉은 과연 그 명성답게 클래식 초보가 듣기에도 너무나 아름답고 놀라운 선율로 그곳에 모인 이들을 매료시켰다. 오케스트라

단원 전체가 나오지는 않았지만 그것으로도 충분했다. 갑자기 내린 소나기 속에서도 사람들은 공연에 취해 마음껏 즐기고 있었다. 높은음자리표와 음악 기호가 그려진 우산을 든 한 관광객은 말 그대로 음악이 선사하는 감흥을 온몸으로 받아들이고 있었다. 영화 〈여인의 향기〉에 나온 탱고 주제곡 〈Por Una Cabeza〉가 울려퍼지자 음표가 그려진 새하얀 양복을 입은 노신사는 한 여인과 흥겨운 탱고를 추었다. 거리 곳곳이 그야말로 음악의 선율과 예술의 향기로 넘쳐흘렀고 사람들은 자유롭게 곳곳을 누볐다.

모니카가 그 다음으로 나를 이끈 곳은 재즈 연주 공연이었다. 흥겨운 재즈 연주에 사진을 찍던 나도 어깨가 들썩거리고 마음이 흥겨워졌다. 그렇게 모니카, 로버트와의 만남은 너무나 즐겁고 고마운 시간이었다. 어느새 칼과 약속한 5시가 가까웠다. 이제 작별을 고할 시간이었다. 그들은 대성당 근처에 세워둔 자전거를 타고 나와 작별 인사를 했다. "오늘 하루 즐거웠는지 모르겠어. 남은 여행 잘 하고, 찍은 사진도 보내주고 꼭 연락해. 차우Ciao, 이탈리아어로 안녕, 잘가의 뜻이며 젊은이들 사이에 많이 쓴다." "로버트, 모니카! 두 사람 덕분에 오늘 하루 정말 즐겁고 행복했어. 너무 고마워. 꼭 연락할게. 취스Tschüβ, 독일어로 헤어질 때 쓰는 인사말이다." 우리는 서로 이메일을 주고받으며 이 짧았던 뜻깊은 만남을 계속 기억하기로 약속했다. 저 멀리 모니카와 로버트의 모습이 사라질 때까지 나는 그들을 향해 카메라 셔터를 눌렀다.

오후 5시가 되어 숙소 앞에서 나를 픽업하러 온 칼의 차를 타고 그의 집으로 향했다. "내 아들 마빈Marvin이 너와의 만남에 무척 흥분해 있어. 정말 좋아할 거야." 자신의 아홉 살짜리 아들 마빈의 이야기를 하는 칼도 나의 방문에 살짝 흥분한 듯 목소리 톤이 조금 올라가 있었다. 이틀 전에 갑작스럽게 걸려온 내 전화에 아주 놀라고 당황스러웠다고 한다. "사실은 네가 전화하기 바로 몇 분 전에 슈테판Stefan과 함께 너에 대해, 작년에 반스카 비스트리차에서 우리가 만난 것에

여행지에서 우연히 만난 로버트와 모니카, 그들이 있어 잘츠부르크의 축제를 온전히 즐길 수 있었다.

대해 얘기를 하고 있었어. 그런데 바로 그때 네게서 전화가 온 거야. 얼마나 놀랐는지 몰라. 정말 믿을 수 없는 우연의 일치지 않아?"

  5분도 채 걸리지 않아 도착한 칼의 집은 널찍한 잔디 마당이 있는 단독주택이었다. 간이 풀장과 바비큐 화덕, 여러 명이 앉을 수 있는 나무 테이블과 의자가 적절히 배치되어 있고, 그 옆으로 작은 토마토밭이 잘 가꿔져 있었다. 칼의 아내 카리나Karina는 머나먼 동양에서 온 갑작스러운 손님을 반겨주었다. 특히 칼의 말대로 마빈은 어찌나 사랑스러운 아이인지 우리는 금세 마음의 문을 열고 친구가 되었다. "어떤 채소를 좋아해요?" "응, 난 토마토를 좋아해." 반짝이는 두 눈으로 나를 올려다보며 묻는 마빈에게 웃으며 대답했다. 내 대답이 떨어지자마자 그는 얼른 마당의 토마토밭에서 잘 익은 작은 토마토 하나를 따와서 내게 쑥 내밀며 웃는다.

  그리고 잠시 후 어딘가로 나가더니 동네 친구 두 명을 데리고 왔다. 알고 보니 나에게 동네 친구들과 결성한 작은 밴드의 연주를 들려주고 싶어서였다. 기타를 담당한 마빈, 아코디언을 연주하는 마틴Martin, 그리고 악보를 들고 따라다니는 마이클Michael로 구성된 3인조 밴드는 내게 서툴지만 멋진 연주를 들려주었다. 밴드의 리더격인 14살 마틴은 우리의 바비큐 파티를 위해 흥겨운 아코디언 연주를 쉬지 않고 계속 들려주었다.

  칼은 바비큐 화덕에서 연신 립과 소시지, 닭고기, 사슴고기, 해산물 등 다양한 고기를 맛있게 구워서 내주었다. 이 특별한 저녁을 위해 칼의 장인과 장모님, 동네 친구 크리스찬Christian이 자리를 빛내주었다. 또한 독일에서 살고 있는 슈테판까지도 칼의 급한 연락을 받고 나를 만나기 위해 자신의 여자친구와 함께 독일 국경을 넘어 차를 몰고 왔다. 독일 맥주 한 박스와 함께. 슈테판은 1년 만에 재회한 나를 보자마자 뜨겁게 포옹하며 반가움을 표시했다. 그는 이날 칼에게도 처음 공개하는 자신의 여자친구 도리스Doris를 내게 소개시켜 주었다.

칼은 샴페인부터 친구가 담아준 술까지 내게 모든 걸 대접하고 싶어 했다. 그의 마음이 고마워 조금씩 들이키다 보니 약간 취기가 올랐다. 한껏 흥이 오른 슈테판과 칼은 술에 관한 흥겨운 노래를 불렀고, 나도 화답으로 올라가지도 않는 목소리로 우리 대중 가요 한 곡을 불렀다. 열심히 박수를 치고 경청하는 그들의 모습에 얼굴이 새빨개져서 더욱 목소리를 높였다. 그들은 모두 순수한 마음으로 이방인 친구를 환영해 주었고, 진정 마음에서 우러나오는 환대를 베풀어 주었다.

바비큐 파티가 끝나갈 즈음 칼은 마빈과 함께 마당에서 작은 불꽃을 쏘아올렸다. 여행길에서 스치듯 이뤄진 작은 만남이 소중한 인연이 되고, 그 인연이 속 깊은 우정으로 피어나는 걸 축하하는 불꽃이 잘츠부르크 교외의 마을 높이 솟아올랐다. "상현, 언제든 잘츠부르크에 오면 환영이야." 칼이 하늘에서 환하게 터지는 불꽃을 배경으로 환한 미소를 지으며 말했다. 기념사진도 찍고, 우정의 선물도 전했다. 오후 5시에 시작된 바비큐 파티는 밤 12시가 다 되어서야 겨우 끝났다. 이날은 모차르트의 도시 잘츠부르크에서 음악 축제가 시작되는 기쁜 날이었고, 그 화려한 축제보다 더 아름답고 빛나는 칼, 슈테판과의 우정이 꽃피는 밤이기도 했다.

잘츠부르크 ◆ 역사와 음악이 일상에 녹아 있는 도시

'소금의 산'이라는 뜻을 가진 이름 그대로 예부터 소금 산지로 유명하다. 모차르트의 출생지이자 매년 여름마다 개최되는 '잘츠부르크 음악제'로 여행자들의 발길을 이끈다.

볼거리
- ◆ 영화 〈사운드 오브 뮤직Sound of Music〉의 배경이 된 미라벨 정원
- ◆ 세계에서 가장 아름다운 간판들이 늘어선 쇼핑 거리, 게트라이데 거리
- ◆ 묀히스베르크 언덕에 우뚝 서 있는 잘츠부르크의 상징 호엔잘츠부르크 성
- ◆ 매년 7월에서 8월까지 1개월 동안 잘츠부르크 구시가지에서 개최되는 잘츠부르크 음악제

먹을거리
- ◆ 잘츠부르크의 명물 초콜릿 '모차르트 쿠겔른'
- ◆ 적당한 가격에 든든히 속을 채워주는 슈니첼
- ◆ 간편하게 먹을 수 있는 잘츠 비테와 부르스트Wurst, 독일이나 이탈리아의 소시지를 이르는 말

천혜의 자연 속에 숨은 소박한 마을
장크트 길겐

푸르른 자연과 함께 자유를 누리고 마음을 나누다

◆ 지도를 펼치고 어디로 갈까 고심하던 내 시선이 잘츠부르크에서 그리 멀지 않은 볼프강 호수Wolfgangsee에 있는 장크트 길겐St. Gilgen에 머물렀다. 도시의 번잡함을 잊고 도시 여행의 빽빽한 일정에서 벗어나 한가롭게 산길을 걷고 호숫가를 산책하며 분주한 마음에 잠시 쉼표를 찍고 싶었다. 여행자들에게 가장 인기 있는 할슈타트Hallstatt로 대표되는 잘츠캄머구트Salzkammergut 지역은 가파른 고봉과 크고 작은 호수, 그림 같은 계곡, 부드러운 언덕, 그리고 그 천혜의 자연과 조화를 이루며 살아가는 아름다운 마을들이 곳곳에 숨어 있다.

잘츠부르크 미라벨 정원 앞 정류장에는 주변 지역 곳곳으로 향하는 포스트버스Postbus들이 정차하고 있었다. 미라벨 정원을 출발한 포스트버스는 저 멀리 호엔잘츠부르크Hohensalzburg 성을 뒤로하고 금세 도시를 벗어나 한적한 전원 속을 달렸다. 창밖으로 잔잔한 호수가 햇살에 빛나고 짙푸른 녹음은 밝은 햇살에 더욱 푸르렀다. 채 한 시간도 걸리지 않아 버스 창밖으로 새하얀 돛대를 단 요트들이 작은 새처럼 내려앉은 볼프강 호수가 눈앞에 펼쳐졌다. 버스에서 내려 관광안내소에 들렀다. "숙소 예약을 하고 싶은데요?" "숙소 예약은 해드리지 않아요. 직접 찾으셔야 합니다." 숙소 리스트가 나와 있는 소책자를 건네며 관광안내소 직원이 딱딱한 돌멩이처럼 사무적으로 말했다.

무게가 30kg이 넘는 배낭과 카메라 가방을 메고 뜨거운 햇살 속을 걸으니 정신까지 혼미해졌다. 호수가 내려다보이는 경사진 길을 힘겹게 걸어 오르자 여행자들을 위한 펜션과 민박들이 가득 모여 있었다. 몇 군데 펜션에 노크를 해보니 벌써 예약이 다 차서 빈방이 없단다. 결국 걱정스러운 마음으로 제일 높은 곳에 자리 잡은 펜션까지 찾아갔다. 쾌활한 여주인은 다행히 적당한 가격에 전망 좋은 3층 방을 하나 내주었다. 짐을 풀고 베란다에 서니 짙푸른 볼프강 호수가 시원스레 눈앞에 펼쳐지고, 그 호수를 감싸안고 가파른 산들이 병풍처럼 둘러섰다. 베란다에서 바라보는 풍경만으로도 마음이 한결 평온해지는 느낌이었다.

장크트 길겐 마을 뒤쪽에 위치한 해발 고도 1522미터의 즈뵐퍼호른Zwölferhorn은 4계절 내내 하이킹족과 스키어, 그리고 패러글라이더들에게 인기가 좋은 곳이다. 얼른 그곳에 올라보고 싶은 마음에 자일반Seilbahn, 케이블카을 타기로 했다. 내려올 때는 그냥 산길을 걸어 내려올 생각으로 편도 티켓을 끊었다. 체격 좋은 패러글라이더들은 자신의 덩치만한 배낭을 메고 자일반 승강장으로 들어섰다. 이미 장크트 길겐의 푸른 하늘에는 새보다 더 높이 날고 있는 패러글라이더들의 비행이 이어지고 있었다. 나를 태운 자일반은 15분 정도 계속 산정상을 향해 부드럽게 상승했다. 지상을 떠나 하늘이 가까워질수록 눈이 부시고, 자연의 위대함이 두 눈을 채웠다. 세상을 멀리할수록 아름다운 자연이 가까워진다는 걸 알면서

지상을 떠나 하늘이 가까워질수록 눈이 부셨고,
자연의 위대함이 두 눈을 채웠다.
세상을 멀리할수록 아름다운 자연은 가까워진다.

도 왜 우리는 그렇게 세상 속에서 부대끼며 살아가는 것인지. 상념도 잠시, 어느새 즈뵐퍼호른 정상에 도착했다. 정상에 서자 오로지 파랑과 초록색을 사용해 세상에서 가장 큰 캔버스에 그린 대자연의 그림으로 잘츠캄머구트의 풍경이 발아래 펼쳐지고 있었다.

'12개의 산봉우리'라는 뜻을 가진 그 이름이 말해주듯 뿔처럼 우뚝 솟은 수많은 고봉들이 지평선을 이루고 있다. 저 멀리 흰눈에 덮인 해발고도 2996미터의 다흐슈타인Dachstein 산을 비롯해서 셀 수 없이 많은 수천 미터의 고봉들이 시야에 들어왔다. 정상에 놓여 있는 벤치에 앉아 가방에서 꺼낸 사과 하나를 베어물었다. 구름 한 점 없이 맑은 하늘에는 패러글라이더들의 날개를 떠받쳐주는 순풍이 불어오고 있었다. 바람을 타고 나는 패러글라이더처럼 내 마음도 바람에 실려 잘츠캄머구트의 하늘을 마음껏 떠돌았다. 바람이 부는 대로 어디든 떠돌 수 있다는 건 분명 축복받은 삶이라는 걸 다시 한 번 깨닫는 순간이었다. 정상 비탈진 언덕에서 비상하는 패러글라이더를 한없이 부러운 시선으로 바라보던 한 남자. 어쩌면 그도 언젠가 이 언덕에서 자유롭게 비행할 것이다.

보라색과 노란색의 이름 모를 들꽃들이 피어 있는 작은 오솔길을 따라 장크트길겐을 향해 천천히 걷기 시작했다. 마을 아래에서 걸어 올라오는 하이킹족들이 스쳐 지나가면서 "Guten Tag!" 하며 정겨운 인사를 건넸다. 그렇게 걷다가 땀이 흐르면 산과 호수, 하늘을 향해 열려 있는 벤치에 앉았다. 그 광활하고 맑은 대자연에 머무르는 순간, 머리를 지끈거리게 하던 세상 근심이 말끔히 사라졌다. 일상 속에서 늘 그늘지던 마음의 주름은 마치 갓 다린 와이셔츠처럼 눈부신 햇살에 활짝 펴졌다. 이름 모를 들꽃과 초록 풀잎을 흔드는 바람결에 여유를 즐겨본다.

군데군데 갈림길에 세워진 이정표를 따라 초록빛 숲 사이 오솔길을 걸어 내려왔다. 그 길은 특별히 울타리도 없어 소들도 함께 거닐었다. 그렇게 걷다 보니 침엽수들이 빽빽이 하늘을 향해 뻗은 길이 나타났다. 길은 가팔라졌고 나무에 가

그저 바라만 보아도 가슴이 트이고 머리가 맑아지는 장크트 길겐.

삶에 대한 여유로 가득한 이곳에서 잠시 일상의 짐을 벗어놓기를.

려진 하늘로 대낮인데도 어두웠다. 그래도 씩씩하게 길을 따라 걷는데, 그 흐릿한 숲 사이로 한 노부부가 다정히 걸어왔다. "안녕하세요? 지금 정상으로 올라가시나요? 이제 케이블카도 끊길 시간인데……." "우린 장크트 길겐에 살아서 길을 잘 안답니다. 매일 저녁에 이렇게 둘이서 산책을 하지요." 미소가 닮은 두 부부의 모습을 바라보고 있으려니 저절로 행복이 느껴졌다. 그렇게 함께 걸으면 어떤 길도 외롭거나 두렵지 않을 것이다. 화살처럼 빠르다는 인생이지만 결코 그 인생의 여정이 짧다고만 할 수는 없기에 마음이 맞는 동행이 있다는 건 하늘의 축복이다. 가파른 길이 끝나자 어느덧 옹기종기 모인 예쁜 집들과 교회의 첨탑과 푸른 호수가 시야에 들어왔다.

산길을 두 시간 넘게 걸었더니 심한 허기가 밀려왔다. 자일반 승강장에 붙어 있는 소박한 셀프레스토랑에 들러 노천 테이블 중 하나를 차지하고 앉았다. 메뉴판을 보니 저렴한 가격의 슈니첼 젬멀 Schnitzel mit Semmel이 눈에 띄었다. 슈니첼 젬멀은 유럽인들이 일상적으로 먹는 동그랗게 생긴 젬멀이라는 작은 빵 사이에 다른 야채나 마요네즈 케첩이 들어가지 않고 단지 슈니첼만을 끼운 오스트리아식 햄버거다. 간편하면서도 든든하게 속을 채우기에 딱 좋은 음식이다. 빵 크기의 거의 두 배에 달하는 슈니첼은 보기만 해도 마음이 넉넉해졌다. 야채가 없어 먹기에는 조금 팍팍했지만 한 끼 식사로는 충분한 양이었다.

그렇게 속을 채우고 해질녘 장크트 길겐의 저녁 공기를 음미하며 테이블에 앉아 있는데 옆자리에 앉아 있던 한 노신사가 말을 걸어왔다. "얘는 나의 배트맨이라오." 뜬금없는 말을 하는 그의 무릎 위에서 작은 말티즈 강아지가 초롱초롱한 눈으로 나를 바라보고 있었다. 그리곤 살짝 눈치를 보더니 얼른 내 무릎 위로 뛰어올랐다. "어허, 이상하네? 이 녀석이 다른 사람에게는 잘 가지 않는데, 당신이 마음에 드나보오." "그런가요?, 하하하." "오, 니콘 카메라를 사용하는군요. 나도 니콘을 사용한다오." 마이클이라고 자신을 소개한 노신사는 알고 보니 40년 동안 사진 생활을 해온 사진 애호가였고, 장크트 길겐의 포토클럽 정회원이었다. 우리는 서로의 카메라와 렌즈, 그리고 삶에 대해 이런저런 이야기를 나누었다. "이렇게 자전거를 타고 다니며 아름다운 자연을 카메라에 담을 수 있어서 행복하다오." 아름다운 장크트 길겐의 자연 속에서 자전거를 타고 사진을 찍으며 그렇게 애견 배트맨과 함께 인생의 노년을 누리는 그의 삶이 참 행복해보였다.

어느새 어둠이 내린 장크트 길겐의 거리는 고요했다. 마을 가운데에 있는 공동묘지는 죽음도 이기지 못하는 평화로움이 느껴졌다. 3,500여 명의 주민들보다 언제나 이곳을 찾는 여행자들이 더 많다는 장크트 길겐에는 모차르트의 어머니 안나 마리아가 태어난 집이 있다. 모차르트의 누나인 난네를Nannerl도 결혼 후 이곳에 정착했다고 한다. 그래서인지 오스트리아의 아름다운 전통 양식으로 지어진 시청사Rathaus 앞에는 모차르트의 분수가 작지만 우아하게 서 있다.

밤거리를 거닐다 보니 발길은 어느새 볼프강 호숫가에 이르렀다. 짙푸른 호수는 이제 칠흑 같은 밤의 적막을 머금고 있었다. 깊은 밤의 어둠이 있기에 푸른 낮의 햇빛이 더욱 아름답게 빛날 수 있다. 그렇기에 때론 먹구름 같은 어둠의 시간이 나를 맞이할지라도 나는 그 검은 공간 너머로 밝아오는 새벽을 바라볼 것이다.

장크트 길겐

◆ 잘츠캄머구트의 호수와 산을 즐기는 곳

잘츠부르크에서 29km 거리에 있으며 포스트버스를 이용해 50분이면 이동이 가능하다. 볼프강 호숫가에 자리 잡고 있어 호수 유람선을 타고 볼프강 호수 주변을 돌아볼 수도 있고, 케이블카를 타고 즈뵐퍼호른 정상까지 올라가 하이킹을 즐길 수도 있다.

볼거리
- ◆ 볼프강 호수 유람선을 타고 호수 주변 탐방하기
- ◆ 케이블카를 타고 즈뵐퍼호른 정상 오르기, 잘츠캄머구트의 자연 속 하이킹
- ◆ 장크트 길겐 마을 산책하기. 모차르트 어머니 안나와 누나 난네를의 생가 방문하기
- ◆ 포스트버스와 열차를 이용해 근교의 할슈타트, 바트 이슐 돌아보기

잠자리
잘츠캄머구트의 유명 관광지답게 다양한 호스텔과 펜션들이 주변에 꽤 많다. 케이블카 승강장에서 즈뵐퍼호른 방향으로 마을 위쪽으로 좀 더 올라가서 숙소를 잡으면 호수와 산이 보이는 전망 좋은 방을 구할 수 있다.

- ◆ **Pension Pichler**(Helenenstraße 8번지, Tel. +43(0)6227 7113 www.pensionpichler.at)
  볼프강 호수가 내려다보이는 마을 위쪽에 자리 잡고 있어서 발코니에서 마을과 호수, 그리고 케이블카가 오르내리는 전망이 시원스레 펼쳐진다. 숙소가 쾌적하고 아침식사가 포함되어 있다.

먹을거리
시청사 광장에 주요 레스토랑들이 몰려 있고, 볼프강 호숫가를 따라 레스토랑들이 여행자들의 발길을 이끈다.

- ◆ **12er-Horn Buffet-Würstlstand**
  즈뵐퍼호른 승강장 건물에 붙어 있는 간이 식당이다. 주로 간편하게 먹을 수 있는 소시지가 들어간 버거나 슈니첼 젬머와 같은 오스트리아식 버거를 판다.

# 슈피츠

알싸한 포도향에 취하는 곳

와인과 함께 달콤 쌉싸름한 여행을 꿈꾸다

◆ 상트 푈텐St. Pölten에서 출발한 포스트버스가 도나우 강을 따라 강변 마을 곳곳을 정차하며 부지런히 오스트리아의 전원을 달린다. 독일 남부에서 발원한 도나우 강은 오스트리아의 평원을 관통해서 체코, 슬로바키아, 헝가리, 루마니아 등 동유럽의 여러 나라를 지나서 동쪽의 흑해로 흘러드는 유서 깊은 강이다.

오스트리아 왈츠의 황제 요한 슈트라우스 2세Johann Strauβ II는 〈아름답고 푸른 도나우An der schönen, blauen Donau, op. 314〉를 작곡해서 도나우 강변의 아름다운 풍경을 노래했다. 그 도나우 강을 따라 오스트리아의 멜크Melk와 크렘스Krems 사이 36km 구간을 바하우Wachau 계곡이라고 한다. 유유히 흐르는 도나우 강과 계단식 포도밭, 고풍스러운 수도원, 웅장한 고성들, 강변의 소박한 마을들이 어우러진 중세의 풍경은 맑은 수채화처럼 아름답기만 하다. 멜크 수도원, 뒤른슈타인성, 빌렌도르프 비너스The Venus of Willendorf 등 수많은 문화유산이 남아 있는 이곳 바하우 문화 경관Wachau Cultural Landscape은 2000년 유네스코 세계문화유산으로 지정되었다. 일반적으로 여행자들에게는 멜크, 뒤른슈타인Dürnstein, 빌렌도르프Willendorf, 크렘스 등의 마을이 인기가 높다. 그중에서도 화려한 바로크 양식의 멜크 수도원은 10만여 권의 장서와 2,000여 권의 필사본이 보존되어 있는데, 움베르토 에코의 소설《장미의 이름》의 배경이 된 곳이어서 더욱 여행자들의 발길이 잦다.

이번에는 왠지 모르게 멜크와 크렘스 중간에 있으며 낭만 가득한 도나우 강가의 슈피츠Spitz an der Donau로 발걸음이 향했다. 이곳 바하우 계곡은 수려한 풍경과 도나우 강뿐만 아니라 최고 품질의 화이트와인 생산지로도 유명하다. 상트푈텐에서 출발한 지 1시간이 채 되지 않아 포스트버스는 슈피츠 마을에 도착했다.

벌써 저녁 6시가 가까운 시간이어서 서둘러 관광안내소에 들러 숙소를 문의했다. 다행히 도나우 강변에 위치한, 가족이 운영하는 2층짜리 예쁜 펜션에 방 하나를 예약할 수 있었다. 마당에서 꽃을 돌보고 있던 주인 아주머니는 미소를 지으며 나를 맞아주었다. 2층에 위치한 방 창문을 활짝 여니 마을 뒤편 경사진 산비탈을 따라 층층이 병풍처럼 둘러싼 계단식 포도밭 풍경이 아늑하게 펼쳐져 있다.

카메라 하나만 어깨에 둘러메고 마을 산책을 나섰다. 동글동글한 조약돌이 박힌 낯선 중세의 거리를 여유롭게 걷는 기분은 그 길을 걸어본 사람만이 알 수 있다. 오르막길을 걸어 오르자 마을의 중심인 작은 광장에 아담한 분수와 교회가 우뚝 서 있다. 그 광장에서 조금 더 걸어 올라가니 한 때 영화로웠을 옛 성은 흔적도 없이 사라졌다. 단지 커다란 와인통 십여 개가 안뜰 한가운데에 놓여 있을 뿐이다. 늦은 오후 슈피츠의 한적한 길을 걷노라니 새하얀 캔버스를 펼치고 연필

달콤쌉싸름한 와인향에 취해 길을 걸어보라. 어느 곳을 가든 천국을 만날 것이다.

로 비율을 가늠하며 두 아가씨가 스케치에 열중하고 있었다. 조용히 그들의 시선을 따라 바라보니 평범하고 낡은 성문과 그 위로 걸쳐 있는 나뭇가지를 스케치하고 있었다. "안녕하세요? 화가들인가요?" "아니에요. 우리는 비엔나대학교에 다니는 학생들이에요. 방학 때 스케치 여행을 다녀요." 얼핏 보기에는 평범한 그 풍경이 그들의 손을 거치자 아름다운 미술 작품으로 완성되어가고 있었다. 평범 속에 비범이 있다고 했던가. 사실 고흐의 그림 속 소재들도 우리가 스쳐 지나는 평범한 풍경이지만 그에게는 평범함 속에서 특별한 색채와 형태, 의미를 찾아내는 비범한 시선이 있었다. 그들의 작업을 방해하지 않고자 인사를 나누고 발길을 다시 마을로 향했다.

저녁 어스름이 서서히 슈피츠를 덮어오고 있었다. 몇몇 호이리게Heurige, 그 해에 재배된 포도를 이용해서 만든 화이트와인, 또는 호이리게 와인을 파는 집들은 간판을 밝히고 와인 애호가들의 발길을 끌어당기고 있었다. 나도 차마 숙소로 그냥 돌아가지 못하고 한 레스토랑에 들러 화이트와인과 간단한 식사를 주문했다. 부드러운 빛깔의 와인을 한 모금 들이키자 달콤쌉싸름한 포도향이 입 안을 향기롭게 채웠다. 테이블마다 와인을 들이키는 사람들 때문인지 슈피츠의 대기 속에도 와인 성분이 있는 듯 알싸했다.

다음 날 아침, 관광안내소 직원이 추천해준 하이

킹 코스를 따라 포도밭 하이킹을 나섰다. 우선 유유히 흐르는 도나우 강변을 따라 걸었다. 길이가 100미터가 넘는 거대한 도나우 강 유람선이 멜크를 향해 천천히 흘러가고 있었고 자전거 하이킹족들이 강변길을 따라 이따금씩 무리지어 스쳐갔다. 살구농장을 지나가는데 짙은 주황색으로 익은 살구들이 탐스러웠다. 빨간 원피스를 입은 여주인에게 몇 개만 팔 수 있냐고 물어보자 망설임 없이 그냥 한 움큼을 쥐어 내 손에 올려주었다. "선물이에요. 슈피츠를 찾아온 걸 환영해요." 낯선 여행자에게 선뜻 판매하는 살구를 안겨주는 그 마음에 내 가슴에는 작은 감동의 물결이 일렁거렸다. "당케 쇤Danke shön. 감사합니다" 그녀의 미소가 내 발걸음을 더욱 가볍게 해주었다.

강을 따라 걷다가 이제는 지도에 표시된 대로 산길을 오르기 시작했다. 폐허에 가까운 힌터하우스Ruine Hinterhaus에 오르자 슈피츠와 도나우 강, 그리고 강 건너 마을이 한눈에 펼쳐졌다. 포도송이는 햇빛을 받아 세상에서 가장 싱싱한 초록빛으로 자라고, 인간이 세운 영화로웠던 옛 성은 이제 그 위용을 잃고 폐허가 되어버렸다. 문명과 자연의 강렬한 대비를 보고 있으니 오로지 이 세상에서 영원할 수 있는 건 하늘이 부여한 자연뿐이라는 생각이 들었다. 문득 그 생명을 찬양하는 자연의 노래가 들려왔다. 여행자의 더위를 식히는 바람의 흥얼거림, 서걱거리는 나뭇잎의 화음, 도나우 강물의 합창, 햇살에 영글어가는 포도들의 재잘거림, 활짝 핀 무궁화와 때이른 코스모스의 웃음소리……. 그런 온갖 자연이 생동하는 노래가 들려오는 언덕에 서 있으니 가슴이 벅차올랐다.

들뜬 마음으로 숲길을 걸어 내려오자 슈피츠 선적 박물관Schiffahrts Museum이 있는 작은 마을이 나타났다. 어디로 가야 하나 고민하고 있는데, 저쪽에서 한 아가씨가 걸어왔다. 그런데 자세히 보니 슈피츠 관광안내소에 있던 아가씨였다. 반가운 마음에 얼른 달려가서 길을 물어보았다. "아, 제가 추천한 포도밭 하이킹을 하고 있군요. 저를 따라오세요." 그녀는 친절하게 갈림길까지 나를 안내해 주었다.

포도가 영글어가는 포도밭에서 알싸한 와인을 나누는 사람들, 그들에게 행복은 이렇게 맛좋은 와인을 함께 나누는 것이다.

그녀 덕분에 다시 제대로 길을 갈 수 있었다. 그 길부터 본격적으로 길 좌우로 탐스러운 포도가 주렁주렁 열린 포도원이 이어졌다.

가슴 높이까지 무성하게 자란 포도밭의 포도는 한여름 햇살 속에 알알이 잘 영글어가고 있었다. 포도밭 한가운데에 마을도 있고, 평화롭기만 한 공동묘지도 자리 잡고 있다. 삶과 죽음의 공간이 그렇게 포도밭과 공존하고, 살아남은 이들의 축배를 위한 호이리게들이 군데군데 있다. 호이리게 앞에는 헤아릴 수 없을 정도로 많은 빈 와인병들이 쌓여 있다. 그 어느 벽면에 다음의 글귀가 포도 넝쿨을 배경으로 크게 수놓아져 있었다. '쓴 노동, 달콤한 와인, 어느 누가 포도밭주인이 되고 싶지 않겠는가?Saure Arbeit, Süsser Wein, Wer Möcht nicht Winzer Sein?' 그랬다. 자연이 베푸는 햇살과 시간 속에서 포도를 가꾸는 고된 노동 후에 알싸한 와인을 만들고 맛보는 그 즐거움을 누리는 그들이 그저 부러울 따름이다.

서서히 하이킹 여정도 정점을 향해 가고 있었다. 그 옛날 중세의 상인들과 여행자들이 드나들었던 로테스토르Rotes Tor, 붉은 문가 슈피츠를 둘러싼 포도밭의 제일 높은 곳에 여전히 변함없는 모습으로 서 있다. 그곳에 다가갈수록 낯익은 사람들이 눈에 띄었다. 다름 아닌 어제 저녁 슈피츠 마을 한 켠에서 열심히 스케치를 하고 있던 미대생 아가씨 둘을 포함한 일행 십여 명이었다. 나와 잠시 얘기를 나눴던 흰색 티를 입은 줄리아Julia가 먼저 환하게 웃으며 인사를 건넸다. 그리고 자신의 일행들에게 나를 소개시켜 주었다. 방학이면 지도교수와 함께 스케치를 하러 도나우 강변을 따라 여기저기 다닌단다. 하얀 턱수염의 넉넉한 인상의 지도교수와 악수를 나눴다. 그는 나에게 슈피츠를 아름답게 스케치한 자신의 작품을 펼쳐보이며 환하게 웃었다. 낯선 도시를 찾아다니는 나의 여정에 그들은 아낌없는 격려의 말을 해 주었다. "슈피츠는 정말 너무나 아름다운 곳이에요. 이 아름다운 포도밭과 중세의 마을, 그리고 맛있는 와인을 마음껏 즐기세요." 스케치를 다 끝내고 마을로 내려가는 그들의 모습에서 진정 마음에 위로를 주는 예술은 이렇게 자연에 가까이 다가갈 때 탄생한다는 생각이 들었다.

그들이 떠나고 빈 벤치에 앉아 슈피츠를 말없이 바라보고 있으니 대여섯 명의 일행들이 로테스 토르로 올라왔다. 그들은 마치 약속이라도 한 듯이 배낭에서 와인잔을 각기 꺼내들었다. 한 사람이 화이트와인 한 병을 꺼내더니 각자의 와인잔에 와인을 가득 따랐다. 그들은 높이 잔을 들고 건배를 하고서는 슈피츠를 내려다보며 천천히 와인을 음미하며 소곤소곤 얘기를 나누었다. 인생의 참맛이 바로 이게 아닐까. 슈피츠의 포도밭에서 그 대지의 자양분과 하늘의 태양과 새벽의 이슬과 여름날 비를 머금은 와인을 들이키며 여유롭게 그 시간과 풍경을 바라볼 수 있다는 것. 그 한 잔의 와인으로도 인생은 충분히 행복하다고 할 수 있지 않을까. 다음에는 나도 와인 한 병을 들고 이 언덕에 올라야겠다.

언덕 위에서 좀처럼 자리를 털고 일어나기가 힘들어 잠시 머뭇거리고 있는데, 발 밑 포도밭 사잇길로 한 노부부가 나타났다. 나는 얼른 벤치에서 일어나 자리를 양보했다. 사양하던 그들은 고마워하며 자리에 앉았고, 우리는 슈피츠를 바라보며 자연스럽게 이런저런 얘기를 나누게 되었다. "어디서 왔나요?" "한국에서 왔어요." "아, 그래요. 내가 몬디Mondi라는 제지공장에서 50년 정도 일을 하고 은퇴했는데, 그 회사가 한국에도 종이를 수출했어요." 결혼 50주년이 되었다는 요하네스Johannes와 에디타Editha 부부는 다정한 미소를 지으며 말했다. "이곳 슈피츠는 오스트리아 와인 원액 생산의 절대 비율을 차지한답니다. 이곳은 정말 와인으로 축복받은 땅이지요." 잠시 숨을 돌리던 노부부는 다정히 손을 잡고 좀 더 높이 올라갈 거라며 자리에서 일어났다. 함께 생의 노년을 누리는 노부부의 뒷모습은 전혀 허전해 보이지 않았다. 오히려 서로를 향한 사랑과 믿음, 그리고 마음의 배려가 느껴졌다.

포도밭 사잇길을 걸어서 마을로 내려와 잠시 휴식을 취하고 나서 해저물녘에 다시 로테스 토르로 향했다. 벌써 도나우 강 위로 반달이 솟아났고 석양에 붉게

슈피츠가 내려다보이는 언덕에 서면
예술도, 인생도 아름답기만 하다.

물든 구름과 하늘은 초록의 포도밭과 강렬한 대비를 이루었다. 포도가 자라 와인이 되는 과정은 어찌 보면 인생과도 같다. 작은 씨앗이 싹을 틔워 봄비와 뜨거운 햇살과 거친 바람을 받아 자라고, 가을이 오면 결실을 맺고 향기로운 와인을 꿈꾸며 긴긴 겨울 깊숙한 와인너리에서 잠이 든다. 한 잔의 와인을 마신다는 건 그렇게 사계의 자연을 내 몸에 받아들이고 마치 내 인생의 향기로운 부활을 꿈꾸는 게 아닐까. 나무 벤치에 앉아 노란 반달과 붉게 물든 하늘 아래 와인의 향기를 머금은 슈피츠를 내려다보니 마을에 하나둘 불빛이 켜지기 시작했다.

그냥 숙소로 돌아가기에는 너무 아쉬운 밤, 그저께 들렀던 강변 식당에 들러 겔버 뮈스카텔러 페더슈필Gelber Muskateller Federspiel 와인을 주문했다. 달콤한 꽃향기가 느껴졌다. 그 달콤함에 취해 잘 마시지도 못하면서 와인을 계속 들이켰다. 그리고는 달콤 쌉싸래한 와인 향기에 취해 도나우 강을 따라 무작정 거닐었다. 사위에 어둠이 내리고 간혹 불 밝힌 가로등들, 건너편 마을에 별빛처럼 드문드문 불 밝힌 집들, 그리고 유화처럼 길게 강물을 가로질러 빛나던 달빛……. 하늘을 올려다보니 보름달에 가까운 달빛이 눈부시게 빛나고 있었다. 며칠 전에 쏟아져 내린 비 때문인지 푸르른 도나우 강물이 아니라 흙탕물이었지만, 은은한 달빛 아래에서 그건 그리 큰 문제가 아니다. 슈피츠에서의 밤은 그렇게 달빛과 와인에 취해 깊어가고 있었다. 저 멀리 호이리게에서 들리는 시끌벅적한 사람들의 노래와 웃음소리가 인생의 찬가처럼 느껴지는 순간이었다.

슈피츠

◆ 매혹적인 오스트리아 와인의 중심

유유히 흐르는 도나우 강과 계단식 포도밭, 수도원과 고성, 강변 마을들 중심에 자리 잡고 있다. 슈피츠와 크렘스 사이에 정기적으로 열차가 운행된다(30분 정도 소요). 비엔나 서역에서 열차를 이용해 상트 푈텐St. Pölten까지 가며 부근에 있는 포스트버스 정류장에서 슈피츠행 포스트버스로 갈아탄다. 또는 비엔나 프란츠 요제프 역에서 크렘스로 가고 크렘스에서 슈피츠행 열차로 갈아타도 된다(1시간 30분 소요).

볼거리
- ◆ 작고 아담한 슈피츠 마을 골목과 도나우 강변 산책하기
- ◆ 힌터하우스를 거쳐 마을 뒤편 산길을 통과해 로테스 토르에 이르는 포도밭 하이킹
- ◆ 저녁 시간에 마을의 호이리게에서 화이트와인 맛보기

잠자리
규모는 작지만 알찬 정보를 제공해주는 관광안내소에서 숙소 정보를 얻을 수 있다. 혹시 문을 닫았더라도 관광안내소 바로 앞에 숙소 위치와 빈 방 유무, 그리고 전화번호와 주소가 표시된 표지판이 있어서 쉽게 숙소를 구할 수 있다.
- ◆ Pension Donaublick(Schopperplatz 3번지, Tel. +432713 2552)
  도나우 강가에 자리잡은 아담하고 깨끗한 펜션이다. 조용하고, 아침에 창문을 열면 마을 뒤편 계단식 포도밭이 시원스레 펼쳐진다. 아침 식사 포함.

먹을거리
와인의 본고장답게 슈피츠 곳곳에는 호이리게들이 불을 밝히고 와인 애호가들의 발길을 끌고 있다. 관광안내소에서 호이리게에 관한 정보를 받아서 다양한 와인을 맛보자.
- ◆ Spitzerl Biergarten(Mittergasse 1b, Tel. +43 2713 2811, www.spitzerl.at)
  도나우 강변에 위치한 운치 있는 비어가든이다. 식사 메뉴는 물론 슈피츠의 다양한 와인을 맛볼 수 있다. 야외 테이블이 훨씬 더 넓고 많아서 여유 있게 식사를 하거나 와인을 음미할 수 있다.

Part 2

슬로바키아
Slovakia

지친 마음, 정겨운 미소로 위로 받다

황금빛 햇살을 머금은 강가에서
브라티슬라바

자연과 오랜 역사, 그리고 사람이 어우러진 곳

◆ 　　　　　　　　비엔나에 가까워오자 비행기 창문 아래로 오스트리아의 젖줄 도나우 강이 유유히 흐르고 있다. 프라하Prague나 부다페스트Budapest, 바르샤바Warszawa, 두브로브니크Dubrovnik 등 몇몇 주요 도시 외에는 아직 일반 여행자들에게 거의 알려지지 않은 동유럽의 도시들은 미지의 신대륙과도 같다. 여행이란 본질적으로 낯선 길을 걷는 여정이기에 분명 남들이 가보지 않은 새로운 길을 찾아가는 과정은 긴장감과 함께 설렘을 품게 한다. 그 낯선 길에 대한 동경과 긴장 사이에서 여행자의 가슴이 마구 뛰기 시작했다.

　　비엔나 공항에 내리자마자 환전소에서 슬로바키아 화폐인 코루나Koruna로 환전을 하고, 수하물을 찾았다. 그리곤 망설임 없이 비엔나 남역으로 향했다. 때마침 정차하고 있던 슬로바키아 브라티슬라바행 열차에 급히 몸을 실었다. 자리를 잡기가 무섭게 열차는 남역을 빠져나와 한적한 오스트리아 국경을 넘어 슬로바키아로 넘어갔다. 이제는 유럽 국가들의 경계^{국경}를 넘을 때 여권 검사는 거의 하지 않는다. 그래서 어떤 때는 도대체 내가 어느 나라에 있는지 헷갈릴 때가 종종 있다. 오스트리아에서 깜빡 졸다 깨어보면 벌써 슬로바키아의 낯선 언어들과 기차역을 만나게 된다. 유럽은 이제 국경의 개념이 무너지고 있는 듯하다.

두근, 또 다시 가슴이 뛰기 시작했다. 여행이 일상이 되었지만, 여행은 분명 일상과는 차원이 다른 들뜬 공기를 폐부 깊숙이 불어넣는다. 열차 창밖으로 빗방울이 떨어지기 시작했다. 오스트리아에서 흐렸던 먹구름이 슬로바키아로 넘어오니 소나기가 되어 내렸다. 여행길에 만나는 소나기는 잠시 쉬어가라는 신호와도 같다. 내 들뜬 흥분을 식혀주려는 듯 그렇게 얼마 동안 소나기가 시원스레 쏟아졌다.

1시간을 더 달려 열차는 드디어 브라티슬라바^{Bratislava} 중앙역에 멈춰 섰다. 일단 여행지에 도착하면 제일 먼저 숙소를 찾아야 한다. 적당한 가격과 위치, 시설을 갖춘 숙소를 찾는 것은 베테랑 여행자라도 쉽지 않다. 그래서 우선 안내센터에서 지도 하나를 얻어 숙소에 관한 정보를 구했다. 예상보다 비싼 가격에 무척 놀랐지만 늘상 그렇듯 무거운 배낭과 배낭만큼 무거운 카메라 가방을 메고 구시가지를 향하는 트램에 올라탔다. 이곳에서는 특이하게 10분짜리 트램 티켓을 팔고 있었다. 10분 동안만 유효한 저렴한 트램표였다. 채 두 정거장을 가지 않아 10분이 다 되어가 얼른 내렸는데, 판단을 잘못했나 보다. 그렇게 한참을 무언가에 홀린 듯 구시가지와는 동떨어진 신시가지를 헤매고 다녔다. 부슬부슬 비는 내리고 무거운 가방들은 걸음을 자꾸 더디게 만들었다. 결국 지나가던 현지인을 붙잡고 올드타운으로 가는 길을 물었다.

"당신은 지금 반대로 가고 있어요. 현재 당신은 지도에서 이 거리에 있어요. 돌아서서 저 건너편 길로 가세요." 그는 친절하게도 내 손에 쥐어진 시내 지도를 살펴보며 손가락으로 정확히 위치를 짚어주었다. 그의 세심한 안내 덕분에 방향

도나우 강을 끼고 번영한 브라티슬라바는 여행지로서, 또 삶의 터전으로서 사랑받고 있다.

을 바꾸어 길 하나를 건너자 구시가지를 쉽게 찾을 수 있었다. 길을 잃을 때마다 인정 넘치는 안내자를 만나게 되니 나는 복받은 여행자임에 틀림없다.

슬로바키아의 수도 브라티슬라바는 도나우 강가를 중심으로 번영했고 지금도 이곳에 고요한 아름다움으로 자리 잡고 있다. 평화로운 이 거리에는 과거 오랜 기간 외세의 지배를 받았던 아픔 또한 녹아 있다. 1536년 헝가리 제국의 수도 부다페스트가 터키 제국의 지배를 받게 되었을 때, 헝가리의 수도가 브라티슬라바로 옮겨지기도 했다. 그 후 1536년부터 1830년까지 이곳 성 마르틴 교회 Dom sv. Martina에서 헝가리 왕들의 대관식이 거행되었다고 한다. 여왕을 포함해 총 18명의 왕들이 즉위했는데, 그중에는 그 유명한 마리아 테레지아 Maria Theresia 여제도 있다.

구시가지의 고풍스러운 골목길을 한참 헤맨 끝에 외곽에 위치한 한 숙소를 구할 수 있었다. 브라티슬라바에서 제일 높은 숙소 9층에서 바라보는 도시의 전경은 구시가지와 신시가지가 어우러져 아름다운 풍경을 만들어내고 있었다. 저녁 시간이 다 되어 대충 짐을 풀어놓고, 구시가지를 향해 발걸음을 옮겼다.

구시가지의 중심 흘라브네 광장 Hlavné Námestie은 크지는 않지만 묘한 아름다움이 느껴졌다. 그 광장 한 켠 세드라르스카 Sedlarska 거리를 따라 다양한 종류의 레스토랑이 자리하고 있다. 이국적인 음식 냄

91

새의 유혹을 뿌리치지 못하고 모나크Monarch 레스토랑의 노천 테이블에 자리를 잡고 앉았다. 주문을 받는 여종업원의 눈빛에서 이방인 여행자에 대한 호기심과 따스함이 느껴졌다. 주문한 요리가 나오자마자 그 맛에 취해 허겁지겁 접시를 비웠다. 어느새 밤이 되어 어둠이 거리를 뒤덮고 오가는 여행자의 웅성거림이 묘하게 가슴을 두드렸다. 그런 설렘을 안고 브라티슬라바의 거리를 정처 없이 걸었다. 한껏 들뜬 여행자의 마음을 식히려는 듯 밤하늘에서 시원한 빗줄기가 떨어졌다.

다음 날 아침, 낡은 시설에 비해 호텔의 아침 뷔페는 매우 환상적이었다. 기분 좋게 배를 든든히 채우고 길을 나섰다. 한가롭게 낯선 도시의 아침 거리를 산책하는 여행자의 마음처럼 여유로운 것이 또 있을까. 낡은 듯 고풍스러운 골목길, 차분히 내려앉은 아침 공기, 어두운 과거의 역사에 퇴색되지 않은 슬로바키아인들의 빛나는 미소가 걸음걸음 마음 속으로 들어왔다. 소나기가 쏟아지고 음산한 바람이 불던 첫날과는 달리 이 도시는 눈부신 햇살 아래 속살을 내보이며 한껏 매력적인 모습을 드러내기 시작했다. 흘라브네 광장의 한 노천카페 테이블에 앉아 카푸치노 한 잔과 브라티슬라바의 아침 햇살을 맘껏 즐겼다. 아름다운 도시, 눈부신 햇살, 친절하고 따스한 미소, 그리고 한 잔의 카푸치노가 선사하는 여유가 일상에서 벗어나 진정한 자유를 누리게 해주었다.

카푸치노 한 잔의 여유를 맘껏 누린 후 브라티슬라바의 구석구석을 발길 닿는 대로 걸었다. 이 도시의 곳곳에는 위트가 넘치는 동상들이 숨겨져 있다. 그래서 누구나 골목을 걷다 보면 보물찾기 하는 소년처럼 즐거운 흥분 속으로 빠져들게 된다. 흘라브네 광장 한 켠 벤치에 기대어 광장을 바라보고 있는 프랑스인Frenchman 동상과 맨홀 뚜껑을 열고 그 맨홀 바닥에서 여자들을 엿보고 있는 동상 츄밀Cumil. 츄밀은 전 세계에서 브라티슬라바로 모여든 예쁜 여자들을 엿보고 있다는 모티브로 제작되었다고 한다. 짓궂은 장난꾸러기 같은 그의 표정으로 인해 그는 여행자들에게 가장 인기가 많다.

골목 곳곳에서 사람들을 즐겁게 만드는 동상을 만날 수 있다.

그중 단연 압권은 길모퉁이에서 지나가는 사람들을 카메라로 몰래 찍고 있는 파파라치Paparachi다. 자세나 카메라가 얼핏 보면 실제로 파파라치가 숨어 있는 듯한 착각이 들 정도다. 길을 가던 여행자들은 파파라치를 발견하고는 처음엔 살짝 놀라거나 당황하다가 자신도 모르게 미소를 짓게 된다. 이런 동상들을 보면서 브라티슬라바 사람들의 삶 속에 담긴 유머와 밝은 마음을 느낄 수 있었다. 비록 어둡고 굴곡진 역사를 살아왔지만 인생을 즐겁게 해주는 위트와 해학을 아는 슬로바키아인들에게 이방인 여행자도 점점 호감을 가지게 되었다.

브라티슬라바의 골목길을 마음껏 돌아다니다가 도나우 강가의 높은 언덕에 자리 잡은 브라티슬라바 성을 향해 발길을 돌렸다. 베토벤의 장엄 미사Missa Solemnis가 처음으로 연주된 성 마르틴 성당을 지나 길을 건너 언덕길을 오르자 투박하면서도 중후한 브라티슬라바 성이 모습을 드러냈다. 유럽의 화려한 다른 성들과는 달리 투박한 사각형의 건물 네 모퉁이마다 짧은 탑이 세워져 있어서 '거꾸로 뒤집힌 테이블'이라고 불린다.

잔디밭에서 놀던 아이가 갑자기 나와 마주치자 너무 놀랐는지 동작을 멈추고 말간 눈으로 나를 쳐다보았다. 성벽에 걸터앉은 수녀님들은 뭐가 그렇게 즐거운지 대화를 나누다가 환한 웃음을 터뜨렸다. 그 웃음이 어찌나 평화롭고 아름다워 보이던지. 성벽에서 바라보는 도나우 강과 옛 도시는 그 머나먼 역사를 아는지 모르는지 평화로움만이 내려 앉아 있다.

다시 구시가지로 내려와 클라리스카Klariska 거리를 걸어본다. 저 바로 아래 트위기Twigi라는 재미있는 소품가게가 보였다. 인기 아티스트인 페로Fero Liptak가 제작한 독특한 간판 그림이 눈에 띄었다. 기발한 디자인과 다양한 색상의 양초, 그릇, 그림과 액자들, 생활소품들이 소소한 재미를 준다. 또한 1912년 오픈한 유서 깊은 서점 라 레듀타La Reduta는 중세의 도서관에 온 듯한 착각을 불러일으킨다.

어느덧 태양이 뉘엿뉘엿 저물어가고 여행자의 발걸음은 자연스레 슬로바키

골목 안 곳곳에 다양한 소품을 파는 가게들이 있어 여행자들의 발걸음을 멈추게 만든다.

브라티슬라바의 골목에는
여행자를 쉬게 하는 여유와 즐거움이 있다.

유쾌하고 편안한 그들의 일상 속으로
한 걸음 내딛어 본다.

아 국립극장을 지나 도나우 강변으로 향했다. 잔잔히 흐르는 강물 위에는 몇 척의 선박 레스토랑과 호텔이 정박해 있고, 연인들은 따스한 오후 햇살 속에 긴 입맞춤을 나누고 있다. 강변을 따라 어슬렁어슬렁 걷다가 노뷔 다리 Novy most, 새로운 다리를 건넜다. 차량을 위한 도로 아래의 양쪽으로 보행자와 자전거를 위한 도로가 따로 나 있다. 다리를 건너 강둑을 따라 걸어본다. 연인끼리, 가족끼리, 혹은 애완견과 함께 석양으로 물들어가는 강가를 산책하는 일상이 평화롭고 아름답다.

강가의 벤치에 앉아 고단한 두 다리를 쭉 펴보았다. 다리 너머로 아련히 해가 지고, 황금빛 석양은 도나우 강변을 눈부신 빛과 색채로 가득 채운다. 석양빛을 머금은 연인과 자전거를 탄 아이들이 생기 넘치는 표정으로 스쳐갔다. 강건했던 이념의 파도가 멈추고, 오로지 평화로움과 환희, 고요함과 기쁨이 넘치는 삶만이 남은 이곳. 도나우 강 너머로 해가 지고 따스한 황혼이 저물어간다.

다시 구시가지로 돌아와 광장과 거리, 작은 골목길을 발길 닿는 대로 걸었다. 개성 넘치는 카페와 레스토랑이 길게 늘어서 있고, 미하엘문이 우뚝 서 있는 골목에는 수많은 여행자들이 오고가고 있었다. 낡아서 더욱 운치 있는 트램은 구시가지를 휘감고 돌아나간다. 오랜 역사와 사람들의 삶이 그 골목길 도로 위에 켜켜이 쌓여 있는 듯하다. 암울했던 이념의 시대는 가고 브라티슬라바는 변화와 발전 속에 꿈을 꾸는 도시가 되었다. 어두웠던 과거 공산주의 시대의 잔재를 털고 이제는 평화와 자유로움 속에 소박하지만 아름다운 일상을 누리는 브라티슬라바. 그곳 도나우 강변에서 바라보던 황금빛 석양을, 그리고 구시가 골목마다 가득하던 자유의 바람결을 언제나 기억할 것이다.

in good memories

브라티슬라바

◆ 오스트리아에 인접한 슬로바키아의 수도

빈 남역에서 열차로 1시간 10분 정도 가면 브라티슬라바 중앙역에 도착하며 여기서 구시가지까지는 약 1km 떨어져 있다. 구시가지의 규모는 직경 1km 정도로 도보 여행에 좋다. 구시가지가 본격적으로 시작되는 미하엘문과 옛 시청사가 있는 흘라브네 광장, 언덕 위의 브라티슬라바 성을 주요 포인트로 삼고 동선을 짜는 것이 좋다.

볼거리
- ◆ 해가 저물 무렵 도나우 강변 산책하기
- ◆ 구시가지 곳곳에 숨어 있는 유머러스한 동상들(츄밀, 파파라치, 벤치에 기댄 남자)
- ◆ 구시가지의 입구 미하엘문에서 구시가지의 중심 흘라브네 광장까지 구석구석 엿보기

잠자리
한 나라의 수도답게 유스호스텔부터 고급 호텔까지 다양한 숙소가 있다. 구시가지 근처에 위치한 숙소를 잡고 도보 여행을 하는 것이 편리하다.

- ◆ Hotel Kyievl(Rajska 2번지, Tel. (02)5964-1111, www.kyjevl-hotel.sk)
  구시가지 중심에서는 조금 벗어나 있으나 도보로 충분히 구시가지를 오갈 수 있다. 브라티슬라바에서 가장 높은 곳에 있지만 시설과 인테리어는 낡은 편이다. 아침식사는 뷔페식이며 가격 대비 만족감이 크다.

먹을거리
- ◆ U FILIPA(Biela 6, Tel. +421 9 0561 6084)
  현지인들이 추천하는 곳으로 단체 손님들이 많다. 내부는 작지만 바깥에 야외 테이블이 있다. 이곳의 빵수프는 속을 든든히 채워주며 맛도 좋고 가격도 합리적이다. 슬로바키아 정부 관리들도 자주 찾는 곳이라고 한다.
- ◆ The Paparazzi(Laurinska 1, Tel. +421 2 5464 7971, www.paparazzi.sk)
  레스토랑 외벽의 파파라치 동상이 인상적이며 칵테일 바까지 겸해 세련된 분위기를 풍긴다. 매년 '올해의 바Bar' 상을 수상할 정도로 인정받고 있다. 육류, 파스타, 리조또, 생선 요리와 샐러드, 수프, 와인 등이 주요 메뉴다.
- ◆ Le Monde(Rybarska brana 8, Tel. +421 2 5441 5411, www.lemonde.sk)
  스칸디나비아, 지중해, 아시아, 보헤미아 요리가 어우러진 퓨전 음식이 대표적이다. 진 해크만Gene Hackman, 주드 로Judd Law 등 유명 배우들이 찾아 더욱 유명해졌다. 가격은 다른 곳에 비해 좀 비싼 편이다.

슬로바키아의 숨은 보석
반스카 비스트리차

소박한 도시 속에서 열정적인 만남을 추 억 하 다

◆　　　　　　브라티슬라바 버스터미널에서 출발한 버스는 광활한 슬로바키아의 들판을 쉼 없이 달렸다. 이따금 그 메마른 풍경 속에 눈부시게 노란 해바라기밭이 펼쳐지곤 했다. 여행길에 마주치는 해바라기는 여행자의 마음에 알 수 없는 희망과 생동감을 가져다준다. 비록 황폐해 보이는 시골 벌판이었지만 생의 환희가 노란 해바라기처럼 선명하게 빛나고 있었다. 차창 밖으로 향하던 상념을 뒤로한 채 세 시간을 넘게 달린 버스는 마침내 한적한 강가의 버스터미널에 다다랐다.

　방향을 잘 몰라 일단 현지 주민처럼 보이는 사람들을 따라 한적한 길을 걸어갔다. 그러나 갈림길에 서자 여행자의 촉수가 그들과는 다른 방향으로 나를 인도한다. 오른쪽 방향으로 걸어가다가 터미널 근처의 높다란 호텔을 이정표 삼아 구시가지를 찾아갔다. 호텔을 지나자 싱그러운 초록의 공원 중심에 있는 슬로바키아 민족봉기Slovenskeho Narodneho Povstania, SNP 기념관이 보였다. 공원 한편에 제2차 세계대전 중에 실제로 사용했던 독일군과 소련군의 전차와 탱크, 장갑차, 대포, 전투기들이 전시되어 있었다. 역사의 현장감이 고스란히 느껴지는 그곳은 이제 동네 아이들의 놀이터가 되었다. 과거의 아픈 역사를 아이들에게 더 이상 물려주어서는 안 된다는 슬로바키아인들의 강한 의지를 느낄 수 있었다.

반스카 비스트리차Banská Bystrica의 주요 볼거리는 구시가지의 중심인 SNP 광장과 돌나Dolna 거리를 따라 늘어서 있다. 이곳은 슬로바키아 지도의 정 가운데에 위치하며 예부터 동이나 은을 채굴하는 광업도시로 발전했다. 그래서 지금도 주변에 광산의 흔적을 보존하고 있는 마을들이 있다. 18세기 후반에서 19세기 중반에는 슬로바키아 민족운동의 중심지가 되기도 했다. 제2차 세계대전이 끝날 무렵인 1944년에 나치 독일의 지배에 대항해 슬로바키아인들의 민족봉기가 이곳에서 시작되었다. 이러한 역사 때문인지 SNP 광장에 들어서자 주변 건축물들이 만들어내는 아름다운 경관과 함께 그 속에 꿈틀대는 힘이 느껴지는 듯했다.

파스텔톤의 주택들, 고풍스러운 외관의 건축물들, 그리고 여유로운 미소를 머금은 현지인들의 모습 속에서 바삐 달려온 여행자인 나도 발걸음을 멈추고 곳곳을 눈으로 담아본다. 거리공연자들이 신나게 클라리넷을 불고 기타를 치며 나를 이끈다. 그들의 연주에 마음이 따뜻해져 온다. 고마움에 주머니에서 동전 몇 닢을 꺼내 악기 가방에 던져 넣었다.

다시 광장에 서자 주변을 둘러싼 아름다운 건축물에 시선을 빼앗겼다. 그 눈부신 광장에서 과거의 아픈 역사는 검은색 기념비 하나로 남아 있고, 이제 이곳 사람들은 아름다운 현재의 삶을 살며 밝은 미래를 꿈꾼다. 그 꿈에 취해 광장을 바라볼 수 있는 한 식당의 노천 테이블에 앉았다. 슬로바키아어로 된 메뉴판이 난감해 갸우뚱거리자 친절한 여종업원이 미소 띤 얼굴로 영어로 꼼꼼히 번역

저녁 어스름이 내려 앉은 SNP 광장에는 새로운 밤의 이야기가 피어오른다.

해주었다. 여행지에서의 단골 메뉴인 슈니첼Snitzel을 주문하고 필즈너Pilsner 맥주를 곁들였다. 광장의 노천 테이블에 앉아서 먹는 한 끼 식사는 여행자의 마음에 느리게 음미해야 할 인생의 참맛을 느끼게 해준다. 아무리 바빠도, 조금 가격이 비싸더라도 잠시 걸음을 멈추고 광장의 테이블 한 켠에 자리 잡고 앉으면 그 무엇과도 바꿀 수 없는 여유를 맛볼 수 있다.

어느덧 서쪽 하늘에 해가 뉘엿뉘엿 넘어가는 시간, 광장을 벗어나 한적한 골목길을 따라 걸었다. 주택가를 지나자 이름 모를 교회가 나타나고, 그 교회 뒤편에 죽은 자들이 평화롭게 잠들어 있는 묘지가 보였다. 작은 규모의 도시에 비해 묘지가 꽤 넓었다. 묘지 한편에는 강한 생명력을 지닌 꽃들이 자라고 있어 죽음과 생명의 경계를 떠올리게 한다.

터벅터벅 묘지에서 돌아오는 길, 묘지로 향하는 한 초로의 남자를 만났다. 그의 한손에는 아름다운 꽃다발이 들려 있었고 발걸음은 경쾌했다. 그런데 묘지로 향하는 그의 얼굴이 너무 밝아 보였다. 기대에 찬 밝은 표정에 오히려 내가 놀라 걸음을 멈추었다. 나를 스쳐가는 그의 눈빛에는 과거의 아름다운 추억이 가득한 느낌이었다. 마치 사랑하는 아내를 만나러 가는 것처럼, 그리운 어머니를 재회하는 것처럼……. 이런저런 상념과 함께 그가 걸어가는 그 길을 그 후로도 오랫동안 바라보았다.

광장으로 돌아가 밤이 오기를 기다렸다. 아름다운 반스카 비스트리차의 황혼, 그 매혹적인 푸른 어스름을 프레임 속에 담고 싶었다. 기다림은 때론 고통이지만, 마음속에 꿈꾸던 황홀한 풍경과 조우할 때면 그 기다림의 고통은 눈 녹듯 사라진다. 밤 9시 5분, 어둑하던 저녁 기운이 푸른 빛깔로 옷을 갈아입으면 도시는 가장 아름다운 모습을 드러낸다. 광장 바닥에 설치된 작은 조명들이 마치 밤하늘의 별처럼 땅에서 빛나기 시작했다. 적막하면서도 아름다운 SNP 광장의 밤 풍경에 취해 하염없이 셔터를 눌렀다.

제2차 세계대전 당시 나치 독일의 점령에서 슬로바키아를 해방시킨 소련군 기념비 앞에서 구도를 잡고 있는데, 한 남자가 저 멀리 카페에서 헐레벌떡 내게로 뛰어왔다. 숨을 몰아쉬던 그는 내 카메라 앞을 막아서더니 "나도 찍어줘요." 라며 포즈를 취한다. 갑작스러운 해프닝에 잠시 당황스러운 표정을 지었더니 자신도 좀 어색함을 느꼈는지 말을 덧붙였다. "어떻게 이곳까지 오게 되었나요? 이런 곳은 여행자, 특히 동양인 여행자가 잘 오지 않는 곳인데……." 어색한 분위기를 깨려는 듯 그는 더욱 밝은 미소를 지었다. 그와의, 아니 반스카 비스트리차와의 놀라운 인연이 그렇게 시작되었다.

자신을 칼^{Karl}이라고 소개한 그는 독일인 직장 동료 슈테판^{Stefan}과 함께 사업차 이곳에 두 달마다 한 번씩 방문한다고 한다. 칼은 오스트리아 잘츠부르크에서 태어나 그곳에서 성장했고, 그곳의 미라벨 정원에서 결혼식을 올렸으며 지금도 그곳에 살고 있단다. "이곳에 자주 왔지만, 당신처럼 삼각대까지 들고 와서 카메라로 이곳 풍경을 담는 여행자는 거의 보지 못했어요. 정말 반가워서 달려 나왔어요." 만면에 미소가 그치지 않는 그는 "지금 특별한 계획이 없다면 우리와 합석하는 게 어때요?" 하며 광장 한켠에 있는 카페로 나를 이끌었다. 당연히 특별한 계획이 없었기에 순순히 따라가 보니 먼저 자리 잡고 있던 직장 동료이자 그의 친구 슈테판이 나를 반갑게 맞아주었다.

슈테판은 선뜻 나를 위해 슬로바키아의 전통맥주인 즐라티 바잔트Zlaty Basant를 주문해 주었다. 중국 현지에도 공장이 있어서 중국에도 가봤다는 슈테판은 독일인은 뚝뚝하다는 나의 선입견을 깨버리려고 작정한 듯 내게 친근한 미소로 다양한 질문을 퍼부었다.

"도대체 반스카를 어떻게 알고 찾아 왔어요? 신기해요."
"한국에서는 이름을 어떻게 짓나요? 우리는 할아버지 이름을 그대로 쓰기도 해요."
"도대체 한국의 이름 속에는 무슨 의미가 있나요?"
"한국, 일본, 중국은 같은 한자를 사용하지 않나요? 너무 신기해요."
"여행은 자주 하나요? 독일과 오스트리아의 어느 곳을 여행해 봤나요?"

그들과의 수다는 밤이 깊도록 그칠 줄을 몰랐고 어느새 카페가 문을 닫을 시간이 되었다. 남은 손님은 우리 테이블뿐. 두바이에서 왔다는 카페의 주방장과 주인, 그의 어린 딸도 나와서 우리의 수다에 동참했다. 12시가 가까운 시각, 슈테판이 맥주값을 계산했다. 그런데 갑자기 칼이 "내일 우리들은 사업차 이곳 현지인 직원들과 저녁 약속이 있는데 괜찮다면 오지 않을래요?"라며 권유했다. 나를 만난 걸 그들에게 얘기하면 아마 믿지 않을 거란다. 이곳 광장의 황금공작Zlaty Basant에서 내일 저녁 7시에 만나자고 말했다. 그러자 칼과 슈테판은 내가 약속을 잊을까봐 서로 번갈아가며 "우리 어디서 저녁 7시에 만나기로 했나요?" "즐라티 바잔트에서 몇 시에 만나기로 했다구요?"하며 몇 번이나 확인을 한다.

열린 마음을 가진 사람들, 그런 사람들과의 만남은 기분을 유쾌하게 해주는 특별한 마력이 있다. 아마도 내가 여행에 빠져드는 건 그런 열린 마음을 가진 사람들과의 만남에 중독되었기 때문이 아닐까. 그들과 헤어져 숙소로 돌아오니 밤도 깊은데, 오늘 하루 일정에 지친 나는 제대로 씻지도 못한 채 푹신한 침대를 두고 소파에 쓰러져 그대로 잠이 들어 버렸다.

다음 날 느긋하게 일어나 SNP 광장을 걸었다. 빗방울이 추적추적 떨어지고

반스카 비스트리차는 시련의 역사를 기억하고 이겨냈으며 새로운 희망과 발전을 향해 나아가고 있다.

있었다. 구시가지 광장에서 10여 분 거리에 있는 슬로바키아 민중봉기 기념관 SNP 기념관으로 향했다. 민중봉기는 제2차 세계대전 말기에 나치 독일의 지배로부터 슬로바키아를 해방시키기 위한 조국 해방 전쟁이었다. 양송이버섯처럼 두 개의 큰 건물로 이루어졌으며, 두 건물 사이에 세워진 검은색의 동상들이 그 당시 민중이 겪어야 했을 고통과 역사의 아픔을 고스란히 전해주고 있다. 지금도 그 동상 앞에는 살아남은 자들의 끊임없는 헌화가 이어지고 있다. 기념관 내부에는 나치 독일의 만행과 당시 전쟁에 사용된 군복, 무기들, 훈장과 사진들이 전시되고 있다. 슬픈 역사의 아픔을 겪었던 우리가 당당히 세계에 발전된 모습을 보여주었듯 그들도 시련의 역사를 이겨내고 이제 새로운 희망과 발전을 향해 나아가고 있었다.

늦은 아침 겸 점심을 해결할 요량으로 어제 저녁 산책길에서 보아둔 스테이크 하우스Steak House에 들렀다. 입구 벽면의 그림과 테이블 세팅이 너무 아름다워 먼저 두 눈과 마음이 배부른 듯했다. 지하 내부는 돌벽과 자연적인 재료를 이용한 세련된 인테리어가 돋보였으며 솔방울과 말린 꽃을 이용한 테이블 세팅이 입맛을 돋우었다. '오늘의 메뉴'는 가격이 저렴하면서도 맛이 좋아서 주머니가 가벼운 배낭여행자들에게 적극 추천할 만했다.

든든히 배를 채우고 광장을 어슬렁거려보았다. 그런데 도저히 여름이라고는 생각하기 어려운 차가운 바람과 기온에 두 손을 들고 말았다. 여름 여행이라 반팔만 가져와서 결국 옷가게에 들러 긴팔 점퍼를 하나 사입어야 했다. 오후가 되자 광장에서 무대 설치가 한창이다. 공연을 위한 무대 장치와 아이들을 위한 놀이기구들이 광장 한가운데에 설치되고 있었다. 광장 한 켠 노천카페에서 카푸치노 한 잔을 주문하고 잠시 휴식을 취했다. 여행은 바쁘게 걸어갈 때보다 멈춰 있을 때 더욱 많은 것을 알려준다. 빗속에서도 시민들과 여행자들이 광장에서 벌어지는 콘서트에 흥겨워하고 있었다. 지난 며칠간의 여정을 정리하며 카푸치노 한 잔을 다 비우고도 좀 더 게으른 여행자로 카페에 눌러앉아 무심히 시간을 흘려보냈다. 한여름인데도 섭씨 18도밖에 되지 않는데다 비가 내리고 바람까지 부니 서늘한 기운에 몸도 마음도 떨렸다. 그래도 낯선 도시에서의 새로운 만남에 대한 기대가 조금씩 마음에 따뜻한 기운을 불어넣고 있었다.

드디어 칼, 슈테판과 약속한 7시가 되었다. 혹시나 그들이 와있지 않으면 어쩌나, 어제는 술김에 말실수했다, 미안하다, 돌아가달라고 하지나 않을까 주저하며 광장에서 어슬렁거리다가 일부러 5분 늦게, 약속한 즐라티 바잔트$^{Zlaty\ Basant}$, 황금공작 레스토랑에 들어갔다. 겉보기와는 달리 속이 깊은 동굴 같은 레스토랑으로 들어가자 긴 테이블에 앉아 있던 칼과 슈테판이 환한 미소를 지으며 나를 반갑게 맞아준다. 슈테판 옆에는 현지 직원 이반^{Ivan}이 호기심 어린 표정으로 나를 보며 인사를 건넸다. 곧이어 밀카^{Milka}, 마르틴^{Martin}, 마르티나^{Martina}, 미란^{Miran}이 차례로 들어왔다.

그들은 낯선 이방인 여행자인 나를 스스럼없이 환영하며 따뜻한 미소를 건네주었다. 서로 인사가 끝나자 호기심 어린 질문들이 시작되었다. 한글에 관심 많은 그들을 위해 내가 냅킨에 그들의 이름을 적어주자 그 냅킨을 잘 접어서 가방에 넣었다. "액자에 넣어서 벽에 걸어 두겠어." 하며 밀카가 환하게 웃었다. 결혼한 지 석 달째인 신혼부부 미란과 마르티나는 행복해 보였다. 내 말 하나 하나에 귀 기울이고 간단한 우리말을 배우고 싶어 하던 그들의 마음에 깊은 감동을 받았다.

그들은 내게 슬로바키아의 전통주인 슬리보비차^{Slivovica}를 마셔보라며 권했다. 자두를 주원료로 한 과일 증류주인 이 술은 작은 잔에 담겨져 나왔는데, 자꾸만 '원샷'을 권하는 바람에 결국 단번에 한 잔을 넘기자 목과 뱃속에서 불이 난 듯 했다. 당황한 내 모습에 그들은 환호를 하고 박수를 쳤다. 그런데 거기서 끝이 아니었다. "이봐, 상현, 슬리보비차는 워낙 독한 술이기 때문에 한 잔만 마시면 한

예기치 않은 만남은 언제나 놀라움과 설렘을 동시에 가져다 준다.
이날의 만남이 내게 또 다른 인연을 선사해줄 줄 그땐 미처 알지 못했다.

지난 역사와 현재의 삶이 공존하는 SNP 광장. 그곳에서는 인간의 건축물과 자연이 만들어내는 아름다운 하모니를 들을 수 있다.

소박하지만 멋스러운 식당이 곳곳에서 여행자의 발길을 붙잡는다.

쪽 다리를 절뚝거리게 된다구. 두 잔은 마셔야 양쪽이 똑같아져서 괜찮아 보인다구. 한 잔 더 해." 칼이 이 말을 하며 우스꽝스러운 동작을 하자 모두가 웃음보를 터뜨렸다. 주문한 식사가 나오고, 우리들의 대화는 끝없이 이어졌다. 슬로바키아의 슬픈 역사, 빠지지 않는 한국의 남북분단 이야기, 여행과 일상에 관한 대화들…….

밀카는 나를 위해 다른 사람들의 슬로바키아어를 영어로 부드럽게 통역해주었다. 이반은 우리말에 대한 관심과 배우려는 열의가 있었으며 내 수제자가 되어 한글의 발음기호도 적고 자신의 이름도 스스로 써보는 열성을 보였다. 간단한 인사말도 배워서 나중에 헤어질 때는 내게 우리말로 작별인사를 하기도 했다. 마틴은 유머러스한 청년이었고, 미란과 마르티나는 볼수록 잘 어울리는 한 쌍이었다. 슈테판은 회사의 보스답게 품위 있고 신사적이었다. 칼은 위트 있는 말로 분위기를 만들어나갔다. 주문한 요리들이 나오고 우리말로 '건배'를 다 함께 외치며 즐라티 바잔트와 슬리보비차를 들이켰다.

이름도 낯선 곳, 반스카 비스트리차 SNP 광장 한 켠의 전통 레스토랑에서 우연하고도 즐거운 만남이 이루어지고 있었다. 여행이 주는 가장 보석 같은 축복이다. 이반의 우리말 학습은 계속되었고, 마틴의 유머는 양념처럼 저녁 식사 테이블 위로 쏟아졌다. 즐거운 식사가 끝나고 춤추러 가자는 칼의 제안에 의견이 분분했다. 의견일치를 보지 못한 우리는 그냥 광장으로 나가서 콘서트를 보기로 했다. 더치페이를 하기 위해 내가 식사값을 내놓자 슈테판은 한사코 손을 내저으며 부드럽지만 단호한 표정으로 돈을 내지 말라고 한다. "어제 내가 분명 널 초대한다고 했잖아. 초대란 말은 내가 사겠다는 의미야. 네가 와 준 것만으로도 충분히 고마워." 슈테판이 환하게 웃었고 그의 따스한 미소에 마음이 뜨거워졌다. 자칫 고단할 수도 있는 여행길이 그의 따뜻한 배려로 행복해지고 있다는 생각에 왠지 모를 포근함과 뿌듯함을 느꼈다.

레스토랑을 나와 광장에 서서도 우리는 계속 대화를 나누었고 흥겨운 가수들의 노래에 이반은 몸을 흔들었다. 슈테판과 밀카는 어느새 광장의 노점에서 맥주와 음료수를 사들고 왔다. 아름다운 광장에 삼삼오오 모여 우리는 오늘의 특별한 만남을 기뻐하며 축배를 들었다. 반스카 비스트리차의 밤은 끝없는 우리의 대화와 웃음 속에 그렇게 깊어가고 있었다.

반스카 비스트리차 ◆ 슬로바키아 민족 운동의 중심지

지리적으로 슬로바키아의 중심에 위치하며 특히 제2차 세계대전 때는 나치 독일의 지배에 대항하는 슬로바키아 민족운동$^{Slovenske\ Narodne\ Povstanie,\ SNP}$이 일어났다. 슬로바키아 각 도시에 있는 SNP 광장이나 SNP 거리는 이를 기념한 것이다. 브라티슬라바에서 버스나 열차로 4시간 정도 거리에 위치한다.

볼거리
- 반스카 비스트리차의 중심 SNP 광장과 길게 이어진 돌나^{Dolna} 거리
- 제2차 세계대전과 민족봉기의 유물이 있는 슬로바키아 민족봉기 박물관$^{SNP\ 박물관}$
- SNP 광장의 시계탑에 올라 바라보는 도시와 주변 풍경
- SNP 광장의 한 카페에서 즐라티 바잔티를 마시며 야경 감상

잠자리
- **Penzion Boca**(Dolna 52번지, Tel. 048/470 07 02)
  이 펜션은 돌나 거리에 위치한 바와 펍, 레스토랑을 각각 보유하고 있으며 넓고 쾌적한 숙소를 제공한다. 아침은 포함되어 있지 않지만 구시가지 안에 있어서 관광을 하기에 편리하다.

먹을거리
SNP 광장을 둘러싸고 다양한 레스토랑들이 있다.
- **Steak House**(Nam. Stefana Moysesa 2번지, Tel. 048/412 30 91, www.steakhouse-bb.sk)
  관광안내소 맞은편에 위치한 이 레스토랑은 입구부터 예쁜 벽화가 그려져 있어서 이곳을 찾는 이의 눈을 즐겁게 해준다. 음식의 맛도 좋고 양도 넉넉해서 현지인들이 추천하는 곳이다.
- **Zlatý bažant**(SNP 11번지, Tel. +421 88 412 45 10, 412 45 00)
  SNP 광장에 자리 잡고 있는 이 레스토랑은 슬로바키아 전통 요리를 맛볼 수 있는 곳으로 현지인들이 많이 찾는다. 슬로바키아의 대표 맥주 즐라티 바잔티$^{Zlaty\ Bazant}$를 따서 이름을 지었다.

자유로운 영혼이 춤추는 곳
코시체

음악과 역사, 사람과 자연이 어 우 러 지 다

　　　　　　　　　　여행자를 실은 버스는 넓은 평원이 끝없이 펼쳐진 슬로바키아의 중부 지역을 가로질러 네 시간이 넘게 달리고 달렸다. 소박한 풍경의 작은 마을들과 구불구불한 길을 지나서 마침내 오후 5시경 버스는 코시체 Košice 버스터미널에 정차했다. 쉽게 숙소를 구할 수 있을 거라는 낙천적인 여행자를 비웃기라도 하듯 문을 두드린 대부분의 숙소는 예상 외로 웬만한 서유럽의 가격을 능가했고, 거의 만원이었다. 좌절감을 느끼며 한 시간 넘게 무거운 배낭을 메고 구시가지를 이리저리 헤매었다. 결국 버스터미널에서 꽤 먼 거리에 있는 나드 반쿠Nad Bankou 펜션에 방을 하나 겨우 구했다. 가격에 비해 무척 넓은 방과 깨끗한 시설에 만족하며 한 시간의 고생에 대한 위로를 삼았다.

　　코시체의 중심 흘라브네Hlavné 거리는 흐린 날씨 탓인지 한적하다 못해 음산

하기까지 했다. 여행자들은 거의 보이지 않았고, 거리를 오가는 행인들도 좀처럼 눈에 띄지 않았다. 저녁식사를 위해 그 거리 한쪽에 있는 박쿠스Bakchus에 들어갔다. 그저 국물이 그리워 주문한 수프는 입맛에도 잘 맞고 맛도 기대 이상이었다. 메인 요리인 포크 필레Pork Fillet도 든든히 속을 채워주었다.

식당을 나와 느긋하게 저녁 어스름이 내린 코시체를 산책했다. 거의 남북으로 1km에 달하는 흘라브네 거리를 따라 우르반 탑Urbanova veza과 슬로바키아 최대의 성 알쥬베티 교회Dom sv. Alzvety를 중심으로 구시가지가 형성되어 있다. 그 거리 중앙에는 네오바로크 양식의 아름다운 국립극장Statne divaldo이 자리 잡고 있다. 무료하게 거리를 거닐다가 오랜 전통을 자랑하는 케이크 전문점 카페 아이다Cafe Aida에 들어갔다. 조각 케이크 하나와 커피 한 잔을 주문해 깊어가는 코시체의 첫 날밤을 그렇게 여유롭게 음미했다. 때론 여행길에서 가지는 잉여의 시간이 여행을 더욱 여행답게 해준다. 빠듯한 여행 일정이 여행자에게 얼마나 큰 피로와 부담을 주는지는 시간표에 쫓겨 바쁘게 여기저기를 돌아다닌 사람이라면 누구나 잘 알 것이다. 그래서 여행길에서 여유로운 시간을 만나면 그저 달콤한 케이크를 아껴먹듯 그렇게 천천히 음미하곤 한다.

낯선 도시에서 맞이하는 아침 햇살은 유난히 신선한 빛이 난다. 공기마저도 여행자의 가슴을 설레게 하는 특별한 성분이 들어 있다는 생각이 들 정도다. 이 골목 저 골목을 걷다가 도미니칸 교회Dominikansky kostol 앞 광장에서 열린 시장을 발견했다. 둥근 원형의 전통 치마를 입은 할머니들이 좌판을 펼치고 각종 채소와 과일, 그리고 꽃들을 팔고 있었다. 커다란 강낭콩을 팔던 할머니는 내게 한 봉지 사가라고 권유한다. 사더라도 마땅히 요리해 먹을 상황이 아니기에 난감한 미소를 지으며 거절을 할 수밖에 없었다. 아직도 과거의 시간과 전통의 흔적이 남아 있는 코시체의 재래시장이었다. 오랜 세월 이어져온 소박하고 순박한 사람들의 삶이 피부에 생생하게 와 닿았다.

여행은 너무 특별해 새로운 미지의 세계로
향하는 것이 아니다.

그저 내가 가보지 못한 새로운 곳에서
그들의 일상을 함께 나누고 걸어가는 것이다.

자유로운 영혼이 광장 가득 흥겨움으로 채운다.

슬로바키아 최대의 카테드랄Cathédrale, 가톨릭 교회의 대주교가 있는 성당인 성 엘리자베스 대성당St. Elizabeth's Cathedral의 첨탑으로 올라갔다. 맑게 갠 하늘 아래의 골목마다 오랜 시간이 스며 있는 코시체가 펼쳐진다. 신앙은 늘 하늘을 향하지만, 인간의 삶은 땅 위에 있다. 그래서 늘 모순이 생긴다. 하늘과 땅, 기도와 현실, 신과 인간, 일상과 여행, 현지인과 이방인 여행자……. 그런 긴장 관계 속에서 우리의 삶이 거미줄처럼 얽히고 섥켜 인생이 이루어진다. 여행을 할수록 더욱 사람들의 일상, 그 삶이 또렷이 보인다. 그리고 그 일상에 이물질처럼 끼어 있는 나는……. 눈부신 코시체의 풍경을 내려다보며 끝없는 상념에 잠겨본다.

짧은 상념을 떨쳐내고 다시 지상으로 내려왔다. 성 미하엘 예배당Kaplinska sv. Michala이 있는 정원에서 한 쌍의 커플이 결혼식 야외촬영을 하고 있었다. 사진사의 요구에 따라 신부를 들었다 놓았다 하던 신랑은 낯선 내 카메라를 향해서도 미소를 지었다. 음울하던 어제 저녁의 풍경은 어디에도 없었다. 오히려 너무나 눈부신 햇살이 코시체를 밝은 빛으로 감싸고 있었다. 아름다운 선율이 흘러나오는 분수 공원에는 현지 주민들과 여행자들이 몰려들어 활기찬 기운이 가득했다.

도시 곳곳에 낡은 흔적과 함께 새로운 건설의 현장도 있어서 변화와 오래된 것들의 공존이 더욱 묘한 매력으로 다가왔다. 흘라브네 거리를 걸어가는데, 관광객을 자전거로 태워주는 일을 하는 청년이 어제 저녁 몇 번 얼굴을 마주친 때문인지 내게 미소를 지으며 눈인사를 한다. 태양 광고판을 맨 청년들도 나를 보더니 먼저 아는 체를 하며 반갑게 인사를 한다. 그들의 모습 속에서 쑥스러운 듯 하면서도 친근한 정이 느껴졌다. 낯선 이방인에게 더욱 따스한 시선을 보내던 그들로 인해 코시체가 한결 가깝게 느껴지기 시작했다.

늦은 오후가 되자 흘라브네 거리 광장에서 T-mobile 회사가 주최하는 축제Fiesta가 열렸다. 최첨단 기술을 가진 기업이 시민들을 위해 전통의 멋이 담긴 공연을 무료로 개최하는 모습이 인상적이었다. 제일 먼저 코믹한 광대 2명의 공연은 진지한 표정의 사람들의 얼굴 가득 웃음꽃을 피워내고 마음 문을 활짝 열게 했다. 그들의 공연에 이어서 슬로바키아 전통 민속춤 공연이 이어졌다. 아름다운 색채와 디자인의 전통의상을 입은 팀들이 다채로운 공연을 펼쳤다. 그들의 춤은 힘이 넘쳤고, 삶에 대한 낙관과 유머가 배어들어 있는 듯했다. 특히 어린아이들의 전통 춤 공연은 어린이의 공연답지 않게 멋지고 신명이 나서 지켜보던 여행자들의 환호성을 자아냈다.

갈수록 빠르게 살아가기를 강요하는 이 시대에 현대인들은 낙오자가 되지 않기 위해 시류에 휩쓸려 어디로 가는지도 모르고 앞만 보고 달린다. 이러한 변화 속에서도 코시체에는 전통의 가치가 살아 있고, 이것이 어린 세대에게도 자연스럽게 전해지고 있다. 그리고 주어진 현재를 맘껏 즐기고 누리는 삶이 있다. 오늘따라 자꾸만 그들이 부러워진다.

홀라브네 거리 한 곳에서 공연이 끝나자 공연단이 우르르 다른 쪽으로 달려가기에 얼른 뒤따라 가보니 또 다른 공연이 이어지고 있었다. 민속춤 공연이 열화와 같은 관중들의 박수 속에 끝나자 한 저글러Juggler가 나와 조명이 들어간 기구를 이용해 저글링 묘기를 선보였다. 수많은 관중과 한 명의 공연자, 어둠과 빛, 느리게 흐르는 빛과 빠른 속도의 기구가 묘하게 어울리며 코시체의 밤은 황홀하기만 했다. 코시체의 어둠 속에 혼자 빛을 내던 저글러의 공연이 끝나자 4인조 재즈 악단의 연주가 시작되었다. 가만히 서서 지켜보던 공연자들의 몸이 조금씩 신나는 재즈의 선율을 따라 흔들리기 시작했다.

재즈는 들을수록 묘한 매력이 있다. 결국 흥에 겨워하던 한 아저씨가 공연단 앞으로 나가서 막춤을 추기 시작했다. 사람들의 시선을 의식하지 않고 그냥 자신이 좋아서 흥겹게 춤을 추던 그는 그 순간 그 광장의 주인이었고 가장 자유로운 영혼을 소유한 인간이었다. 세상의 시선을 의식하면서부터 우리는 모두가 눈에 보이지 않는 감옥에 갇혀 사는 건 아닐까. 흥겨운 마음을 억누르며 관중의 대열

에 서 있던 몇몇 젊은이들이 그의 막춤 공연에 참여했다. 우르반 탑 광장을 가득 메우던 재즈의 선율과 바람결을 따라 흐르는 나비처럼 자유롭게 춤을 추는 영혼이 있는 코시체의 밤이 이렇게 깊어가고 있었다.

새로운 햇살이 코시체를 비추던 아침, 침대에서 꾸물대다가 느지막이 일어나서 짐을 꾸렸다. 또 다시 새로운 곳을 향해 국경을 넘어가야 하기에 서둘러야 했지만 오히려 느긋하게 길을 나섰다. 더 이상 트램이 다니지 않고 보행자를 위한 거리로 조성된 구시가의 도로 위로 한껏 한가한 시간이 흐르고 있었다. 흘라브네 광장의 분수대에서 드레스를 입은 가족들이 결혼식 기념사진을 찍고 있었고 시장에서 꽃을 사들고 집으로 향하는 가족의 모습에서 행복이 묻어났다. 사소한 풍경 속에서 보석 같은 삶의 행복이 반짝반짝 빛나고 있었다. 흘라브네 거리를 걸으며 마리아 탑과 분수 공원, 우르반 탑, 야콥 궁전과 작별을 했다. 길을 모르는 낯선 여행자를 위해 친절히 길을 알려주고, 내 이야기에 귀 기울이려 애쓰던 사람들, 서유럽에 비해 풍족하지는 않지만, 여유로운 미소와 아직은 순박함이 묻어나는 슬로바키아인들……. 그들의 따스한 배려와 친절이 낯선 여행자의 가슴 속에 코시체에 대한 그리움과 애정을 심어놓았다.

코시체 ◆ 슬로바키아의 유서 깊은 역사를 간직한 도시

반스카 비스트리차에서 버스로 3~4시간 정도 거리에 있으며 브라티슬라바에서는 직통 열차로 5시간, 일반 열차로 7시간 정도 걸린다. 오히려 헝가리 부다페스트에서 열차로 3~4시간 거리에 있어서 부다페스트에서 이동하기에 용이하다. 코시체 기차역과 버스터미널은 구시가지 외곽에 서로 인접해 있다.

볼거리
- 구시가지 중심을 길게 관통하고 있는 흘라브네Hlavné 거리 산책
- 흘라브네 광장에 있는 국립극장과 극장 앞 음악 분수
- 슬로바키아 최대의 카테드랄인 성 알쥬베티 교회와 교회 종탑에 오르기

잠자리
- Penzion nad Bankou(ul. Kovacska 63, Tel. +421 55 6838 221, www.penzionnadbankou.holiday.sk)
  이 펜션은 구시가 중심 거리인 흘라브네 대로에서 80미터 정도 거리에 있고 50미터 정도 떨어진 곳에 대형 슈퍼마켓 테스코Tesco가 있어서 배낭여행자들에게 편리하다. 아침 불포함.

먹을거리
- Bakchus Reštaurácia(Hlavné 80번지, Tel. +421 55 622 18 14, www.bakchus.com)
  슬로바키아 기술박물관 옆 흘라브네 거리 80번지에 위치해 있으며 현지 서민들이 많이 찾는다. 가격 대비 음식의 맛과 양이 훌륭하다. 슬로바키아 전통 요리를 맛볼 수 있다.
- THE SLÁVIA CAFÉ(Hlavné 63, Tel. +420 226 201 910-13)
  코시체의 보석들 중 진주라고 불리는 슬라비아 호텔 1층에 있다. 이 카페 건물의 파케이드는 주변의 역사적인 건축물 중에서도 단연 아름답다. 여행길에 지칠 때 잠시 쉬어가기에 좋은 안락한 분위기다.
- Cukáreň Aida(Hlavné 81, Tel. +421 55 625 6649)
  현지인들의 사랑을 받는 제과점 아이다에서 맛있는 자바 커피와 크림 케이크를 맛볼 수 있다. 흘라브네 기리 81번지에 위치해 있어서 구시가지를 오가며 편리하게 들를 수 있다.

Part 3

폴란드
Poland

중세의 전설 속으로 걸어가다

슬프도록 아름다운 전설의 도시
크라쿠프

슬픈 역사를 딛고 새로운 이야기를 만들어 가다

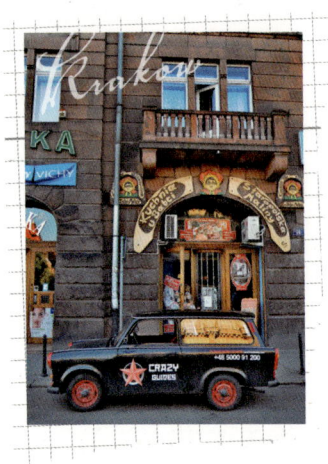

◆　　　　　　　　크라쿠프Krakow를 향해 달리던 열차가 갑자기 멈춰 섰다. 국경역이었다. 다른 유럽과는 달리 폴란드로 넘어가는 국경역에서는 다소 삼엄한 검문이 있다. 깐깐한 중대장 같은 국경 검문 요원은 여권도 꼼꼼히 확인하고, 몇 가지 질문도 던진다. 옅은 미소를 지어도 그는 눈도 꿈쩍하지 않는다. 잠시 무거운 침묵 속에 경직되었던 객차 안 공기는 열차가 다시 달리기 시작하자 활기를 찾았다. 며칠 동유럽 날씨가 계속 흐려서 그런지 시냇물은 온통 흙탕물이다. 풍경은 조금 심심한 느낌이다. 소나기가 내렸지만 금세 맑은 햇살이 비쳤다. 변덕스러운 날씨 탓인지 여행자의 기분마저도 몇 옥타브씩 상쾌함과 우울함 사이를 오르내린다. 이름도 낯선 역을 지나며 기차는 계속 달린다.

　크라쿠프로 가는 길은 생각보다 멀다. 고뇌하며 살아온 일상의 여러 문제들이 여행길을 따라 스쳐가는 풍경 앞에서는 의외로 사소해 보인다. 일상의 시름들을 떠나온 길 위에 모두 던져버리고 새 출발을 하는 기분이랄까. 폴란드의 벌판을 달리며 슬로바키아의 어느 슈퍼에서 산 사과를 베어 먹으며 성능 좋은 일제 볼펜을 가지고 론리 플래닛을 책받침 삼아 수첩에 글을 쓰고 있다. 이제 국경은 단지 지도상에서, 그리고 정치 지도자의 머릿속에만 존재하는 게 아닐까 싶다.

저녁 6시경 크라쿠프 중앙역에 도착했다. 열차 창밖으로 스쳐왔던 소박한 폴란드의 전원 풍경에 익숙해진 내게 크라쿠프 중앙역의 화려한 최신식 쇼핑센터는 무척 이질적으로 다가왔다. 일단 숙소를 구하기 위해 중앙역 근처의 한 호텔에 들어갔다. 저녁 시간에 도착한 탓에 마음이 급해진 나는 첫 번째로 들른 유럽 Europejsky 호텔에 머물기로 결정했다. 고급스러운 외관과 화려한 인테리어가 말해주듯 애초에 계획한 예산을 훨씬 뛰어넘는 가격이었지만 조금이라도 시간을 아끼고 싶었다. 때로 허리띠를 졸라매며 여행을 하다 보면 한 번쯤은 이렇게 늦은 시간을 핑계 삼아 호사를 누려보고 싶기도 했다.

동유럽의 다른 소도시와 달리 크라쿠프는 많이 알려져 있어 거리는 수많은 여행자들로 인산인해를 이루었고, 한껏 들뜬 공기가 가득했다. 이내 새로운 도시를 향해 카메라 하나 달랑 메고 발걸음을 내딛자 가슴이 떨려왔다.

크라쿠프 구시가지의 북쪽 문인 플로리안스카문 Brama Florianska에 이어진 성벽을 따라 노점 갤러리가 길게 늘어서 있다. 성벽 가득 그림 작품이 걸려 있어 마치 갤러리에 온 듯한 느낌이 들었다. 여행자들의 웅성거림으로 가득한 플로리안스카 Florianska 골목을 걷다 칸토르 Kantor, 공인 환전소에서 환전을 하고 시내 지도를 하나 구했다.

그렇게 얼마 걷지 않아 베니스의 산마르코 광장 Piazza Di San Marco에 이어 유럽에서 두 번째로 큰 규모를 자랑하는, 크라쿠프의 중심에 위치한 4만km²의 드넓

중세의 역사와 예술의 향기가 곳곳에서 피어난다.

은 중앙시장 광장에 도착했다. 르네상스 양식의 위엄 있는 직물회관Cloth Hall은 그 길이가 100m나 되는데, 14세기에 건설되어 당시 의복이나 천을 교역하던 장소였다고 한다. 지금은 1층의 가운데 통로 양쪽으로 목공예품, 호박 액세서리, 자수 등을 판매하는 작은 상점들이 가득 들어차서 새로운 명물이 되었다. 광장 한가운데에 여행자들이 가득 몰려 있어서 얼른 달려가 보니 10명의 젊은이로 구성된 브레이크 댄스팀이 신나는 공연을 벌이고 있었다. 한동안 그들의 공연을 흥겹게 구경하다 보니 허기가 밀려왔다. 그래서 저녁을 해결하기 위해 바쁘게 이리저리 골목길을 배회하다가 고스포다Gospoda라는 간판이 내걸린 식당에 들어갔다. 셀프식 폴란드 전통 요리 식당이었다. 가격도 저렴하고 우리 입맛에도 잘 맞아서 한 그릇을 깨끗이 비웠다.

드넓은 광장의 카페와 레스토랑은 빈자리가 없을 정도로 여행자들로 가득해 크라쿠프가 정말 인기 있는 여행지임을 실감하게 해주었다. 갑자기 광장 중심에 자리 잡은 직물회관 뒤편에서 사람들의 환호성이 들렸다. 궁금증을 참지 못해 달려가 보니 큰 공연이 펼쳐지고 있었다. 전 세계 여행자들과 현지인들이 모여서 유쾌한 여름 밤을 즐기고 있었다. 여행자를 가득 실은 고풍스러운 마차들이 줄지어 밤거리를 달려가고 불 밝힌 카페에는 사람들의 소란스러운 수다가 소나기처럼 쏟아지고 있었다. 잔잔한 바람만이 여행자의 들뜬 마음을 차분히 식혀주었다.

여행을 하면서 가장 기다려지는 순간은 일정에 쫓김도 없고 꼭 방문해야 할 목적지도 없이 한가롭게 거니는 아침 산책 시간이다. 맑은 아침 공기와 깨끗한 햇살은 카메라에 담기는 사진에도 그 기운을 한껏 불어넣어 주기에 더욱 기분이 좋아진다. 폴란드의 명물 과자 프레첼pretzel을 파는 노점상들이 거리 곳곳에 있어 현지인과 여행자의 아침을 간단하게 해결해주고 있었다. 성냥을 가득 실은 마차를 골목길 한쪽에 세워두고 팔고 있는 성냥팔이 아가씨는 마치 동화 속에서 튀어나온 인물처럼 비현실적으로 느껴지기까지 했다. 동화 속 비극적인 주인공과는 달리 크라쿠프의 성냥팔이 아가씨는 성냥이 잘 팔려서 그런지 행복한 표정이었다. 주일 아침이라 골목길마다 성당과 교회에서 울려 퍼지는 성가 소리가 가득했다. 화려한 민속의상을 입고 함께 거리 공연을 하는 다정한 노부부의 모습에서 크라쿠프의 아침이 활기차게 시작되고 있었다.

크라쿠프는 다양한 전설과 슬픈 역사의 현장이 공존하는 유서 깊은 도시다. 14~16세기의 신성로마제국 시대에 크라쿠프는 보헤미아의 프라하, 오스트리아의 빈과 함께 중부 유럽의 문화 중심지였으며, 제2차 세계대전으로 다른 도시들이 심각한 파괴를 당했을 때도, 이곳은 독일군 사령부가 설치되어 있어 전쟁의 참화를 피할 수 있었다고 한다.

중앙시장 광장 한 켠에 자리 잡고 있는 성 마리아 교회Kosciol Najswietszej Panny Marii는 1222년에 건설된 고딕 양식의 건축물로 크라쿠프의 랜드마크다. 그 옛날 몽고군이 크라쿠프에 침입했을 때, 나팔수가 적군의 습격을 알리는 나팔을 이 교회의 탑 꼭대기에서 불었다고 한다. 결국 나팔수는 몽고군이 쏜 화살을 맞고 장렬한 최후를 맞이했다. 그래서 지금도 한 시간마다 탑에서 나팔을 불며 충성스러운 나팔수의 죽음을 기리고 있다. 그 나팔 소리가 들릴 때면 그 옛날 몽고군의 말발굽 소리와 죽음을 불사하고 나팔을 불었던 나팔수의 가슴을 울리는 나팔소리가 들려오는 듯하다.

구시가지 남쪽 비스와 강가Wisła R.에 우뚝 서 있는 폴란드 역대 왕들의 주거지인 바벨 성Wawel Royal Castle으로 향했다. 중앙시장 광장에서 그로즈카Grodzka 거리를 따라 걷다가 비탈길을 걸어 올라갔다. 파란 하늘과 화사한 꽃밭, 빨간색 지붕의 고풍스러운 바벨 성이 여행자를 압도했다. 14세기 초에 고딕 양식으로 건설되었으며 오랜 세월에 걸쳐 르네상스 양식과 바로크 양식이 더해져 더욱 인상적인 바벨 대성당Wawel Cathedral도 여행자들을 매혹시켰다. 특히 르네상스

건축의 걸작으로 인정받고 있는 지그문트 차펠Kaplica Zygmuntowska은 그 황금빛 돔만큼이나 눈부신 자태로 폴란드의 옛 영화로웠던 시절을 말해주고 있는 듯했다.

바벨 성의 남쪽 기슭 비스와 강이 내려다보이는 성벽 앞에 어린이들의 손을 잡은 가족 여행자들이 잔뜩 몰려 있었다. 바로 그 성벽 아래에 용의 동굴이 있는데, 여기에도 재미있는 전설이 있다. 옛날 옛적에 비스와 강에 용 한 마리가 살았는데, 마을에 사는 아름다운 처녀들을 모조리 잡아 먹었다고 한다. 이에 지혜로운 어느 구두 장인의 제자가 꾀를 내어 타르와 유황을 먹인 양을 용에게 먹였다. 그러자 너무나 목이 말랐던 용은 계속해서 비스와 강물을 마시다가 결국 몸이 터져서 죽었다. 지혜롭게 용을 없앤 구두 장인의 제자는 결국 공주와 결혼을 하고 행복하게 살았다는 다소 황당한 전설이다.

동전 자판기에서 티켓을 구입해 나선형 계단을 빙빙 돌아 꽤 깊이 내려갔다. 동굴 안도 예상 외로 깊고 복잡해서 전설 속 용이 어디선가 나타날 것 같은 착각이 들기도 했다. 동굴을 나가자 비스와 강이 바로 눈앞에 흐르고 있었고, 동굴 입구 바위에 한 마리의 용 동상이 서서 귀엽게 불을 뿜고 있었다.

바벨 성 남동쪽에는 크라쿠프와는 별개의 도시였던 카지미에슈Kazimierz 지구가 있다. 제2차 세계대전이 발발하기 전 폴란드에는 유럽 최대 규모인 33만 명의 유대인들이 살고 있었고, 그중 6만 명이 크라쿠프에 살았다고 한다. 1941년에 나치 총독에 의해 유대인 게토ghetto가 만들어졌을 때 1만5천 명이 게토에 남겨지고, 나머지 유대인들은 수용소로 보내졌다. 이곳 크라쿠프에서 열차나 버스로 1시간 30분 거리에 그 유명한 아우슈비츠Auschwitz, 혹은 Oswiecim, 오시비엥침 수용소가 있어서인지 더욱 그 비극의 역사가 가슴에 와 닿았다. 2년 후 거의 대부분의 유대인이 학살당하고 게토의 인구는 1,500명 정도만 남게 되었다고 한다. 특히 이곳은 스티븐 스필버그Steven Spielberg 감독의 영화 〈쉰들러 리스트The Schindler

List)의 무대가 되기도 해서 더욱 유명해졌다. 카지미에슈 지구의 리포바Lipowa 거리 4번지에 오스카 쉰들러가 많은 유대인을 고용해서 운영했던 '독일 에나멜 용기 공장'이 남아 있다.

유대인의 슬픈 역사 때문인지 카지미에슈 거리를 걷다 보니 문득 모든 풍경이 흑백처럼 보이는 착시 현상을 느꼈다. 거리에는 과거 아픔의 흔적처럼 부서진 창문과 낡은 건물 외벽이 잿빛이 되어 내 프레임에 들어왔다. 언제적 낙서인지 모를 흑백의 글씨들이 을씨년스러웠다. 유대인 시나고그와 쉰들러의 공장을 찾기 위해 한참이나 걷다 보니 길을 잃어버렸다. 무거운 공기와 처절했던 역사의 비극이 주는 어둠으로 인해 몸보다 마음이 먼저 지쳐갔다. 결국 찾기를 포기하고 크라쿠프 시내로 돌아가기 위해 발길을 돌렸다.

그때 버스 정류장에서 나를 유심히 지켜보고 있던 한 중년의 사내가 말을 걸어왔다. "여행 중인가요? 크라쿠프 어때요?" 손에는 장을 보고 온 듯한 비닐봉투가 들려 있었다. 그의 격의 없는 모습에 나 또한 긴장감을 풀며 웃었다. "난 뉴욕도 가보고, 세상의 이곳저곳을 돌아다녀 봤지만, 내게는 크라쿠프가 가장 멋지고 아름다운 곳이에요. 그런데 비엘리치카 소금광산Wieliczka Salt Mine에는 가봤나요? 꼭 한 번 가봐요. 정말 멋진 곳이지요." 갑작스러운 그의 권유에 내심 당황한 표정을 짓자 그는 시간을 확인하더니 "이제 곧 이 버스정류장에 소금광산으로 가는 미니버스가 도착할 겁니다. 30분 내에 도착하니까 그걸 타도록 해요."라며 나의 소금광산행을 기정사실화 해버렸다.

그의 말대로 얼마 지나지 않아 미니버스가 도착했고, 그는 내게 먼저 타라고 권하더니 자신도 버스에 올라탔다. 낯선 여행자에게 자신의 고향 크라쿠프와 주변의 좋은 장소를 알려주고픈 그의 열망과 자부심이 느껴졌다. 의도치 않게 소금광산으로 향하게 된 나는 성급하게 그의 제안을 따른 게 아닌지 잠시 후회가 되었다. 더구나 예전에 잘츠부르크 근교의 큰 소금광산에 가봤기에 그리 기대가 되

지 않았다.

비엘리치카 버스정류장에 내려서 오르막길을 5분 정도 걸어가자 금세 소금광산 건물이 나타났다. 표를 끊고 가이드를 따라서 광산으로 들어가니 벌써 공기가 서늘하다. 나무로 만든 계단을 내려가는데, 도대체 얼마나 깊은 땅 속까지 들어가는지 아무리 내려가도 계속 빙빙 도는 계단만 나올 뿐이다. 이곳은 1250년대부터 소금 채굴이 시작되었으며 1950년대에 가동을 멈추기까지 700년의 역사를 자랑하는 유서 깊은 소금광산이었다. 가장 깊은 곳이 지하 325m에 이를 정도로 깊고 복잡하며 이 중 일부인 2.5km 정도를 관광객에게 개방하고 있었다. 꼬불꼬불한 내부의 길을 걷다 보면 다양한 소금 조각상들이 늘어서 있다. 폴란드의 왕들, 동화 속 난쟁이들, 소금 채굴 광부들, 지동설을 주장한 폴란드 학자 코페르니쿠스 상과 폴란드의 유명한 역사적 장면들을 소금으로 표현하고 있어서 보는 즐거움이 쏠쏠하다. 더구나 이 깊은 지하에 넓은 호수가 있어 많은 사람들이 믿기지 않는 듯 놀라움의 감탄사를 연발했다. 그중에서도 단연 압권은 가이드 투어거의 마지막에 도착한 성 킨카 예배당이다. 예배당의 바닥과 벽면, 샹들리에, 제단, 조각상 등 모든 것들이 다 소금으로 만들어졌다. 눈부신 조명과 소금이 반사하는 빛은 마치 보석의 방에 온 것처럼 황홀한 광경을 만들어냈다.

놀라움으로 가득한 비엘리치카 소금광산 투어를 마치고 다시 미니버스를 타고 크라쿠프로 되돌아왔다. 중앙시장 광장의 직물회관 앞에 또 사람들이 바글바글 몰려 있는 것을 보니 무언가 공연이 펼쳐지고 있는 듯했다. 가까이 다가가 인파를 헤치고 앞으로 나서 보니 한 거리공연자가 마리오네트Marionette 인형극을 공연하고 있었다. 그는 유명한 팝가수인 티나 터너Tina Turner, 마이클 잭슨Michael Jackson, 엘비스 프레슬리Elvis Presley의 인형을 가지고 인형에 연결된 줄을 이용해 음악에 맞춰 팝의 제왕들의 공연을 똑같이 흉내 내고 있었다. 남녀노소 여행자들이 그의 손가락 움직임 하나하나에 탄성을 토해냈다. 마이클 잭슨이 〈빌리진〉 음악에 맞춰서 문워킹Moonwalking을 그대로 해낼 때는 카메라 프레임 속으로 바라보던 나도 감탄사를 연발하지 않을 수 없었다.

  서서히 구시가지에 저녁 어스름이 내리고 있었지만 오가는 여행자들의 발걸음은 끝없이 이어졌다. 또 다시 밤의 신Nocturne이 존 필드John Field의 피아노 선율처럼 부드럽게 어둠을 몰고 와 대지를 덮어가고 있었다. 그 어둠 속에서 한 줄기 꿈과 낭만의 빛을 찾는 여행자의 시선은 어떤 순간도 놓치기 싫은 듯 계속 어둠 속 허공을 향해 있다. 비단처럼 부드러운 밤이 크라쿠프를 감쌀 때 오늘도 축제 공연장의 함성이 성난 황소처럼 광장을 진동케 했다. 불가리아에서 온 남자가수의 열정적인 노래, 강렬한 몸짓이 인상적인 댄서의 공연, 무대 위 연주자들의 힘찬 연주가 마음을 뜨겁게 했다.

  전 세계에서 몰려든 여행자들은 음악 속에서 하나가 되었다. 이제는 무력이 아니라 음악이 세상을 지배하고, 문화가 지배 권력이라는 걸 실감할 수 있었다. 내 뒤에 서 있던 한 노인은 주위 사람들의 시선에는 아랑곳하지 않고 춤을 췄다. 오로지 그 공간은 자기만의 것이었다. 어느 누구도 침범할 수 없는 노인만의 공간, 자유로운 몸짓의 시간이었다. 그렇게 열정적으로 춤을 추다가 힘에 부치는지 한 손을 가슴에 얹은 채 잠시 숨을 가라앉힌다. 몸은 노쇠했지만, 대단한 열정이었다. 크라쿠프 광장에 가득 흘러넘치는 환호와 열정은 내 몸과 마음도 뜨겁게 달구어 다시 젊은 시절로 돌아간 듯한 느낌을 만들어 주었다.

  열정과 음악에 취해 있다가 겨우 관중들 틈을 비집고 빠져 나왔다. 숙소로 돌아가기가 너무 아쉬워 결국 광장의 한 카페, 전망 좋은 테이블에 자리를 잡았다. 오늘 밤 마지막 거리공연자들 한 무리는 드넓은 광장을 무대 삼아 불꽃쇼를 벌이고 있었다. 황홀한 불꽃쇼를 하는 그들로부터 머리카락이 그을리는 냄새가 풍겨왔다. 세상에 쉬운 일이란 분명 없다. 자신의 머리카락을 태우는 열정으로 그들은 그 밤의 시간에 충실하고 있었다. 누가 보아주지 않아도 스스로에게 충실하

현지인들과 여행자들이 하나되는 순간, 그곳에 예술이 있다.

고, 자신의 몸뿐만 아니라 영혼까지 불사를 수 있는 뜨거운 열정이 있다면 남은 삶도 결코 두렵지 않으리라. 어둠이 깊어가는 중앙시장 광장에서 폴란드의 전통 맥주 지비에츠Żywiec를 마시며 아쉬움 속에 역사와 전설이 가득한 도시, 크라쿠프의 마지막 밤과 작별 인사를 나누었다.

크라쿠프 ◆ 과거 폴란드 왕국의 영화로운 수도

프라하, 빈과 중세 시대 중부 유럽의 문화 중심지로, 화려한 문화유산을 가지고 있다. 근교의 비엘리치카 소금광산이나 오시비엥침아우슈비츠 여행의 거점 도시다. 바르샤바에서 열차로 3시간 정도, 빈에서 8시간 내외, 코시체슬로바키아에서 6시간 정도 걸린다.

볼거리
- ◆ 유럽 최대의 광장인 중앙시장 광장과 광장 주변 건축물들(직물회관, 성 마리아 교회, 구시청사 탑)
- ◆ 역대 폴란드 왕들의 주거지인 바벨 성과 왕의 대관식이 거행된 대성당
- ◆ 영화 〈쉰들러 리스트〉의 무대가 된 카지미에슈 지구 ◆ 소금으로 만들어진 비엘리치카 소금광산 탐방

잠자리
폴란드의 유명 관광지답게 유스호스텔부터 설비가 좋은 고급 호텔까지 다양하다. 중앙역 주변과 구시가지에 호텔들이 집중되어 있으며 상대적으로 저렴하지만 다른 동유럽 도시에 비해 가격이 비싼 편이다.
- ◆ Hotel Europejski(Lubicz 5, Tel. (48 12) 423 25 10, www.he.pl)
  중앙역에 바로 인접해 있는 고풍스러운 호텔, 구시가 중심까지는 도보로 충분히 이동 가능하다. 내부 인테리어를 보수해서 설비는 깨끗하며 가구들과 침대가 아늑하고 편안한 느낌을 준다. 아침 식사 포함.

먹을거리
목축이 발달한 나라답게 육류 요리가 많고 감자를 주로 곁들인다. 수프 종류가 많고 맛도 좋아서 권할 만하다. 중국의 만두가 전래되어 생겨난 피에로기 Pierogi는 모양새가 만두와 똑같다. 커틀릿 스하보이 Kotlet schabowy는 폴란드식 돈가스인데, 출출할 때 속을 든든히 채워주는 인기 메뉴다. 양배추, 자우어크라우트, 소시지 등을 오랜 시간 끓인 대표적인 가정 요리인 비고스 Bigos도 맛있다.
- ◆ Gospoda Hulajdusza(pl. Szczepanski 7, Tel. (48 12) 431 13 13) 굵은 나무테이블과 의자, 내부 인테리어가 멋스러운 식당이다. 폴란드 전통 가정식 요리들이 전시되어 있고, 요리를 보고 카운터에 주문하고 계산을 하고 나서 각자 테이블로 가서 식사하면 된다. 가격도 저렴한 편이다.
- ◆ Gospoda C. K. Dezerker(Bracka 6, Tel. (48 12) 422 79 31) 폴란드 전통 가정식 요리를 제공하며 아담하면서 정겹다. 중앙시장 광장에서 그리 멀지 않다. 비고스나 피에로기를 비롯한 폴란드 요리 외에도 체코식, 사라예보식, 오스트리아식의 다양한 요리를 맛볼 수 있다.

신비한 이야기가 머무는 곳
토룬

호기심 가득한 여행자의 마음을 두 드 리 다

◆ 열차 창문 밖으로 낯선 풍경들이 스쳐간다. 폴란드의 이름 모를 들판을 가르며 기차가 달리고 있다. 단조롭게 달리는 열차 옆으로 또 하나의 길이 있고 그 옆으로 작은 마을이 보인다. 오랜 세월의 먼지가 낀 창문으로 흐리게 보이는 풍경들. 때론 너무 또렷한 시선보다 그렇게 흐리게 보이는 세상이 아름답다.

바르샤바에서 출발한 토룬Toruń행 열차는 그야말로 찜통 속이었다. 책 읽기에 지쳐 결국 잠을 청해 보던 승객들은 자주 정차하는 열차로 인해 비몽사몽 잠들고 깨어나기를 무수히 반복해야 했다. 철자를 읽기도 힘든 어느 작은 간이역에 열차가 잠시 멈췄다. 창밖에는 여전히 빛나는 햇살과 내 나이 됨직한 나무 한 그루가 말없이 풍경을 채우고 있다. 살며시 고개를 들고 바라본 풍경. 황금빛 들녘이 눈부셨다. 세상에는 온통 충만한 무언가가 채워져 있었다. 폴란드 어느 들판을 지나던 기차에서 나는 그렇게 깊은 생각에 잠겨 한없이 낯선 풍경을 바라보았다.

지동설을 주장한 천문학자 코페르니쿠스Nicolaus Copernicus의 고향이자 1231년 독일 튜톤 기사단The Teutonic Knights에 의해 건설된 중세 도시 토룬을 향해 가는 길, 어떤 모험 같은 전설들이 숨어 있을까. 오후 6시 10분 마침내 토룬 중앙역에 도착했다. 역 앞에서 토룬 구시가지로 향하는 27번 버스를 타고 검표기에 버스표를 넣어서 마킹을 했다. 버스가 출발하자 사복을 입은 검표요원 2명이 숨겨두었던 신분증을 꺼내더니 갑자기 승객들의 표를 검사하기 시작했다. 표를 구입하고 검표기에 체크를 했기에 별 걱정 없이 표를 검표원에게 건넸다. 그런데 검표원이 무언가 잘못됐다고 지적을 하며 표정이 굳어졌다. 그리고는 표를 뒤집어서 다시 한 번 검표기에 넣어서 마킹을 한다. "여기에서는 앞뒤로 다 체크를 해야해요. 한쪽만 하면 무임승차로 간주됩니다." 그의 말에 나는 가슴이 철렁했다. 그걸 모르고 한 쪽만 개표를 한 것이다.

예전에 부다페스트를 여행할 때 메트로표를 잘못 구입해서 요금의 수십 배를 물어야 했던 악몽이 떠올랐다. 내심 긴장한 표정으로 무슨 말이 떨어질까 그들의 입만 쳐다보았다. 다행히 그들은 등에 맨 무거운 배낭가방을 보더니 내게 벌금을 부과하지 않고 살짝 미소를 지으며 표를 건네준다. 천당과 지옥을 오간 순간이었다. 그 미소로 인해 토룬으로 향하는 내 마음은 저절로 상쾌해졌다. 버스는 5분도 채 달리지 않아 비스와 강을 건넜고 나는 강 건너 첫 번째 정류장에서 내렸다.

새로운 세상을 향한 관문처럼 아치형 문을 통과하자 색다른 느낌의 건축물과 분위기가 나를 감쌌다. 불에 타는 듯 붉은 지붕들과 색다르면서도 매혹적인 구시가의 풍경이 여행자의 시선을 빼앗았다. 우선 마땅한 숙소를 찾기 위해 구시청사가 있는 광장을 어슬렁거렸다. 그러다가 광장에 접해 있는 '세 왕의 호텔Trzy Korony(Three Crowns)' 호텔 입구에서 망설였다. 구시가의 중심에다가 호텔 이름에서 알 수 있듯이 과거 세 명의 왕들이 이곳에 묵었을 정도로 유서 깊은 호텔이어

아담한 토룬의 구시가의 골목길은 마치 익숙한 고향집 골목길처럼 편안함이 느껴진다.

서 가격이 걱정되었다. 그 순간 호텔 카운터에 서 있던 지배인이 나를 보자마자 갑자기 뛰어나왔다. "빈 방이 있으니 어서 들어오세요." 조심스럽게 가격을 물어보니 나의 고민을 다 알고 있다는 듯 미소를 지으며 의외로 적정한 가격을 제시한다. 더구나 아침식사도 포함된 가격이어서 선뜻 그곳에 묵기로 결정했다. "가장 전망 좋은 3층 방으로 드릴게요." 그는 호텔의 역사만큼이나 묵직한 세월이 느껴지는 방 열쇠를 건네주었다. "참, 근처에 괜찮은 식당 있으면 추천해 주실래요?" 그는 광장에 있는 팬케이크 전문 식당 마네킨Manekin과 함께, 광장에서 15분 정도 거리에 있는 게시야 시즈야Gesia Syzja 레스토랑을 적극 추천했다. 짐을 풀고 토룬을 돌아볼 겸 광장보다는 좀 더 먼 곳에 있는 게시야 시즈야를 찾아 나섰다.

아담한 토룬의 구시가지의 골목길은 마치 고향집 골목길처럼 편안했다. 간혹 낮은 담벼락에 그려진 옛 전설의 벽화들이 여행자로 하여금 상상의 나래를 펼치게 했다. 이리저리 배회하다가 어렵지 않게 식당을 찾게 되었다. 무거운 문을 밀고 들어가니 온갖 동물 박제들이 벽에 달려 있었고, 그릴 위에는 스테이크 여러 덩이가 지글지글 맛있게 구워지고 있었다. 치킨 누들 수프는 삼계탕의 국물과 맛이 거의 똑같고, 양배추를 곁들인 돼지고기 안심스테이크는 여행자의 까칠한 미각을 충분히 만족시킬 정도로 맛이 뛰어났고, 허기진 배를 든든히 채워줄 만큼 그 양도 넉넉했다.

서서히 푸른 저녁 어스름이 토룬을 감싸기 시작했다. 아름다운 저녁, 거리의 변신에 넋을 잃은 듯 발길 닿는 대로, 내 시선이 가는 대로 토룬을 마음껏 거닐었다. 도로에 박혀 있는 돌들은 수백 년의 세월 동안 이곳을 거쳐간 이들의 발자국으로 인해 이제는 반들반들해져 있고, 그 오랜 세월만큼이나 수많은 전설이 쌓여 있는 토룬의 밤 골목은 운치가 넘쳐났다. 그렇게 걷다가 밤이 깊어오자 세 왕의 호텔로 돌아와 3층 방 창문을 열었다. 그러나 가로등이 켜진 광장과 구시청사의 첨탑, 성령 교회Church of the Holy Spirit 첨탑이 어우러진 매혹적인 토룬의 밤 풍경이 눈앞에 펼쳐졌다. 위대한 천문학자 코페르니쿠스를 기억하고 있는 듯 밤하늘에는 별 하나가 청아하게 빛나고 있다. 모든 사람들이 천동설을 종교처럼 믿고 따르던 시절, 그는 이성적인 사고와 과학적인 탐구를 통해 지구가 태양 주위를 돈다는 엄청난 진리를 발견했다. 천동설의 신념이 지배하는 시대에 과연 그는 어떻게 그런 놀라운 발상을 했을까. 기존의 지배적인 신념에 완전히 반대되는 생각을 다수에게 드러내는 일은 그 당시 사형이라는 극형까지 감수해야 하는 일이었다.

1999년 6월 7일 교황 요한 바오로 2세가 폴란드가 낳은 천문학자 니콜라스 코페르니쿠스의 고향인 이곳을 찾았다. 교황은 "과거 가톨릭 교회가 코페르니쿠스의 위대한 업적인 지동설 이론을 배척한 것은 잘못이었다."라고 고백하며 공식적으로 사죄했다. 토룬이 낳은 위대한 과학자이자 혁명가는 지금도 토룬 구시청사 사거리에 우뚝 서서 진리를 증언하고 있다. 그의 동상에 새겨진 글자들이 내 마음에도 깊이 아로새겨졌다. '지구를 멈추고 태양을 움직인 토룬의 코페르니쿠스Nicolaus Copernicus Thorunensis, Terrae motor, Solis Caelque stator'

밤이 깊어갈수록, 시대가 어두울수록 진리의 별은 더욱 밝게 빛을 낸다. 나는 창문에 가만히 기대어 카메라 셔터에서 손을 떼고 토룬의 밤 풍경에 빠져든다.

창문 아래 광장의 카페에서는 알아들을 수는 없지만, 토룬의 낭만과 맥주에 취한 사람들의 흥겨운 수다가 계속 쏟아졌다. 시간이 흐르고 그 시간의 길이만큼 별 하나가 토룬의 하늘을 가로질러 흐르고 있었다.

다음 날 코페르니쿠스에 대한 호기심으로 15세기에 고딕 양식으로 건설되었고 지금은 박물관으로 꾸며진 코페르니쿠스 하우스로 발걸음을 향했다. 이곳 토룬에 또 다른 명성을 안겨준 것은 진저브레드Ginger Bread라는 향이 강한 비스킷이다. 14세기 이래로 토룬에서 만들어진 전통 과자로, 아로마 향이 깊숙이 배어 있고, 초콜릿이나 설탕 아이싱icing이 덮여 있어 맛있다. 그 형태도 성경 속의 장면이나 코페르니쿠스와 같은 역사적인 인물들, 동물, 마차, 기하학적인 숫자들의 형태 등 다양한 모양으로 만들어진다. 1825년 8월에 토룬을 방문한 적이 있는 쇼팽Chopin은 토룬의 명소들을 다 돌아보고 난 후 그의 친구에게 쓴 편지에서 "그 무엇보다 토룬의 진저브레드가 나에게 가장 깊은 감명을 주었다네."라고 고백한 적이 있다. 진저브레드는 이들뿐만 아니라 러시아의 피터 대제, 나폴레옹 황제 등 수많은 역사적 인물들의 미각을 매혹시켰다. 이곳 토룬을 방문하기도 했던 폴란드 출신의 교황 요한 바오로 2세는 엄청난 진저브레드 애호가로 알려져 있다. 교황은 바티칸을 방문한 토룬의 대표자들에게 매번 만날 때마다 진저브레드를 요청했고, 매년 크리스마스 때마다 토룬에서 가져온 진저브레드를 먹었다고 한다.

코페르니쿠스 하우스에서 진저브레드를 직접 만들어 볼 수 있는 강좌가 있다기에 얼른 신청했다. 십여 명의 현지 여행자들 틈에 끼어서 초롱초롱한 눈빛으로 가이드의 설명을 열심히 들었다. 비록 폴란드어로 강좌가 진행되었지만, 직접 눈으로 다양한 재료를 만져보고 냄새도 맡으며 진저브레드 틀에다가 반죽을 주물러서 넣었다. 나는 사진도 찍고 진저브레드도 만드느라 남들보다 2배나 바빴지만, 부지런히 반죽을 해서 남들이 하나를 만드는 동안 2개나 틀에 집어넣었다. 빵을 굽는 동안 가이드는 수강생들을 이곳저곳으로 데리고 다니면서 진저브레드의 역

처음 만난 사람들이 함께 모여 진저브레드를 만드는 시간, 말은 통하지 않아도 빵 하나만으로 열정과 마음을 나누었다.

토룬의 옛 생활 모습과 역사적 사건을 알 수 있는 벽화를 곳곳에서 만난다.

사와 만드는 과정들을 모형과 재료를 보여주면서 상세히 설명해 주었다. 20여 분이 지났을까. 가이드는 우리가 처음 진저브레드를 만들었던 큰 테이블이 있는 방으로 다시 여행자들을 모이게 했다. 그 방에는 오븐에서 갓 구운 진저브레드의 향기가 가득 차 있었다. 비록 모양은 형편없었지만 여행자들은 자신이 반죽해서 만든 진저브레드를 받아들고는 만면에 웃음꽃을 활짝 피웠다. 원본 틀이 무엇이었는지 나밖에 모르는 못생긴 진저브레드였지만 먹기가 너무 아까워 조심스럽게 종이에 싸서 가방에 넣었다. 밖으로 나와서도 향기로운 진저브레드의 향에 취한 채 토룬의 이곳저곳을 돌아다녔다.

토룬의 구시가 골목골목을 걷다 보면 동화 같은 이야기와 역사가 담긴 동상들이 곳곳에 숨어 있다. 구시청사 옆 광장에 서면 작은 분수대가 있는데, 분수대 가운데에 바이올린을 연주하는 한 남자가 서 있고, 그 바이올린 악사를 개구리들이 빙 둘러싸고 있다. 왜 이런 분수가 있는지 가이드북에도 나와 있지 않아서 토룬에 머무르는 내내 계속 궁금했다. 그런데 골목 한 켠에 있던 어느 노점상이 판매 중이던 개구리 모형을 가리키면서 친절하게 설명을 해주었다. "바이올린을 켜고 있는 사람은 원래 악사가 아니라 비스와 강의 뗏목을 타는 사람, 뗏사공Raftsman이었어요. 중세시대에 이곳에서 발트해 연안의 항구 도시 그단스크까지 물품을 운송하기도 했지요. 그러던 어느 날 비스와 강에 개구리떼가 몰려와서 토룬 사람들에게 막대한 피해를 입혔어요. 그때 뗏사공 이워Iwo가 바이올린을 연주해서 개구리떼를 이 도시로부터 멀리 떠나게 했지요. 그를 기념해서 1914년에 이 광장에 개구리와 그의 조각상이 설치되었답니다."

광장에 있는 관광안내소에서 조금 떨어진 곳에는 행운의 필루스Filus for good luck 동상이 있다. 귀엽고 상냥한 강아지 필루스는 폴란드의 유명한 풍자가이자 칼럼니스트, 그리고 만화가였던 즈비그뉴 렝그렌Zbigniew Lengren의 만화에 등장하는 강아지다. 그는 이곳 코페르니쿠스대학교의 미술학부에서 공부를 했으며

1948년부터 무려 55년 동안이나 필루텍Filutek 교수와 그의 애견 필루스가 등장하는 만화를 그렸다. 2003년에 사망한 그를 기념해서 이곳에 교수의 중산모를 물고 있는 필루스와 교수가 들고 다니던 우산 조각상을 세웠다. 2005년에 이곳 올드마켓Old Market 광장의 가로등 아래에 설치되자마자 금세 토룬 시민들과 여행자들의 사랑을 받게 되었다. 필루스의 꼬리를 잡으면 사랑이 이루어지고, 모자를 만지면 시험을 잘 보게 된다는 재미있는 이야기도 전해진다. 사랑의 열병을 앓고 있거나, 중요한 시험을 앞두고 근심이 쌓였다면 토룬에 들러 필루스의 행운을 꼭 체험해보기를…….

하나 더 여행자들이 꼭 보아야 할 동상이 구시청사 앞 쉐로카Szeroka 사거리에 있다. 그 사거리에는 토룬이 낳은 위대한 인물 코페르니쿠스의 기념비가 우뚝 서 있는데, 그 위용에 압도당한 나머지 카메라 셔터를 누르며 뒷걸음질을 치다가 이 동상과 마주쳤다. 처음에 얼핏 보기에는 그냥 귀여운 당나귀 동상이었다. 귀엽다고 쓰다듬다가 보니 당나귀 등에 길게 칼날 같은 쇳조각이 붙어 있는 게 아닌가. 여행자들이 함부로 올라가지 못하게 설치해 놓은 건가 싶었다. 그러나 결국 궁금증을 참지 못하고 관광안내소에 들러 직원에게 물어보았다. "중세시대에는 살아 있는 당나귀 등에 날카로운 쇳조각을 올리고 죄수를 거기에 앉혀서 고통을 가하는 고문 도구로 사용했어요." 친절한 여직원이 호기심 어린 여행자가 기특한 듯 미소를 지으며 당나귀의 비밀을 알려주었다. 대중들이 보는 앞에서 이것은 육체적인 고통을 가하는 형벌일 뿐만 아니라 공개적인 수치를 주는 것이기도 했다. 기념사진을 찍으며 아무것도 모르고 웃었던 순간이 떠오르면서 등에 식은땀이 흐르는 듯했다.

거리 곳곳에 재미있는 전설과 이야기가 가득한 토룬……. 그 거리를 걷다 보면 수많은 전설과 동화 같은 이야기들이 주는 매력에 흠뻑 젖어들게 된다. 단지 낯선 도시의 건물 사이를 거니는 게 아니라 살아 숨 쉬는 듯한 아름다운 도시의

뜨거운 심장에 닿는 기분이라고나 할까. 높은 곳에서 바라보는 토룬은 어떤 모습일까 싶어 도시의 상징 문양인 천사상 조각이 붙어 있는 구시청사의 탑을 올랐다. 종탑에서 내려다보는 토룬의 풍경은 뜨거운 여름 햇살 아래 눈부시게 빛났다. 중세의 향기를 머금은 붉은 지붕들과 기나긴 세월 토룬을 지켜보며 흘렀을 비스와 강, 그리고 작은 골목을 오가는 시민들과 여행자들의 흐름 속에 보이지는 않지만 과거와 현재를 이어주는 시간의 고리가 연결된 듯했다. 뜨거워진 여행자의 심장을 식혀주려는 듯 한 줄기 시원한 바람이 불어와 종탑을 휘돌아 나간다. 그러나 그 바람결에도 나의 심장은 좀처럼 식지 않았고 그 후로 한참 동안이나 종탑에 머물러 있었다.

토룬

◆ 재미있는 전설이 가득한 동화 같은 소도시

지동설을 주장한 천문학자 코페르니쿠스가 태어난 도시다. 중세 독일 기사단의 유적이 남아 있으며 구시가 전체가 유네스코 세계유산에 등록되어 있다. 열차로 바르샤바에서 3시간, 그단스크에서 3시간, 크라쿠프에서 6시간 정도 소요된다.

볼거리

- 구시가지 중심 구시청사와 시청사탑 전망대 오르기
- 코페르니쿠스 생가박물관 방문과 토룬의 명물 진저브레드 만들기 체험
- 구시가지 곳곳에 숨겨진 동상들과 전설 찾아보기, 명예의 진저브레드 길 Piernikowa Aleja Gwiazd, Gingerbread Walk of Fame 걷기
- 독일 기사단 성터와 비스와 강변 산책하기

잠자리

- Hotel Trzy Korony(Rynek Staromiejski 21, Tel. +48 56 622 60 31, www.hotel3korony.pl)
  구시가지 광장에 위치해 있어서 토룬을 도보로 돌아보기에 정말 편리하다. 역사적으로 세 명의 왕이 머물렀던 숙소여서 'Trzy Korony Three Crowns, 세 왕의 호텔'로 이름을 지었다고 한다. 아침 식사 포함.

먹을거리

- Karczma Gęsia Szyja(ul. Podmurna 28, Tel. +48 56 621-12-49, www.gesiaszyja.torun.pl)
  현지인들이 적극 추천하는 맛좋은 레스토랑이다. 각종 육류 요리가 맛있으며 전채 요리와 수프도 입맛에 잘 맞다.
- Manekin Torun(ul. Rynek Staromiejki 16, Tel. +48 56 621 05 04, http://manekin.pl)
  현지인들이 추천하는 팬케이크 레스토랑이다. 다양한 소스와 채소와 다진 고기가 들어간 수많은 종류의 팬케이크를 맛볼 수 있다.
- Gingerbread shops in Torun
  구시가지 곳곳에 투룬의 명물 진저브레드만을 파는 상점들이 있다. 올드마켓 광장the Old City Market Square, 제크라르스카 거리Zeglarska Street, 피에카리 거리Piekary Street에 있는 가게들을 들러보자.

싱그러운 바다향이 그윽한 항구
그단스크

발트해의 풍요와 차 한 잔의 여유가 공존하다

◆ "혹시 일본인이세요?" "아니오, 한국인인데요." 유럽 여행을 하다 보면 으레 듣게 되는 이 상투적인 질문에 지친 나는 습관처럼 퉁명스럽게 대답을 던졌다. 그단스크^{Gdańsk}행 열차표를 사기 위해 토룬 중앙역 매표소에서 줄을 서고 있을 때였다. 만면에 미소를 머금은 그도 역시 그단스크로 가는 기차를 탈 예정이었다. 야렉^{Jarek}이라는 한 폴란드 남자와의 인연이 그렇게 시작되고 있었다. 표를 구입하고 그와 함께 얘기를 나누며 플랫폼에 서서 그단스크행 열차를 기다렸다. "사실은 내 아내가 일본인이에요. 그래서 아내의 조국에서 온 일본인이 아닐까 해서 물어봤어요." 그제서야 그가 퉁명스러운 나의 대꾸에도 왜 그렇게 호감 어린 미소로 나를 시종일관 쳐다보았는지 이해가 되었다. 우리는 그단스크행 열차의 같은 객실에 마주 앉아서 창밖으로 펼쳐지는 폴란드

북부의 소나무 숲을 함께 바라보았다. 대화의 도마 위에는 여행과 가족, 아시아와 유럽의 언어와 문화, 그리고 문학에 대한 다양한 이야기가 재료로 올라왔다. 짙은 솔향기가 바람결을 타고 창문 너머로 흘러들어왔다.

《그리스인 조르바》에 대한 얘기를 나눌 때 문학에 대한 애정이 남다른 독서광인 야렉의 눈빛이 빛났다. "그 대목 혹시 알아? 조르바가 항구에서 춤을 추는데, 지나가던 사람들이 모여서 그의 춤을 보고는 박수를 치잖아. 그때 그가 내뱉은 말이 있어. "나를 위해 박수치지 마라. 나는 나를 위해 춤을 출 뿐이다." 자신이 좋아서 스스로의 즐거움을 위해 추던 그의 춤, 그의 그 말에 전율이 일었지. 난 그 대목에서 머리에 충격을 받는 느낌이었어." 잠시 그때의 감동적인 순간으로 되돌아간 듯 그는 깊은 숨을 들이쉬고는 말을 이어나갔다. "나도 나를 위해 춤추는 삶을 살고 싶어. 다른 사람의 박수를 받기 위해 세상을 의식하지 않는 삶 말이야." 우리는 다른 사람의 박수를 받기 위해 얼마나 심신을 지치게 하면서 하루하루 살아가고 있는가. 그 박수를 얻지 못해 좌절과 절망의 깊은 늪에 허우적거릴 때가 얼마나 또 많은가. 스스로를 위해 춤출 시간도 없이 삶의 기쁨과 만족을 누리지도 못한 채 앞만 보고 달리고 있지는 않은지……. 아, 자기 자신을 위해 추는 춤은 얼마나 황홀한 몸짓일까. 타인의 박수도 필요치 않고 스스로에게 만족하는 삶, 그런 춤을 내 인생에서 출 수 있다면…….

"그런데 어떻게 일본인 아내와 결혼을 하게 되었어요?" "캐나다에서 유학 생활을 할 때 영어를 배우러 그곳에 온 현재의 아내를 만났지." 그는 아내와 신혼여행으로 3개월 동안 유럽 곳곳을 돌아다녔다고 한다. 그걸 계기로 평소에는 열심히 일을 해서 여행 자금을 모으고 틈날 때마다 아시아 여러 나라를 아내와 함께 여행한단다. "언젠가 아내와 함께 1년간 세계일주 여행을 하는 게 내 다음 꿈이야." 아내와의 여행 이야기에 그의 눈빛이 더욱 빛났다.

야렉과 지루한 줄도 모르고 이런 저런 얘기를 나누다 보니 어느새 그단스크

유럽을 가르며 넘실대는 푸른 들판은 여행자에게 한없는 너그러움으로 다가온다.
그저 바라보는 것만으로도 몸과 마음의 배가 불러오는 듯하다.

가 가까워오고 있었다. "그단스크에 도착해서 숙소를 구할 일이 걱정이에요." "그래? 그럼 내가 저렴하게 아파트를 렌트해주는 숙박 에이전시를 알아봐 줄게." 야렉은 자신의 휴대폰을 꺼내 여기저기 전화를 하더니 중앙역에 내려서 찾아가야 할 숙박 에이전시의 약도를 그려주며 말했다. "담당자에게 내 이름을 얘기하면 자세히 안내해 줄 거야. 걱정마." 천사의 도시 토룬을 떠나는 길 위에서 나는 또 다른 천사를 만났다. 그단스크 중앙역에 도착할 때쯤 그에게 한국에서 준비해간 작은 기념품을 선물로 주며 고마움을 전했다. "혹시 그단스크에 머물다가 시간이 되면 내가 살고 있는 해변마을 소포트Sopot로 놀러와. 발트해와 태양을 마음껏 즐길 수 있는 곳이야." 내친 김에 내일 그 마을 해변 입구인 몰로Molo에서 만나기로 약속했다.

야렉이 알려준 대로 중앙역 근처의 숙박 에이전시를 찾아가자 그곳의 직원이 반갑게 맞아주었다. 그곳은 일종의 사설 민박 알선 업체였는데, 호텔 1박 정도의 가격으로 3일을 머물 수 있는 적당한 가격의 아파트를 연결해주었다. 무엇보다 구시가 중심의 주택가에 있어서 안전하고 도보로 돌아다니기에 더없이 편리해 보였다. 지도를 들고 낯선 도시의 골목길을 돌고 돌아 성모 마리아 교회Kosciol Najswietszej Panny Marii 근처의 한 주택가 아파트에 도착했다. 현관벨을 누르자 7층으로 올라오라는 주인아주머니의 목소리가 들렸다. 힘들게 계단을 올라가니 주인아주머니가 문을 열고 마중을 나와 있었다. 조금은 어색한 듯 손님을 맞는 그녀의 모습에서 상업화된 숙박업소가 아닌 일반 가정집의 느낌이 묻어났다. 10대의 아들, 딸과 함께 살고 있는 그녀는 내게 주인과 함께 사용할 수 있는 부엌과 화장실, 욕실을 안내해주고 열쇠를 건네주었다. 아파트는 작지만 깔끔했다. 방 창문을 열자, 고풍스러운 그단스크의 주택 지붕들이 시원스레 펼쳐졌다.

대충 숙소에 짐을 풀고 난 후 늘 그렇듯 카메라와 시내 지도를 챙겨들고 그단스크의 거리로 나섰다. 숙소 앞 피브나Piwna 거리의 성모 마리아 교회 앞으로 난 골목길을 따라 큰 시장이 들어서 있었다. 그단스크에서 해마다 한 번씩 크게 열리는 프리 마켓Free Market이라고 하는데, 그 규모와 종류가 유럽에서 본 재래시장 중 최대였다. 여러 지역에서 몰려온 상인들이 온갖 먹을거리와 기발한 아이디어의 생활용품, 시간의 먼지가 잔뜩 내려앉은 골동품, 거리예술가들의 예술작품들을 골목길마다 좌판에 펼쳐놓았다. 직접 세제의 세탁 효과를 시연하는 사람, 시식용 빵조각을 나누어주는 상인들이 지나가는 현지인들과 여행자들의 시선을 끌고 지갑을 열기 위해 노력하고 있었다. 골동품 중에는 제2차 세계대전에서 쓰였을 듯한 총알 구멍이 나 있는 철모도 있었다. 어떤 노점은 당장 차를 마셔도 될 정도로 세팅된 테이블과 찻잔 세트를 통째로 도로 위에 놓은 채 팔고 있었다. 시식용 치즈를 칼로 잘라서 건네주는 중절모의 아저씨는 그 일 속에서 행복을 만끽하는 듯 만면에 미소가 떠나지 않았다.

그단스크의 골목길은 열심히 살아가는 사람들의 활기와 생명력이 넘쳐났다. 그래서 그 길을 걷는 나도 그 흥겨움에 저절로 신명이 났다. 생업에 종사하는 바쁜 그들에게 무례하게 카메라를 들이대도 낯선 이방인 여행자의 카메라를 향해 따스한 미소를 지어주던 그들. 그 모습에 비록 고단한 일상 속에서도 마음으로는 행복한 사람들이라는 걸 느낄 수 있었다.

동화 속에서 바로 튀어나온 듯한 풍경들이 곳곳에서 여행자를 붙잡는다.
현지의 생생한 일상을 그대로 알 수 있는 시장은 중세와 현재를 넘나드는 특별한 공간이다.

시장을 따라 골목길을 이곳저곳 돌아다니다 보니 모트와바 운하Stara Motlawa가 눈앞에 나타났다. 운하를 따라 걸으니 그 옛날 발트해를 누비던 해적처럼 애꾸눈에 두건을 쓰고 해적 복장을 한 허우대 좋은 아저씨가 한없이 운하만 바라보고 있었다. 그가 바라보는 운하에는 그 옛날 중세시대에 발트해를 누비고 다녔을 범선이 멋진 위용을 자랑하며 천천히 운하를 따라 흘러가고 있었다. 비록 지금 그 범선을 타고 있는 이들은 그 옛날 개척자들이나, 혹은 해적들이 아니라 전 세계에서 몰려든 다국적 여행자들이지만, 그 범선을 보는 것만으로도 그 옛날 모험이 주는 인생에 대한 호기심을 불러일으키는 듯했다.

여행자는 왜 이리도 금세 허기가 지는 걸까. 운하길 위쪽 백조의 탑Baszta labeds 근처에는 먹을거리를 파는 포장마차가 즐비하게 늘어서 있다. 근처에 다가가자 벌써 코를 유혹하고 입에 침을 가득 고이게 하는 음식의 향기가 진동했다. 다양한 종류의 소시지, 꼬치구이, 돼지 족발 요리, 닭고기 요리 등이 불 위에서 구워지고 솥에서 익어가고 있었다. 소시지와 꼬치구이, 포크 스테이크 한 덩이를 주문해서 포장마차에 앉아 허기진 배를 채웠다. 배를 채우고 한결 여유로운 발걸음으로 다시금 운하를 따라 녹색의 문 근처 선착장으로 걸어갔다.

운하 선착장 옆 젤로니 다리Zielony most를 건너자마자 녹색의 문Zielona Brama이 우람하게 서 있었다. 그 문 틈새로 보이는 드우기 광장Dlugi Targ, Long Market은 말로 형용하기 어려울 만큼 아름다웠다. 베네치아의 산 마르코 광장San Marco Piazza, 브뤼셀의 그랑 플라스La Grand-Place와 함께 유럽에서 아름답기로 세 손가락 안에 꼽히는 드우기 광장은 녹색의 문에서 바라보면 그 끝이 보이지 않을 정도로 길다. 그 광장의 중간에 이정표처럼 우뚝 서 있는 시청사와 시청사 탑은 광장을 거니는 여행자들의 시선을 하늘로 이끈다. 시청사 앞에는 그단스크의 상징인 바다의 신 넵튠이 삼지창을 들고 있는 우아한 분수가 자리잡고 있다. 햇살이 광장의 대로를 따라 쏟아져 내렸고, 광장은 여행자들의 웅성거림으로 왠지 모를 들뜬 분위기가 가득했다. 어디선가 중세 사람들이 당장이라도 불쑥 튀어나올 듯한 격조 높은 광장을 유유자적 거닐어 보았다.

광장이 끝나갈 무렵 황금의 문Zlota Brama, Golden Gate이 나타났다. 뜨거운 여름 햇살에 눈부시게 빛나는 황금의 문과 주위를 둘러싼 건축물이 발하는 빛이 여행자의 눈을 멀게 할 정도로 아름다웠다. 햇살에 빛나는 황금의 문을 지나면 죄수를 고문하기 위해 고딕, 르네상스 양식으로 지은 감옥 탑Wieza Wiezienna, Prison Tower이 우뚝 서 있다. 이 감옥 탑에는 '스페인의 구두'라는 신발이 있다. 구두 안쪽에 바늘이 달려 있어서 아름답고 낭만적인 이름에 비해 너무나 잔인한 고문도구로 사용되었다. 신데렐라의 구두는 여성들이 가장 선망하는 구두이겠지만 이 '스페인의 구두'는 아마도 세상에서 제일 신기 싫은 구두가 아니었을까.

다음 날 하늘은 금방이라도 푸른색 물감을 뚝뚝 떨어뜨릴 만큼 눈이 부시게 푸르렀다. 야렉과의 약속을 떠올리며 그단스크 중앙역에서 소포트Sopot행 교외전차를 탔다. 열차로 15분 정도의 거리에 있어서 그단스크 여행을 하면서 가벼운 마음으로 들러 발트해의 햇살과 파도를 마음껏 누릴 수 있는 곳이다. 열차에서 내리자마자 소금기가 느껴지는 바닷바람이 폐부 깊숙이 들어찼다. 소포트의 거리는 그단스크와는 달리 한적했다. 이젤easel보다 옷에 더 많은 물감이 묻어 있는 거리의 화가는 한껏 평화로운 소포트의 풍경을 더욱 아름답게 채색했다.

해변으로 향하는 길은 발트해를 즐기려는 수영복 차림의 휴양객들로 활기가 넘쳐났다. 야렉과 약속한 해변 입구 몰로Molo에서 서성거리는데, 저쪽에서 자전거를 탄 야렉이 미소를 지으며 나타났다. 그의 안내를 따라 철썩철썩 발트해의 파도가 치는 해변가의 한 카페에 앉았다. 카페 앞 모래사장에는 비키니 차림의 여성들이 뜨거운 태양 아래 선텐을 하거나 책을 읽으며 한가로운 시간을 보내고 있었다. "난 아내와의 마음 깊은 소통을 위해 이곳에서 일본어 선생과 일주일에 몇 번씩 만나서 회화 공부를 해. 아내와 앞으로 함께 할 여행을 계획하고 기대하

며 살아가는 삶이 정말 행복해."

눈부신 햇살과 파도, 여유로운 커피 한 잔, 함께 마음이 통하는 길 위의 친구와 나누는 잠깐의 수다가 가져다주는 행복에 젖어본다. 그렇다. 행복은 저 대지를 비추는 햇살 속에, 밀려오는 발트해 파도의 새하얀 포말 속에, 그리고 마음이 통하는 친구와 나누는 진한 에스프레소 한 잔 속에 담겨 있었다. 야렉과 소포트의 해안가를 산책하며 이런저런 얘기를 나누다가 그의 약속 때문에 아쉽지만 작별을 해야 했다. 자전거를 타고 멀어지는 야렉의 뒷모습을 보면서 어쩌면 그는 고단하고 외로운 이방인 여행자를 위해 하늘에서 예비해준 길 위의 천사일지도 모르겠다는 생각이 들었다.

소포트에서 교외전차를 타고 그단스크로 돌아오는 길에 조선소의 크고 높은 크레인이 창문 밖으로 보이길래 얼른 열차에서 내렸다. 폴란드 민주화의 성지와도 같은 레닌 조선소現 그단스크 조선소, Stocznia Gdanska를 찾아가고 싶었다. 레닌 조선소의 한낱 전기공이었던 레흐 바웬사Lech Wałesa는 1980년 8월 폴란드 최초의 자유노조 '연대連帶, Solidarity'를 결성해서 자유와 민주화 봉기의 횃불을 치켜들었다. 그는 공산정권의 극심한 탄압을 이기고 마침내 오늘날 조국 폴란드 민주화와 더불어 구 동유럽 전역에 장대한 개혁의 불꽃을 점화시켰다. 그 공로로 그는 1983년 노벨평화상 수상자로 선정되었다.

바웬사는 이후 국민들의 절대적인 지지를 얻어 폴란드의 초대 직선제 대통령이 되었다. 더욱 놀라운 것은 그가 정계에서 은퇴한 후 다시 이곳 조선소의 전기공으로 되돌아왔다는 사실이다. 레닌 조선소를 찾아가는 골목길 벽에는 그때의 역사적인 장면을 기억하고 추모하려는 듯 다양한 벽화들이 수놓아져 있었다. 조선소 앞에는 그때 희생된 노동자들의 영혼을 기리는 연대 기념비Pomnik Poleglych Stoczniowcow가 우뚝 서 있고 지금도 헌화가 끊이지 않고 놓인다. 그단스크 조선소로 개명한 후 1996년 1600억에 이르는 적자로 인해 파산의 위기에 처했을 때,

'이 조선소를 해체하는 것은 국민의 혼을 해체하는 것과 같다'라는 국민들의 안타까운 염원으로 인해 다시 기적적으로 재건하게 되었다고 한다.

구시가지로 다시 돌아와 이번에는 젤로니 다리 근처에 있는 모트와바 운하의 배 선착장에서 베스테르플라테Westerplatte행 유람선에 탑승했다. 그단스크 항구의 끝, 포르트비Portwy 운하와 발트해 사이에 있는 이곳은 1939년 9월 1일, 독일의 군함 슐리스비히 홀슈타인이 기습적으로 공격을 개시해서 전 세계를 전쟁의 소용돌이에 휩쓸리게 한, 제2차 세계대전의 불씨가 점화된 곳이다. 182명에 불과했던 폴란드 수비대는 압도적인 수적 열세에도 불구하고 독일군을 맞아 일주일이나 저항하며 싸웠다. 그 전투의 흔적과 전사한 영혼을 기리기 위해 토치카방어진지를 그대로 남겨놓았고, 발트해가 내려다보이는 언덕 위에 높이 25m의 기념비를 세워놓았다. 그 기념비에는 'NIGDY WIECEJ WOJNY NO MORE WAR'라는 글자가 크게 새겨져 있다.

지금은 요트와 낚시를 즐기는 사람들이 있는 평화로운 이 풍경이 과거 잔혹한 전쟁의 무대였다는 사실이 실감나지 않았다. 발트해의 바다는 그 잔인한 인간의 역사를 말없이 지켜보았을 것이다. 눈부신 발트해와 아름다운 그단스크를 바라보면서 전쟁과 같은 역사의 비극이 더 이상 일어나지 않기를 마음속으로 빌었다. 그런 아픔이 있는 곳이어서 그런지 그단스크 구시가지로 되돌아와서 바라본 풍경은 새삼 더욱 소중하고 아름다워 보였다. '자유, 평화, 발트해의 햇살, 그단스크······.' 나도 모르게 그 단어들을 마음속으로 되뇌이고 있었다.

드우기 광장에 오후 햇살이 길게 드리우고 있었다. 그 광장 한쪽의 작은 의자에 앉아 아코디언을 연주하는 소년 악사, 어느 집시의 아들인 소년의 힘없는 어깨에 시선이 한참을 머물렀다. 동화를 읽기 전에 저 아이는 벌써 세상의 고단함을 배웠겠지······. 광장을 거니는 걸음이 느려졌다. 자연이 선사하는 햇살 속에 빛나던 도시는 이제 인간이 만든 조명 속에 아름답게 옷을 갈아입었다. 세상의 모든 아픔을 덮으려는 듯 밤의 장막이 그단스크를 감쌌다.
  밤이 내린 그단스크 드우기 광장은 그 넉넉한 품 안에 모든 이들을 포근히 안아주었다. 그 광장을 거닐다가 작은 골목길로 들어섰다. 그곳에는 작은 행복과 밤의 속삭임이 있었다. 은은한 가로등이 빛나고 다정한 연인들의 속삭임이 귓가에 소곤소곤 들려왔다.

그단스크 ◆ 폴란드를 대표하는 발트해 연안의 항구 도시

과거 영화로운 한자동맹의 도시였고 호박의 산지로 유명하다. 제2차 세계대전이 발발한 아픈 역사의 도시이기도 하다. 열차로 15분 정도만 가면 발트해에 닿을 수 있어서 여름이면 소포트Sopot, 그디니아Gdynia의 해변에 휴양객들이 넘쳐난다. 열차로 바르샤바에서 5시간 20분 정도, 토룬에서 5시간 정도 소요된다.

볼거리
- 유럽에서 아름답기로 손꼽히는 드우기 광장과 광장 중앙의 시청사
- 레흐 바웬사의 폴란드 민주화와 동유럽 개혁의 성지인 그단스크 조선소와 연대 기념비
- 제2차 세계대전의 불씨가 된 아픈 역사의 장소, 베스테르플라테 기념비
- 근교의 해안 휴양 도시 소포트와 그디니아 해변에서 휴식 취하기

잠자리
그단스크 중앙역 근처에는 사설 민박을 알선해 주는 중개업체들이 있다. 숙소의 사진과 가격, 위치를 확인하고 예약을 하면 민박 주인과 연결해준다. 가격은 호텔에 비하면 정말 저렴하다.

먹을거리
시장 거리가 발달한 그단스크에서는 포장마차에서 골룽카라는 폴란드식 족발 요리나 소시지, 꼬치구이, 스테이크 등 각종 먹을거리를 팔고 있어서 이동 중에 간편하게 식사를 해결할 수 있다.
- Bistro KOS(ul. Piwna 9/10, Tel. +48 58 301 09 09, www.bistrokos.pl)
  드우기 광장 근처의 Piwna 거리에 있는 이 비스트로는 특히 부지런한 아침 여행자에게 적격이다. 모닝 세트로 가격 대비 든든히 속을 채울 만한 실속 있는 식사를 제공한다. 맛도 깔끔하고 양도 넉넉해 만족스럽다.

국경에서의 하룻밤
기치코

평범한 일상 속에서 여유와 행복을 깨닫다

◆　　　　　　　폴란드 북부의 항구 도시 그단스크에서 발트3국의 첫 번째 나라, 리투아니아Lithuania로 넘어갈 예정이었다. 론리 플래닛과 지도를 펼치고 이동 동선이 가장 짧고 무난한 경로를 살펴보았다. 그때 눈에 들어온 지명이 폴란드 국경 근처의 기치코Giżycko였다. 일단 그단스크에서 기치코까지 열차로 이동한 다음, 그곳에서 열차나 버스 편으로 리투아니아로 넘어가는 일정이 무난해 보였다. 계획대로만 된다면 나는 오늘 밤이면 또 다른 이방의 땅을 배회하며 여행자의 기분을 만끽할 것이다. 하지만 이때까지만 해도 유럽에서 국경을 넘는 일이 그리 녹록치 않은 일이라는 걸 뼈저리게 경험하게 될 줄은 정말 꿈에도 몰랐다.

폴란드의 북부 마수리안 호수 지역Great Masurian Lakes은 푸릇푸릇한 대지와 평화로운 농장, 빽빽이 우거진 아름다운 숲과 구릉진 언덕, 수많은 호수들이 어울린 천혜의 자연 풍경으로 유명한 곳이다. 특히 곳곳에 산재한 2,000여 개가 넘는 크고 작은 호수들은 수천 년 세월을 간직한 빙하가 녹아서 이루어진 빙하호수다. 그래서 해마다 여름이면 한적한 이곳의 호수 주변 마을들은 폴란드와 유럽에서 몰려오는 보트족들, 카누족들, 낚시꾼들, 피서객들로 가장 소란스럽고 활기찬 시간을 맞이하게 된다. 들뜬 표정의 젊은이들은 무거운 배낭과 침낭, 낚싯대, 그리고 간편한 조리기구들을 바리바리 싸들고 서너 명씩 모여 여행의 설렘을 수다로 풀어낸다. 기타나 드럼 같은 북을 들고 타는 젊은 여행자들도 있다.

    기차는 어느새 마수리안의 깊은 자연 속으로 들어가고 있었다. 창밖으로는 크고 작은 호수들이 눈부신 햇살에 반짝거리다 기차의 꼬리 뒤로 사라져갔다. 회색빛 도시는 어느새 사라지고 더 이상 보이지 않았다. 창밖으로는 하늘의 은총처럼 햇살이 쏟아져 내리고, 대지는 시원한 바람과 뒹굴며 푸른 풀을 흔들어댔다. 호수는 마치 사랑에 들뜬 아가씨의 눈빛처럼 반짝반짝 빛이 났다. 기차 안 여행자들의 영혼은 여행이 주는 기대와 낯선 길에 대한 모험이 주는 흥분으로 점차 들떠 있었다. 그런 여행자의 기대를 아는지 열차는 마수리안의 자연 속을 부지런히 달렸다. 열차가 바다 같은 호수를 끼고 곡선을 그리며 속도를 늦출 무렵 여행자들이 주섬주섬 짐을 챙기기 시작했다.

    우선 국경을 넘어가는 연결 기차편을 알아보기 위해 2층의 안내 창구로 갔다. 나이 지긋한 아주머니가 두꺼운 안경 너머로 째려보듯 나를 쳐다본다. 친절하진 않더라도 말이라도 통하면 좋으련만 영어를 알아듣지 못하는 게 아닌가. 종이에 리투아니아의 도시 카우나스를 적어주니 여기서는 연결편이 없다고 단호하게 잘라 말한다. 말이 통하지 않고 연결편이 없다는 사실보다 길 잃은 이방인 여행자를 위해 미소 한 번 지어주지 않는 그 냉대가 더욱 야속했다. 길을 잃으면 찾으면 되지만, 여행길에서 사람들의 차가운 시선과 굳게 다문 입술은 마음 여린 여

곳곳에서 무거운 배낭을 짊어지고 돌아다니는 여행자들과 만난다.
무거운 배낭과는 달리 그들의 얼굴에는 새로운 여행지에 대한 호기심으로 가득하다.

행자에게 작은 상처로 남는다. 우울한 마음으로 어떡해야 하나 주저하면서 기차역에서 고민에 빠져 멍하니 앉아 있었다.

그때 바쁜 걸음으로 지나가던 한 남자가 나를 힐끗 쳐다보더니 걸음을 멈추고 다가왔다. "무슨 문제 있니?" 아, 그 한 마디는 마치 천상에서 들려오는 천사의 목소리처럼 들렸다. 전후 사정을 이야기하자 그는 나를 이끌고 열차 매표 창구로 갔다. 그리고는 유창한 폴란드어로 창구 직원과 한참 동안 얘기를 나눈다. 그런 뒤에 그는 내게 국경을 넘을 수 있는 길을 알려주었다. 원래 내가 계획했던 짧은 이동 코스는 불가능하지만, 조금 돌아가면 밤을 이용해서 국경을 넘을 수는 있다고 한다.

마음처럼 선한 미소를 지닌 그에게 아까부터 궁금하던 것을 물었다. "아까 당신도 급하게 어딘가 가고 있었던 거 같은데, 왜 나에게 먼저 다가와서 도와주었나요? 이 동네에 사는 주민인가요?" "아니, 사실은 나도 여행자야. 난 조금 천천히 가면 돼. 도움이 되어서 기뻐. 폴란드는 어때?" 자신은 천천히 가도 된다며 길 잃은 여행자를 위해 매표 창구 직원의 따가운 눈빛도 개의치 않고 친절을 베풀어준 그가 너무나 고마웠다. "당신 같은 따뜻한 사람이 있어서 폴란드 여행이 정말 행복해요." 나는 진심으로 그에게 말했다. 그는 여전히 쑥스러운 듯 미소를 지으며 내가 국경을 잘 넘기를 빌어주었다.

　국경을 넘는 열차편은 기치코에서 밤에 출발해서 폴란드의 좀 더 큰 도시로 이동한 후 그곳에서 리투아니아로 넘어가는 열차로 갈아타야 했다. 열차 출발 시간까지 몇 시간의 여유가 생겨 기왕 이렇게 된 마당에 기치코나 가볍게 둘러보기로 했다. 짐 보관소가 없어서 역 창구 직원에게 몇 시간만 큰 배낭을 맡아달라고 부탁했다. 큰 액수는 아니지만 약간의 보관료를 요구하는 그들의 인심이 내심 야박했으나 몇 시간이나 그 무거운 짐을 메고 다닐 수는 없었다.

　기차역을 나와서 관광안내소를 찾아 나섰다. 정보 업데이트가 안 된 2~3년이 지난 론리를 들고 다니다 보니 현지 사정과 맞지 않는 경우가 많았다. 기치코의 관광안내소도 마찬가지였다. 론리에 있는 주소로 찾아가니 카페 같은 곳으로 변해 있었다. 마을이 그리 크지 않아서 큰 사거리로 내려가자 다행히 그곳에 관광안내소가 자리를 잡고 있었다. 작은 마을에 비해 꽤 큰 규모의 관광안내소에 들어서자 밝은 미소로 눈길을 마주쳐주는 여직원에게로 자연스럽게 다가갔다. "어디서 오셨나요?" "그단스크에서 왔어요." "아니, 국적이 어디세요?" "한국이요." 그 말을 듣자마자 그녀의 얼굴이 더욱 환해졌다. "제 친구 중에 한국 출신이 있어요. 그 친구 정말로 좋은 사람이에요."

　그녀는 국경을 넘어 리투아니아로 가려는 나의 계획을 듣고 인상 한 번 찡그리지 않고 시종일관 환한 미소로 이동 경로를 설명해주고 메모지에 기록해 주었다. 그녀는 다음 날 새벽에 이곳에서 출발하는, 현지인들이 이용하는 당일치기 리투아니아행 관광버스가 있다고 알려주었다. 버스 요금만 지불하고 국경을 넘을 수 있으니 원한다면 자기가 전후사정을 얘기해서 대신 예약을 해주겠다고 한다. 아니면 내일 아침 9시에 기차역 앞에서 출발하는 수왈키Suwalki행 버스를 타면 그곳에서 기차로 금세 국경을 넘을 수 있다고 했다.

　어서 국경을 넘을 생각만 하고 있던 나는 그녀의 미소 때문이었는지 마음을 바꿔 그냥 하룻밤을 묵고 다음 날 아침 버스를 타고 국경을 넘기로 했다. 그녀에게 숙소를 좀 알아봐 달라고 하자, 지금 휴가철에다 힙합 축제 기간이어서 빈 방이 거의 없단다. 하지만 알아봐 주겠다며 여기저기 전화를 해보고 컴퓨터를 확인해 보더니 바로 가까운 호텔에 빈 방이 하나 남아 있다며 전화를 해놓을 테니 얼른 가보라고 한다.

기치코는 호수마을이라 그런지 숙소에서 나와 조금만 걷자 어느새 호수에서 흘러나온 운하가 길게 마을 옆으로 흐르고 있었다. 그 운하길을 따라 수없이 많은 요트들이 수탉의 벼슬처럼 돛을 곧추 세우고는 드넓은 호수를 향해 항해하고 있었다. 간혹 모터보트가 물살을 가르며 빠르게 지나갔고 수영복 차림의 젊은이들은 햇살에 잔뜩 그을린 몸매를 자랑이라도 하듯 어깨를 흔들며 운하길을 따라 오가고 있었다. 가족끼리, 연인끼리, 친구끼리 가지각색의 요트를 몰며 오후 햇살에 반짝이는 호수를 만끽하고 있었다.

이곳에선 그저 눈부신 햇살과 잔잔한 파문을 일으키며 빛나는 호수, 부드러운 미풍에 흔들리는 숲이 만들어내는 찬란한 자연의 은총을 그냥 누리기만 하면 된다. 그들 모두 그 시간을 즐기고 있었다. 순간, 갑자기 바쁘게 여행길을 다니는 내 자신이 이 세상에서 가장 분주하고 초라한 사람처럼 느껴졌다. 머물지 못하면서도 제대로 누리지도 못하고 잠시 그들의 삶을 곁눈질하며 스쳐갈 수밖에 없는 여행자는 어쩌면 가장 서글픈 족속이 아닐까. 잠시 시기어린 눈길을 보내다가 그래도 이런 풍경 속을 거닐 수 있음에 감사하기로 했다. 잠시나마 그들이 누리는 햇살과 호수를 함께 느끼고 숨 쉴 수 있다는 사실을 말이다. 호수 입구의 선착장에는 빽빽한 침엽수림처럼 요트의 돛들이 하늘을 향해 쭉쭉 뻗어 있고, 끊임없이 요트들이 드나들고 있었다.

관광안내소의 친절한 직원의 추천으로 운하길 옆 철교 아래에 있다는 식당으로 향했다. 그곳에 가니 간헐적으로 요란한 굉음을 내며 달려가는 철로 아래에

오로지 지금은 눈부신 햇살과
잔잔한 파문을 일으키며 빛나는 호수,
부드럽게 나부끼는 미풍을
온몸과 마음으로 느끼면 된다.

소박한 레스토랑이 하나 자리 잡고 있었다. 한가로운 시간이 철교 아래로 흐르고, 철교 위로는 열차가 소리를 꽥 지르며 달려갔다. 낯선 국경 마을의 이름 모를 카페에서 철저히 이방인이요, 타인으로 앉아 있는 그 시간과 공간이 주는 느낌이 좋았다. 뒷자리에 앉은 노신사와 부인이 와인잔을 들어 내게 눈인사를 보낸다. 따뜻한 그들의 마음이 전해져 나 또한 정겨운 미소로 화답했다.

저녁이 되자 젊은이들은 무리지어 보이덴 요새Boyden Fortress, Feste Boyden로 향했다. 오늘밤 요새에 마련된 간이 무대에서 열리는 힙합 축제로 분위기가 잔뜩 고조되어 있었다. 보이덴 요새는 러시아에 접해 있는 국경을 방어하기 위해 19세기 말에 건설된 요새다. 작은 마을에 어디서 이렇게 많은 젊은이들이 몰려들었는지 요새 주변은 그야말로 폴란드 젊은이들로 인산인해를 이루고 있었다. 벌써 긴 줄이 늘어서 있고, 힙합 바지를 헐렁하게 걸치고 모자를 비딱하게 눌러쓴 젊은이들이 쏟아내는 수다로 고요한 요새는 시끌벅적한 장터가 되었다. 예상 외로 많은 젊은이들에 놀라 입구에서 주저하고 있으려니 빨간 모자를 쓴 한 청년이 내게로 성큼성큼 다가왔다. 아마 그곳에 모인 사람들 중에 유일한 동양인인 내게 호기심이 생겼나 보다. 맥주에 취해서인지, 아니면 힙합의 열기에 취해서인지 조금 흥분한 그는 마치 래퍼처럼 쉴 새 없이 말을 쏟아냈다. 내가 입장 티켓도 없이 무작정 이곳에 왔다는 걸 알고는 그는 자신의 티켓을 내게 주며 들어가서 구경하라고 한다. 호의는 고마웠지만 받을 수는 없었다.

어느새 그와 함께 온 친구들도 내 주위로 몰려와서 한 마디씩 거든다. "힙합은 폴란드의 진정한 문화가 아니라 그냥 시대의 흐름일 뿐이야." 힙합에 열광하는 젊은이들을 보며 의외로 진지한 표정의 한 친구가 말했다. "폴란드를 찾는 여행자들이 힙합보다는 진정한 폴란드의 문화와 가치를 느낄 수 있었으면 좋겠어." 그는 진심어린 눈빛으로 나를 보며 말했다. 한껏 그들과의 수다에 빠져 있다가 바빠질 내일의 일정을 생각하며 그들과 작별 인사를 나눴다. 아쉬움에 여러 번 악수를 나누고 주먹을 맞부딪히며 작별 인사를 나누던 빨간 모자의 젊은이는 어느새 인파 가득한 힙합 열기 속으로 들어가 버렸다. 시끌벅적한 힙합의 열기를 뒤로하고 밤이 깊어가는 마을로 들어올수록 사위는 더욱 고요해졌다.

창문의 커튼 사이로 어느새 눈부신 아침 햇살이 기어 들어와 방 안 가득 소란스럽게 빛의 파편을 흩뿌리고 있었다. 오늘은 기필코 국경을 넘어야 한다. 세수를 하는 둥 마는 둥 대충 씻고 배낭을 싼 후 호텔에서 제공하는 아침을 먹기 위해 서둘러 내려갔다. 여행자는 입맛이 없어도 음식이 눈앞에 있을 때 먹어둬야 할 의무(?)가 있다. 어떤 일이 여행길에서 일어날지 전혀 예측할 수 없는 경우가 생기기 때문이다. 오늘의 여정을 생각하며 열심히 아침을 먹고 있는데, 문이 열리더니 어딘지 낯익은 얼굴이 불쑥 식당으로 들어왔다. 서로 눈빛이 마주치자마자 우리는 동시에 만면에 웃음꽃을 터트리며 "지엔 도브리Dzien Dobry!" 하고 아침 인사를 나눴다.

바로 어제 철교 아래 레스토랑에서 내게 와인잔을 들며 미소짓던 그 신사였다. 아내는 어디 갔냐는 내 물음에 피곤해서 방에서 쉬고 있는데, 자기가 아침을 먼저 준비해야겠다며 아내를 위해 접시에 음식을 조금씩 담았다. 독일 출신의 신사와 폴란드 출신의 아가씨는 다른 국적과 아픈 과거의 역사를 극복하고 사랑에 빠졌다. 지금은 폴란드와 독일을 비롯한 유럽과 아프리카 각지를 다니며 아내와 함께 여행하는 삶이 행복하다고 그가 웃으며 말한다. 행복한 표정의 그를 뒤로하고 그의 아내에게 안부를 전해달라는 말을 남기며 버스를 타기 위해 서둘러 숙소를 나섰다.

기차역에 접한 버스정류장에는 아침 시간인데도 기치코를 떠나고 기치코로 들어오는 여행자들로 소란스러웠다. 어젯밤 열광적인 힙합 축제를 보내고 인근의 고향으로 돌아가는 젊은이들은 아직도 그 흥이 가시지 않았는지 끼리끼리 모여서 수다와 웃음꽃을 피웠다. 9시가 되자 기치코보다 더 리투아니아의 국경에

눈부신 햇살 아래 삶의 여유가 묻어난다.

인접한 소도시 수왈키Suwalki행 버스가 도착했고, 나는 몇몇 승객들과 함께 버스에 몸을 실었다. 작은 폴란드의 국경 마을들을 지나며 버스는 구불구불한 평야를 달렸다. 국경을 넘기 위해 멀고 먼 길을 달려야만 했다.

이름도 낯선, 다시는 오지 못할 폴란드의 이름 모를 마을들이 창밖으로 스칠 때마다 내 가슴 속에는 알 수 없는 휑한 바람이 불었다. 세상을 다 안 듯 살아가지만 우리는 얼마나 작은 세상의 공간에 머물며 짧은 시간을 아쉬워하고 사라져가야 할 운명인가. 지금 바라보는 생소한 이 땅은 언제까지나 내게 미지의 세상으로 남을 것이고, 나는 끝없이 이 지상을 여행이라는 이름 아래 배회하다가 이슬처럼 사라져갈 운명이려니…….

폴란드의 시골 풍경은 내가 자라온 고향을 닮아 있었다. 그래서인지 차창 밖으로 흘러가는 풍경을 바라볼수록 마음이 편안하고 따뜻했다. 수왈키라는 종착역이 가까워오자 또 다시 미지의 세상을 향해 한 걸음 더 다가선 듯 심장이 뛰기 시작했다. 버스터미널에 내려서 기차역을 물으니 한참을 걸어가야 한다고 직원이 어깨 너머 멀리 허공에 대고 손짓을 했다. 버스터미널 앞에 낡은 택시 몇 대가 주차하고 있었다. 택시기사는 손님이 없는지 차의 시동을 꺼놓은 채로 책을 읽고 있었다. 그리 바쁠 것도 없는 풍경이었다.

독서 삼매경에 빠진 택시기사를 방해하기가 미안해서 조심스럽게 다가갔다. 기차역으로 가자고 하니 얼른 책을 덮고 차에서 내려서 내 짐을 트렁크에 실어준다. 오랜만에 만나는 손님이 반가운 듯 깊은 독서에 빠져 있던 그의 표정에 생기가 돌았다. 버스터미널에서 그리 멀지 않은 거리를 달리던 택시는 오래지 않아 수왈키 기차역에 멈췄고, 나는 그에게 남은 폴란드 동전을 팁으로 건넸다. 그의 표정에서 이방인 여행자에 대한 깊은 감사가 묻어났다.

드디어 국경을 넘을 시간이다. 기차역에는 나와 같이 국경을 넘기 위해 몇몇 여행자들이 기차를 기다리며 빈둥거리고 있었다. 열차 시간이 가까워오자 리투아니아에서 넘어온 듯한 낡은 열차가 수왈키 역에 멈춰 섰고, 열차는 의외로 수 많은 승객들을 쏟아내고 있었다. 특별히 안내 방송도 없고, 열차 출발과 도착을 알려주는 전광판도 없어서 긴가민가하고 있었다. 출발 시각이 얼마 남지 않았는데, 리투아니아 카우나스행 열차가 보이지 않았다. 혹시나 싶어 지나가는 역무원에게 물어보니 바로 이 기차가 카우나스행이란다. 열차의 끝쪽에 가보니 리투아니아로 넘어가는 열차 표시가 되어 있는 객차가 두어 개 붙어 있었다. 황급히 열차에 오르니 채 1~2분도 지나지 않아 서서히 열차가 출발했다. 그렇게 1박 2일에 걸친 폴란드 탈출 여정이 마침내 끝나가고 있었다.

국경을 넘기가 이렇게 힘들 줄이야. 그렇게 국경을 넘는 여정 속에 평화로운 마을도 발견했고, 뜨거운 열정의 폴란드 젊은이들도 만났다. 인생이 계획대로만 되지 않는다는 무언의 교훈도 배웠다. 또한 가고자 한다면, 마음속에 소망이 있다면 결국 그 목적지에 도달할 수 있다는 사실도 깨닫게 되었다. 조금 돌아갈지라도 말이다. 여행이나 인생도 그저 시간 가는 대로 흘러가는 게 아니라 스스로 만들어가야 한다는 것, 스스로 길을 찾아야 하고, 스스로 끊임없이 묻고 추구해야 할 소중한 어떤 대상이라는 것도……. 그래서 인생은 여행이고 여행은 인생이 아닐까.

열차는 어느새 폴란드 국경을 넘어 리투아니아 땅으로 들어섰고, 새롭고 낯선 여행자의 삶, 그 눈부신 하루가 또 그렇게 시작되고 있었다.

기치코

◆ 잔잔한 물결이 일렁이는 호수의 도시

폴란드 북부의 마수리안 호수 지역Great Masurian Lakes은 100여 개가 넘는 호수가 산재해 있는데, 여름이면 호수와 자연을 찾아 수많은 현지인들이 요트를 즐기거나 수영, 캠핑을 하러 찾는다. 그 마수리안 호수 지역의 중심인 기치코는 마을 자체는 소박하지만, 호수에 인접해 있고 운하가 발달했다. 발트3국으로 넘어가기 위해 잠시 들러 쉬었다 갈 만한 곳이다.

볼거리
- ◆ 운하길을 따라 산책하거나 요트와 수영 즐기기
- ◆ 보이덴 요새 둘러보기

먹을거리
- ◆ **GROTA, Restauracja**(ul. Nadbrzezna 3a, Tel. +48 6639 01868)
운하 옆에 자리 잡고 있으며 지붕 위로 철길이 지나가는 특이한 위치에 있다. 호수를 바라보며 식사를 할 수 있다. 현지인이 추천하는 맛집으로 피자나 생선구이, 육류 요리를 추천한다. 폴란드와 독일식이 혼합된 요리들이 주요 메뉴다.

Part 4

발트3국

Baltic states

가슴 속에서 차오르는 자긍심을 느끼다

우연이라는 필연 속에서 만난 인연
빌뉴스

숭고한 역사와 자유의 숨결을 간직하다

◆　　　　　　　폴란드 국경을 넘은 열차는 그리 새로울 것도 없는 리투아니아의 넓은 평원을 달리고 있었다. 건너편에 앉는 남자가 연신 창밖을 내다보며 초조한 기색을 감추지 못하고 있었다. 결국 궁금증을 이기지 못한 내가 먼저 말문을 열고 말았다. "어디로 가는 길인가요?" 그는 내가 질문하기를 기다렸다는 듯, 조금 전의 긴장된 표정과는 다르게 환하게 웃더니 얘기를 쏟아내기 시작한다. "아, 난 빌뉴스Vil'nyus로 가고 있어요. 핀란드에서 일주일 정도 여행을 왔는데, 체코에 있는 친구를 만나고 폴란드를 거쳐 발트3국으로 가고 있지요. 탈린에서 발트해를 건너 핀란드로 돌아갈 거에요." 일단 말문이 트이기 시작하자 그 다음부터는 그가 주도권을 쥐고 대화를 이끌어갔다. 그는 분명 엄청난 수다쟁이이거나, 동양인 여행자에 대한 관심이 깊은 사람이거나 둘 중에 하나인가 보다.

핀란드에서 태어나고 자란 그는 동양에 대한 관심과 애정이 의외로 깊은 진지한 청년이었다. 중국에서 1년 정도 공부도 했다는 그는 중국어 회화도 어느 정도 가능한 실력을 갖추고 있었고, 한자도 꽤 알고 있었다. 더구나 우리나라의 태극기도 알고 있었는데, 문양에 담긴 의미를 알고 싶다고 진지한 질문을 하는 그에게 음양의 조화를 설명하니 연신 감탄사를 뱉어낸다. 그의 수준 높은 질문에 비해 나는 여행을 하면서 핀란드인을 만나면 꼭 물어보고 싶었던 수준 낮은(?) 질문을 끝내 참지 못하고 내뱉고야 말았다. "핀란드 아이들은 정말 잠자기 전에 껌을 씹나요?" 그는 약간 엉뚱한 내 질문에 고개를 갸웃거리면서도 너무나 진지하게 대답을 해주었다. "꼭 그렇진 않아. 칫솔질을 하면 되지, 껌은 잘 씹진 않아."

열차가 잠시 리투아니아의 국경역에 정차했다. 새로운 여행자들이 무거운 배낭과 짐을 메고 객실로 들어왔다. 그때 한눈에 보기에도 길 위의 여행자, 보헤미안의 영혼이라는 느낌이 물씬 풍기는 두 젊은 남녀 커플이 내 카메라 프레임에 들어왔다. 선반에 무거운 짐을 올리고 난 후 지도를 살펴보며 여정을 확인하는 그들을 보며 분명 저들도 나처럼 초행길일 거라는 생각에 마음속에서 왠지 모를 동지의식이 느껴졌다. 하지만 나는 그들에게 다가가서 말을 걸기보다는 그냥 따스한 시선으로 지켜보는 쪽을 선택했다. 때로는 그런 시선으로 바라봐 주는 것이 더욱 길 위의 여행자를 배려하는 미덕이라는 생각이 들었기 때문이다. 그들은 기타통을 식탁 삼아 도시락으로 준비해온 샌드위치를 사이좋게 나눠먹고, 카드놀이도 하며 자칫 지루한 여행길을 즐겁게 보내고 있었다. 젊음의 한때, 그들은 지금 기타 하나, 작은 샌드위치 하나만으로도 충만한 인생을 살고 있었다. 세상은 어쩌면 그런 단순함과 소박함, 그리고 젊음이 주는 생기만으로도 충분히 아름다울 수 있다는 생각이 들었다. 금세 서로를 의지해 곤히 잠든 그들의 모습에 그저 미소를 지으며 그들의 여행길을 축복해 주었다.

내 여행길에 말벗이 된 핀란드 친구 미꼬Mikko는 리투아니아의 수도 빌뉴스를 향해 가고 있었다. 나는 빌뉴스에 가기 전에 카우나스Kaunas에 들를 계획이었다. 분명 열차 노선표에도 카우나스 다음이 빌뉴스였다. 그래서 당연히 빌뉴스행 열차를 타고 있으니 아무 문제없이 카우나스에 곧 도달하리라 생각했다. 아, 그러나 이미 도착해야 할 시간이 지났는데, 열차는 멈추지 않고 계속 달리기만 했다. 미꼬는 이제 이 열차는 빌뉴스에 곧 도착할 거라며 나의 처지를 안타까워했다. 원래 계획은 아니었지만 일정을 수정해서 빌뉴스로 가는 길을 선택했다. 아니 빌뉴스가 나를 선택했다고 해야 할까. 여행길에서 묘한 운명의 이끌림이 느껴졌다.

일단 빌뉴스에 도착하면 리투아니아 돈으로 환전하는 게 급선무였다. 리투아니아 돈이 하나도 없어서 환전을 못하면 빵 조각 하나도 사먹을 수 없는 비참한 신세가 될 수밖에 없다고 생각하니 잔뜩 긴장하게 되었다. 빌뉴스 중앙역에 도착하자 벌써 오후 6시가 가까운 시간이었다. 일단 환전소를 찾는 일이 급선무였다. 다행히도 중앙역 바로 옆에서 늦은 시간까지 문을 여는 환전소를 발견했다. 환전 창구에서 직원에게 "라바 디에나Laba diena, 안녕하세요" 하고 리투아니아어로 인사를 했더니 딱딱한 표정이 금세 풀어지며 내게 밝은 미소를 지었다. 소액권까지 다양한 통화로 환전해주는 친절한 그에게 "아츄Aciu, 감사합니다"라고 말했더니 입이 함지박만하게 벌어지며 환하게 웃었다. 바쁘게 환전하느라 이리저리 뛰어다니다 보니 미꼬와는 본의 아니게 길이 엇갈리고 말았다.

하지만 작은 도시이니 분명 또 만나게 되리라는 기대를 가지고 숙소를 찾으러 나섰다. 익숙치 않은 골목길을 이리저리 계속 헤매다가 할 수 없이 골목의 한 가게에 있던 아저씨에게 다가가 근처에 저렴한 숙소가 있는지 물어보았다. 영어를 잘 알아듣지 못하던 그는 호텔이라는 말에 알았다는 듯이 고개를 끄덕이더니 가게문을 닫는다. 너무 폐를 끼치는 거 같아 그냥 가는 길만 알려달라고 해도 그는 막무가내로 괜찮다며 나더러 따라오라는 손짓을 하며 앞장서기 시작했다. 그는 나를 근처의 4성급 호텔로 데리고 갔다. 그리고 리셉션에 가서 현지어로 내가

호텔을 찾고 있다고 친절히 말해주기까지 한다. 너무 고맙다고 말하는 내게 그는 대수롭지 않은 듯 슬쩍 미소를 흘리더니 온 길을 되돌아갔다. 낯선 길에서 만난 친절한 마음에 절로 기분이 좋아졌다. 리셉션 직원에게 사실 나는 좀 더 저렴한 호텔을 원한다고 했더니 친절하게 근처의 저렴한 호텔을 소개시켜 주었다. 하지만 서유럽에 비해 저렴할 거라는 예상은 크게 빗나갔다. 시간도 늦고 몸도 이미 많이 지치고 해서 결국은 리셉션 직원이 소개해준 근처의 호텔에 묵기로 했다.

빌뉴스는 한 나라의 수도답지 않게 한적했다. 골목길에는 인적조차 드물어 쓸쓸함마저 느껴졌다. 그런데 국회의사당 근처를 지나고 있을 때 하얀색 고급 리무진을 타고 가는 두 청년들이 환호성을 지르며 내게 손을 흔들었다. 하지만 무엇을 하는 건지 궁금해 할 틈도 없이 금세 지나가 버렸다. 나중에 알고 보니 결혼을 하기 전에 예비신랑이 친구들과 함께 리무진을 대여해서 시내를 돌며 자축을 하는 일종의 이벤트였다. 국회의사당 앞 드넓은 광장을 지나, 작은 골목길을 걸어다녔다. 빌뉴스대학, 대통령 궁을 지나서 대성당 앞 광장에 다다랐다. 대성당 주변을 어슬렁거리며 사진을 찍고 있던 내게 빨간 드레스를 입은 두 아가씨가 성큼성큼 다가왔다. 잔뜩 경계의 안테나를 세운 내게 그녀들은 연신 밝은 미소를 지으며 말했다. "친구가 주말에 결혼식을 하는데 이 사탕을 팔아서 모은 돈으로 축하 선물을 하려고 해요. 사탕 몇 개만 사주세요. 친구에게 의미 있는 선물이 될 거에요" 그녀들의 밝은 미소보다 따뜻한 우정이 아름다워서 선뜻 몇 개를 사주었다.

그곳 대성당 광장에 조금은 어색한 듯 우뚝 서 있는 게디미나스Gediminas 동상을 바라보다가 구시가 골목길을 향해 걸었다. 낯선 도시의 골목길에도 어김없이 저녁 어스름이 내려앉았고, 여유로운 골목길 산책은 계속되었다. 조금은 쓸쓸한 밤길 산책이 지루해서 숙소로 돌아가기 위해 국회의사당 근처에서 어슬렁거리고 있을 때, 낯익은 얼굴이 밤의 어둠 속에서 내 옆을 스쳐가고 있었다. 미꼬였다. 급하게 이름을 부르자 돌아보던 그의 얼굴에도 반가움의 미소가 번졌다. 나처럼 밤거리를 배회하던 그와 함께 길 모퉁이에 서서 얘기를 나누었다. 길 위에서 친구를 만나고, 대화를 나누고, 그의 삶을 잠시나마 들여다보고, 그의 여행과 생각을 들을 수 있다는 건 여행만이 선사하는 특별한 선물이리라.

한참을 얘기를 나누다가 그와 함께 숙소가 있는 방향으로 걸어가고 있을 때였다. 바로 눈앞에 이곳 빌뉴스행 열차에서 같은 객실에 탔던 커플이 기타를 메고 천천히 걸어오고 있었다. 스위스 루가노에서 여행길을 나선 아름다운 커플, 네다Neda와 세드릭Cedric이었다. 그 길 위에서 우리는 서로 통성명을 하고, 악수를 나눴다. 잠시 타인으로 지나칠 수 있는 만남이 따스한 인연으로 이어지는 순간이었다. 여행길에 그런 보석 같은 순간을 만난다는 건 그 어떤 아름다운 유적지를 보는 것보다 여행자의 영혼을 더 윤택케 하고 행복하게 해준다. 네다와 세드릭은 우리가 만난 길 모퉁이 한 옷가게의 쇼윈도우 앞에 자리를 잡았다. 그리고 모자를 발치에 던져놓고 세드릭은 기타를 연주하고 네다는 노래를 시작했다.

어쩌면 그들은 낯선 이방인 친구인 나를 위해 노래를 시작했는지도 모르겠다. 네다의 영혼에서 울려나오는 노래는 내 가슴 속으로 파고들었다. 장차 기타를 열심히 배워 지미 헨드릭스 같은 기타리스트가 되고 싶다던 세드릭, 길 위에서 노래하고 자신을 표현하는 춤을 추고 공연을 하는 여행자로서 너무나 행복하다는 네다. 길 가던 빌뉴스의 시민들이 모여들었고, 세드릭의 모자에 동전과 지폐를 던져주며 미소를 지었다. 그런 와중에 우리 앞을 지나가던 빌뉴스의 현지 거리공연가인 기타리스트 로만Roman은 네다와 세드릭에게 함께 공연을 해도 되겠냐고 양해를 구했다. 마음씨 좋은 네다와 세드릭이 미소를 짓자 그도 자리를 잡았.

로만은 나와 미꼬에게도 함께 노래를 부르자며 악보 여러 개를 꺼내놓더니 〈렛잇비Let it be〉를 연주하기 시작했다. 우리는 함께 비틀즈의 노래를 부르며 국적과 나이, 인종을 떠나 하나가 된 묘한 유대감을 느낄 수 있었다. 한껏 흥이 난 네다는 갑자기 배낭에서 무언가를 꺼내더니 불을 붙였다. 저글링 공연이었다. 세드릭은

그들의 모습 속에서 자유로우면서도 거칠게, 진정한 삶을 살아가는 또 다른 그리스인 조르바가 보였다.

네다를 위해 기타를 연주했고, 불이 붙은 저글링 공연을 하는 네다는 그 순간 오로지 자유로운 한 영혼이었다. 세드릭은 네다의 공연에 흥이 나서인지 기타를 내려놓고 손바닥으로 박자를 맞추며 네다와 함께 춤을 추었다. 단지 몇 푼의 동전을 바라서가 아니라 그냥 스스로 흥이 나서 추는 춤, 스스로의 영혼에 만족감을 얻는 그 춤을 바라보며 그들의 풍요로운 영혼이 부러웠다. 그들의 모습 속에서 자유로우면서 거칠게, 진정한 삶을 살아가는 또 다른 '그리스인 조르바'가 보였다.

어느덧 그들의 공연을 감상하며 얘기를 나누다 보니 밤 12시가 넘어버렸다. 우리는 서로의 메일 주소를 주고받고 다음에 유럽의 어디에선가 다시 만나자는 다소 희망 섞인 약속을 하고는 아쉬움 속에 작별을 했다. 숙소로 돌아오는 길, 미꼬와 나는 말이 없었다. 아니 대화를 할 필요성을 느끼지 못했다는 게 더 정확한 표현일 것이다. 우리의 영혼은 말하지 않아도 서로의 기쁨을 느낄 수 있었다. 단지 여행길 속에서 박물관과 그림 같은 풍경만으로 채우지 못하는 영혼의 만족이 빌뉴스의 하늘에 빛나던 둥근 보름달처럼 넘쳐흘렀다. 그날 밤, 나는 네다와 세드릭, 그리고 미꼬와 함께 한 패거리가 되어 유럽 각지를 떠돌며 공연하는 꿈을 꿨다. 그 꿈속에서나마 나는 거리의 악사였고 자유인이었고 그리스인 조르바였다.

꿈에서 깨어나기 싫어서였을까. 늦잠을 잤지만 조금이라도 더 빌뉴스를 제대로 돌아보기 위해 일단 빌뉴스 관광의 시작점, 새벽의 문Ausros Vartai으로 향했다. 새벽의 문은 생각보다 크고 힘이 느껴졌다. 그 문 2층에 있는 작은 예배당 같은 기도실에는 현지 주민들로 가득했다. 그 기도실에 있는 화려하면서도 장엄한 검은 마리아 상을 바라보며 그들은 간절히 기도를 드렸다. 여행자로서 서 있으려니 갑자기 커다란 이질감이 밀려왔다. 병든 자와 건강한 자, 가난한 자와 부자, 기도하는 자와 구경하는 자, 머물러 있는 자와 떠나가야 하는 자……

깊은 고민과 함께 기도실을 나와 빌뉴스를 걸었다. 새삼 수많은 종파의 성당과 정교회 예배당, 프로테스탄트 교회들이 골목골목 눈에 띄었다. 머리에 두건을 쓴

여성들이 한 러시아 정교회 예배당으로 들어가고 있었다. 나도 모르게 그녀들을 뒤따라 우아한 장식이 가득한 예배당으로 들어갔다. 그러나 예배당 문턱에서 더 이상 발을 들여놓을 수 없었다. 알 수 없는 묘한 힘이 여행자인 나를 밀어내는 듯한 느낌이었다. 예배를 드리기 위한 믿음의 사람이 아닌, 그저 호기심 가득한 낯선 여행자를 신은 별로 용납하고 싶지 않은 듯했다. 결국 예배당 문턱에서 초록색 제단과 화려한 내부를 힐끔거리다가 물러나고 말았다. 때로 여행자라는 신분은 인간에게든 신에게든 이렇게 철저히 이방인일 뿐이었다.

주말이라 그런지 어제에 비해 골목길 노천카페에는 테이블마다 사람들이 옹기종기 모여 앉아 한가로운 시간을 즐기고 있었다. 고개를 숙이고 길을 걷는데 어디선가 바람개비 하나가 휘익 소리를 내며 내게로 달려들었다. 살짝 놀라 고개를 들어보니 몇 걸음 앞에 바람개비 노점상이 나를 바라보며 웃고 있었다. 마치 쓸쓸한 내 기분을 알고서 위로라도 해주겠다는 듯한 표정이었다. "자, 바람개비를 날릴 테니 받아봐요." 나의 승낙을 듣기도 전에 바람개비는 이미 그의 손에서 떠나 빠르게 날개를 회전하며 내게로 날아왔다. 내가 바람개비를 잽싸게 허공에서 낚아채자 그는 만면에 웃음을 지었다. 친절한 노점상의 미소와 장난기 어린 행동 하나가 잠시 울적해졌던 여행자의 마음을 가벼운 바람개비처럼 날아오르게 했다. 나는 좀전의 우울함이나 잠시 가던 길도 잊고 그와 바람개비를 주거니 받거니 날리고 있었다. "잠깐만 내 가게 좀 봐줘요. 금방 올 테니까요." 그는 만난 지 5분도 채 되지 않은 낯선 여행자에게 자신의 전 재산이나 다름없는 노점상을 통째로 맡긴 채 어딘가 다녀오겠다고 했다.

그리고는 휙 저쪽 길로 사라졌다. 잠시 당황했지만, 순수한 그의 믿음이 내 마음을 따스하게 적시고 있었다. 그의 믿음에 보답이라도 하려는 것처럼 나는 열심히 바람개비를 날리며 지나가는 사람들에게 보여주었다. 비록 그가 돌아오기까지 하나도 팔진 못했지만, 그가 돌아왔을 때 내 가슴은 그의 미소 때문인지, 아니면 바람개비놀이 때문인지, 왠지 모를 행복감으로 가득 채워졌다. 슬픔이나 우울은 빠져나오고자 허우적거릴수록 더욱 깊이 빠져드는 늪과 같다. 그냥 가만히 있으면 가라앉지 않는다는 걸 머리로는 알면서도 우리의 몸은 빠져나오고자 몸부림치다가 스스로 지치고 질식해버린다. 때로는 시간이 약인 것처럼 그냥 강물이 흐르듯 자연스럽게 흘러가도록 내버려두는 것도 필요하다.

어느덧 발길은 대성당 뒤편 산 위에 우뚝 솟은 게디미나스 성으로 향했다. 이 성은 빌뉴스로 천도한 게디미나스가 처음으로 지은 성의 일부분인데, 현재는 그 탑만 남아 있다. 푸니쿨라를 타고 성으로 올라가서 탑의 계단을 따라 꼭대기 전망대에 서자 빌뉴스 시의 구시가지가 한눈에 펼쳐졌다. 온통 붉은 벽돌로만 지어진 구시가지의 지붕들이 만들어내는 조화로움이 무척이나 아름다웠다. 건너편 언덕 위에는 새하얀 세 개의 십자가가 우뚝 솟아 있었다. 역사 속에 억눌려 있던 도시가 새롭게 화려한 꽃을 피우고 있었다.

게디미나스 성채를 뒤로하고 리투아니아 전통 음식을 먹기 위해 미리 점찍어둔 레스토랑을 찾아갔다. 한적한 골목 한 모퉁이에 자리 잡은 전통 레스토랑은 내부 인테리어에서부터 벌써 오랜 세월이 느껴졌다. 일본인 단체 여행자들이 안뜰의 넓은 테이블을 이미 차지하고 있었다. 전통 의상을 입고 환한 미소로 여행자를 맞아주는 아가씨에게 리투아니아 전통 메뉴 체펠리네이^{Cepelinai}를 주문했다. 체펠리네이는 고기를 속에 넣고 찐 감자 요리로, 리투아니아에서 가장 유명한 요리 중 하나다. 담백한 감자 속에 고기가 들어 있어 속을 든든하게 채워준다. 전통 속에는 한 나라의 문화의 정수가 고스란히 들어 있다. 단순히 한 나라를 바라보기만 하는 게 아니라 사람들을 만나고, 그 나라의 음식을 맛보는 작은 경험들이 낯선 나라를 단지 이성으로가 아니라 가슴으로 알아가게 해준다. 전통 음식을 통해 리투아니아의 일부를 맛보았고 나 또한 리투아니아의 일부가 된 게 아닐까.

날이 더 어두워지기 전에 미꼬가 알려준 프랭크 자파의 동상을 찾아가 보기

리투아니아 전통 요리인 체펠리네이가 허기진 배는 물론 마음까지 든든하게 채워준다.

로 했다. 자파는 왕가위 감독의 영화 〈부에노스아이레스〉 속 〈해피 투게더〉라는 곡을 통해 뒤늦게 대중에게 알려졌지만 원래 시대를 앞서간 천재이자 선구자로 인식된 음악가였다. 주류 교육과 기성 종교에 반대하고 검열제도의 폐지를 주창하였으며 예측을 불허하는 음악세계를 들려준 프랭크 자파Frank Zappa. 빌뉴스의 골목 한 모퉁이에서 모습을 드러낸 자파는 동상치곤 특이하게도 얼굴만 높다란 기둥 위에 덩그러니 매달려 있어서 을씨년스럽기까지 했다. 늦은 오후 어느 누구도 찾지 않은 주택가 골목에서 자파의 동상 아래 있으려니 쓸쓸함이 밀려들었다.

어느새 붉은 석양은 짙푸른 밤의 신에게 빌뉴스의 하늘을 내어주었고, 고요한 밤공기가 소란스럽던 골목을 조용히 잠재우고 있었다. 어두운 빌뉴스의 거리를 걸으며 나는 네다와 세드릭이 어디선가 노래하며 공연을 하고 있을 거 같아 주위를 두리번거리며 걸었다. 하지만, 시대를 앞서간 프랭크 자파처럼 그들도 나보다 앞서 새로운 곳을 향해 떠났나 보다. 그들은 분명 이 세상 어떤 여행길 위에서도 영혼의 노래를 부르고 자유의 춤을 추고 있을 것이다. 새삼 낯선 길 위에서 우연히 만나 잠시나마 그 노래와 연주에 취했던 시간이 그리워졌고, 무엇보다 그들의 열정적이고 따뜻한 눈빛이 보고 싶어졌다. 언젠가 여행길에 우연히 다시 마주친다면 더욱 아름다운 미소와 노래로 서로를 바라볼 수 있으리라는 기대를 가슴에 안고 인적 없는 빌뉴스의 밤거리를 홀로 걸었다.

in good memories

Enjoy Travel

빌뉴스

◆ 발트3국 중 하나로 리투아니아의 수도

아담한 구시가지가 유네스코 세계문화유산으로 지정되어 있다. 폴란드 국경 수왈키를 통해 열차로 빌뉴스로 들어간다. 발트3국은 기차 노선이 잘 발달되어 있지 않아 유로라인 버스를 이용하는 것이 더 편리하다. 유로라인 버스들이 독일의 주요 도시와 암스테르담, 부다페스트, 칼리닌그라드 Калининград, 프라하, 브라티슬라바슬로바키아, 민스크벨라루시, 리가, 탈린, 바르샤바 등을 연결하고 있다. 이지젯이나 라이언 에어 같은 저가항공사로 이동하는 것도 시간을 절약할 수 있는 방법이다.

볼거리
- ◆ 빌뉴스 구시가지의 출발점인 새벽의 문과 기적의 성모 마리아 성화 감상
- ◆ 게디미나스 성 전망대에 올라 구시가지 전망 감상하기
- ◆ 한때 북쪽의 예루살렘이라 불린 빌뉴스의 아픔, KGB 박물관유대인 집단학살 박물관
- ◆ 리투아니아의 심장 대성당과 대성당 광장 ◆ 구시가지 곳곳에 자리 잡은 다양한 종파 건축물 탐방

잠자리
숙소는 다른 동유럽 도시들에 비해 가격이 비싼 편이다. 기차역과 버스터미널 주변의 호텔이나 게스트하우스가 좀 더 저렴한 편이다.

- ◆ **Guest house Domus Maria**(Ausros vartu str.12, Tel. +37 (5) 2644880 www.domusmaria.lt)
게스트하우스로 원래 수도원 건물의 일부였고, 리투아니아의 가장 중요한 가톨릭 성지인 새벽의 문 근처에 있다. 빌뉴스를 찾는 여행자들에게 워낙 인기가 많아 미리 예약을 해두어야 한다. 아침식사 포함.
- ◆ **Hotel Comfort Vilnius**(Gélių g. 5, Tel. +37 (5) 2648832, www.comfort.lt)
구시가 중심에 인접해 있고, 기차역과 버스터미널로부터 도보로 5분 정도의 거리에 있다. 가격은 다른 동유럽 도시들에 비해서 높은 편이지만 시설도 깨끗하고 조용해서 편히 쉴 수 있다. 아침식사 포함.

먹을거리

- ◆ **Gabi**(Sv.Mykono 6, Tel. +37 (5) 6432123)
중세적인 인테리어가 인상적이다. 전통 의상을 입은 직원들도 친절하고 맛좋은 리투아니아 전통 요리를 맛볼 수 있다. 전통 메뉴 체펠리네이Cepelinai는 고기를 속에 넣고 찐 감자 요리인데, 리루아니아에서 가장 유명한 요리 중 하나이다.

호숫가에서 만난 붉은빛 고요의 시간
트라카이

소풍 나온 듯 한가로이 자연과 동화 되다

◆　　　　　　　낯선 러시아식 목조 주택들이 버스 창문 밖으로 스쳐갔다. 수도 빌뉴스의 도심을 빠져나온 지 30여 분을 달렸을까. 마치 강물을 거슬러 오르는 연어처럼 여행자들을 실은 버스는 세월을 거슬러 미지의 과거 속으로 향하고 있는 듯했다. 버스는 소박한 시장 옆 한적하기만 한 버스터미널에 멈춰섰다. 얼떨떨한 기분으로 터미널 옆 시장으로 들어가니 마치 과거로 회귀한 듯 그곳에는 어린 시절 어머니의 손을 잡고 따라간 재래시장의 풍경이 그대로 남아 있었다. 원색의 아이 옷들, 익숙한 상표는커녕 아예 상표조차 없는 신발들, 그리고 땅에서 수확한 각종 채소와 곡물들이 눈앞에 펼쳐져 있었다. 소박하기에 더욱 아름답고 순수한 삶이 이곳에서 꿈틀대고 있었다.
　　소박한 장터 풍경이 선사하는 추억에 잠시 잠겨 있다가 트라카이 호수와 성

을 찾기 위해 터미널을 지나 도로를 따라 걸었다. 딱히 이정표가 없었지만 버스에서 내린 승객들을 뒤따라 부지런히 걸었다. 20여 분을 걸었을까. 도로 옆쪽으로 난 오솔길을 걸어가자 우유처럼 부드러운 물결의 트라카이 호수가 눈앞에 펼쳐졌다. 호수와 숲, 그리고 초원이 조화롭게 어우러진 트라카이Trakai는 14세기 초 리투아니아 대공국의 행정·경제·국방의 중심지로, 리투아니아의 수도 빌뉴스에서 서쪽으로 25km 떨어진 곳에 위치해 있다. 무엇보다 갈베Galve 호수에 둘러싸여 있는 작은 섬 위에 자리 잡은 트라카이 성은 유일한 고딕 양식의 건축물로, 트라카이 여행의 백미다. 동유럽과 중유럽에서 21개의 섬을 포함하고 있는 갈베 호수는 남쪽으로 아름다운 트라카이 섬 성Trakai Island Castle과 트라카이 반도 성Trakai Peninsula Castle이 있는데, 이 지역에는 크고 작은 호수가 200여 개나 있다고 한다.

그 호수를 따라 숲길이 우거져 있고 드문드문 여행자들이 오가고 있었다. 호수를 오른편에 두고 바람마저도 잔잔한 호숫길을 유유자적 걷기 시작했다. 햇살이 눈부시게 호수 위로 빛의 파편들을 쏟아내고, 초록의 나뭇가지는 무성한 가지를 호수를 향해 뻗고 있었다. 사람들은 간혹 오솔길을 따라 걸으며 여기저기 웃음꽃을 피워냈다. 인생길이 이 트라카이 호숫길만 같다면 얼마나 행복할까. 이렇게 호수를 따라 걸어가는 이 순간만큼은 나는 또한 누구보다 행복하고 평화로운 인생의 한 순간을 누리고 있음이 분명하다.

그 호수 한쪽에 색색의 보트를 빌려주는 대여소가 있다. 따로 가게랄 것도 없이 그냥 직접 그린 듯한 작은 입간판과 호숫가에 매어둔 보트 몇 대가 전부였다. 이른 아침 보트를 깨끗이 닦아내고 손님을 맞을 준비를 하는 노인의 손길이 바쁘다. 그때 지극히 평범한 일상 속에서 내 시선과 마음을 사로잡는 장면이 펼쳐졌다. 이미 호수 한가운데까지 노를 저어간 연인들과 벌써 보트를 다 타고 돌아와서 보트에서 내리려는 한 노인, 그리고 이제 보트를 막 타려는 듯 엉거주춤한

누구나 아름다운 인생의 호수를 유람하듯 유유히 살아가는 순간이 있다.

자세의 젊은 여인, 그 순간의 빛과 그림자. 그 찰나의 시간 속에서 인생의 순환을 보는 것 같았다. 저 멀리서 뱃놀이를 하는 사람들에게서는 아직도 찬란한 생의 유희가, 호수 유람을 끝낸 노년의 여인에게서는 배에서 내려야 할 때 즉, 생의 끝자락에 다다른 모습을 엿볼 수 있었다. 그리고 이제 막 보트에 올라타는 젊은 여인은 인생이라는 배에서 하선하기에는 아직 많은 시간이 남아 있었다. 이 모든 과정이 한 순간, 눈부신 햇살 아래에서, 밝음과 어둠, 빛과 그림자 사이에서 벌어지고 있었다. 인생의 호수 위에서 누리며 살다가 결국은 배에서 내려야 하는 우리네 긴 인생이 그 짧은 한 순간에 극명히 드러났다. 그 찰나의 시간에 바라본 인생은 한 편의 꿈이었고, 짧은 뱃놀이 같은 유희였다.

오른쪽에 호수를 끼고 한적한 오솔길을 여유롭게 걷다 보니 어느 순간, 레스토랑과 보트 대여소와 기념품 가게가 꽤 많이 몰려 있는 곳이 나타났다. 수많은 여행자들이 주변을 오가며 기념품도 고르고, 보트도 대여하면서 흥겨운 분위기를 만들어내고 있었다. 한편 내 눈앞에는 믿을 수 없을 만큼 그림 같은 풍경이 펼쳐졌다. 눈부시게 붉은 사암의 색채를 지닌 트라카이 성이 호수 한가운데에서 그 모습을 드러낼 것이다. 두둥실 솜사탕 같은 뭉게구름 아래 초록의 숲으로 둘러싸인 호수 한가운데, 너무 붉어서 오히려 비현실적으로 느껴지는 트라카이 성이 당당히 떠 있었다. 호수를 따라 먼발치에서 바라보는 트라카이 성은 도도한 아름다움을 뽐내고 햇살 쏟아지는 호수 위를 떠다니는 요트들은 삶의 여유를 노래하고 있었다.

한참을 걷다가 갈베 호숫가 풀밭 위에 앉았다. 바삐 서두를 이유도, 급히 찾아봐야 할 의무도 없이 그저 시선이 가는 대로, 마음이 가는 대로 바라보기만 해도 좋았다. 그렇게 바라보는 풍경은 아름다운 한 폭의 풍경화 같았다. 눈을 감으면 붉은색 트라카이 성이 희미한 잔영으로 오래도록 눈가에 머물고, 눈을 뜨면 너무 붉어서 바라보기만 해도 가슴이 뛰는 풍경이 시선을 가득 채웠다.

육지에서 섬으로 이어진 작은 목조다리를 삐걱거리며 건너갔다. 마치 현실에서 비현실로, 현대의 시간에서 중세의 시간으로 넘어가는 시간의 다리를 건너듯 그렇게 작은 다리를 건넜다. 젊은이들은 다리 아래로 몸을 던지며 수영을 즐겼고, 연인이나 가족들은 보트를 타고 찰랑거리는 호수 위에 웃음을 뿌리며 지나가고 있었다. 붉은색 성은 옛 리투아니아의 수도였던 시절을 그리워하듯 꽃처럼 붉게 피어 있었다. 그 속으로 다국적, 다문화, 다인종의 여행자들이 쉼 없이 드나든다. 성 안에는 무너진 탑을 이어붙이고, 부서진 벽돌을 다시 쌓고, 벗겨진 벽면을 새롭게 덧대고 있어서 곳곳에 보수의 흔적이 남아 있었다. 호수 한가운데에 위치해 있어서 천연 요새와도 같은 트라카이 성은 말 그대로 물 위에 뜬 한 마리의 우아한 붉은 백조라고나 할까. 성 내부는 성의 역사와 유물을 보여주는 박물관으로 꾸며져 있었다. 그 당시의 동전과 전쟁 도구들, 각종 생활용품과 장식품이 전시되어 있었는데, 특히 유리 세공품은 그 정교함과 화려함에 감탄사가 절로 나왔다.

잠시 중세의 시대로 돌아간 듯 과거 속을 거닐다가 성 밖으로 나서자 햇살에 반짝이는 눈부신 물결에 잠시 눈을 감았다. 바람이 갈대숲을 흔들며 지나가고 잠시 시간이 멈춘 듯 정적이 흘렀다. 목조 다리의 삐걱대는 소리와 보트를 타고 지

자연과 조화롭게 살아가는 사람들의 삶에는 언제나 평화가 가득하다.
사랑을 맹세하는 신랑신부의 모습 속에 평화가 깃들어 있다.

나가는 한 아가씨의 까르르 웃음소리에 꿈에서 깨어난듯 눈을 떴다. 유유히 떠다니는 요트들은 이제 평화로운 시대를 노래하는 깃발처럼 힘차게 돛을 펄럭였다. 평화로운 시대와 삶의 여유가 주는 미소와 기쁨으로 여행자들의 얼굴 또한 환하게 빛나고 있었다. 갑작스러운 사람들의 박수소리와 웃음소리에 고개를 들어보니 목조 다리 앞에 눈부신 하얀색 드레스의 신부와 멋진 회색 수트를 입은 새신랑이 사람들의 축하를 받고 있었다. 신랑은 목조다리 앞에서 신부를 번쩍 안아들고는 힘차게 다리를 건너오고 있었다. 자줏빛 드레스와 정장을 입은 신랑신부 들러리들이 호위하듯 그들을 따라갔다. 지나가는 여행자들은 그 모습을 바라보며 밝은 미소와 박수로 그들을 축하해 주었다.

아름다운 호수, 빛나는 성, 소박한 가게들과 호수를 둘러싼 초록의 숲들, 그리고 수많은 여행자들이 이루어내는 한 편의 그림 같은 풍경에 한없이 빠져들어 머물고만 싶었다. 하지만 그대로 머무른다면 그 또한 반복되는 일상이기에 여행의 흥분은 사라져버릴 것이다. 빛나는 풍경은 잠시 머무르며 스치듯 바라보는 여행자로서 바라볼 때 가장 아름다운 게 아닐까. 그래서 여행자의 눈에 비친 세상은 아무리 사소한 풍경이라도 너무나 아름답고 눈물겹다. 또한 여행길 위에서 만나는 따스한 눈빛들, 정겨운 미소, 짧은 인사조차도 여행자의 마음에 비칠 때 세상 가장 소중한 몸짓과 언어가 된다. 그래서 여행은 세상을 가장 아름답게 바라보는 창문이 되고, 서로의 다름을 건너가는 사다리가 된다.

트라카이성을 뒤로하고 돌아오는 길, 호수를 따라 이어진 오솔길을 걸으며 바라본 호수는 모네의 그림처럼 아름다웠다. 그 호수에 고요히 낚싯대를 드리운 한 사람, 잔잔한 호수를 바라보며 담소를 나누는 여행자들 모두가 분주한 시간의 흐름에서 벗어난 듯 초연해 보였다. 세상의 근심을 모두 벗어나 있는 듯한 그들처럼 나도 그 호숫가에 머물고 싶었다.

하지만 그저 머물 수 없는 여행자이기에, 머무는 순간 신비로운 세상은 사라지고 냉혹한 현실이 기다린다는 사실을 누구보다 잘 알기에 얼른 자리를 털고 일어나 부지런히 발걸음을 옮겼다. 잠시라도 지체했다가는 영원히 그곳에 발이 묶여버릴 것만 같은 두려움이 더욱 마음을 짓눌렀다. 트라카이를 떠나며 바라본 소박한 들녘이 꿈 속 세상처럼 눈부시게 빛나고 있었다.

트라카이

◆ 호수와 숲, 초원이 조화를 이룬 도시

트라카이는 빌뉴스가 수도가 되기 전 리투아니아의 수도였던 곳으로, 드넓은 호수 한가운데에 붉은 사암의 성이 우아하게 자리 잡고 있는 리투아니아의 대표적인 여행 명소다. 빌뉴스 버스터미널에서 버스로 20분이면 도착하며 빌뉴스에서 당일치기로 다녀오기에도 편리하다. 도시락을 싸서 갈베Galve 호숫가에서 한가롭게 소풍 나온 것처럼 여유를 만끽하기에 좋다. 성은 박물관으로 조성되어 리투아니아의 역사와 유물들을 보여준다. 트라카이 버스터미널에 내려 트라카이 성까지는 꽤 먼 거리를 걸어야 하지만 한적한 호숫가를 산책하듯 여유로운 마음으로 걸어보기를 권한다.

볼거리
◆ 트라카이 호수를 감상하며 거닐기
◆ 트라카이 성 둘러보기

위기의 순간에 빛을 발한 특별한 인연
리가

긴장과 떨림이 여행의 묘미를 더하다

◆　　　　　　리가^{Riga}로 향하던 길가에 피어난 작은 들꽃들이 바람에 흔들리며 투명한 수채화를 그리고 있었다. 하늘에 구름이 흘러가듯 세상 사람들의 평화로운 일상이 버스 창밖으로 흘러가고 있었다. 탐스러운 황금빛으로 물든 들판을 지나고, 풍경이 빠르게 스쳐갈수록 내 시선은 더욱 그 풍경에 머무르고 싶었다. 머무르고픈 갈망이 강해질수록 여행자는 더욱 그 유혹을 이기고 용감하게 길을 나서야 한다. 머물러 있으면 여행자의 심장은 멈춰버릴 운명이기 때문이다.

　　리가^{Riga}, 카우나스^{Kaunas}, 파네베지스^{Panevezys}, 샤울랴이^{Siauliai}······. 버스 창밖으로 가이드북에서 몇 번이고 보고 읽었던 낯선 라트비아의 지명들이 현실적인 이정표가 되어 눈앞에 나타날 때마다 신음처럼 감탄사를 내뱉는다. 소박한 들판을 달리던 중 특별한 이정표도 없는 허허벌판에서 갑자기 버스가 멈췄다. 자라목처럼 고개를 내밀고 무슨 일인가 싶어 바깥을 내다보았다.

길가에 빨간색 봉고차 한 대가 세워져 있고, 제복을 입은 세 사람이 갑자기 버스를 세웠다. 해병대처럼 매끈한 머리의 대원 한 명이 버스에 오르더니 승객들의 여권을 검사하기 시작했다. 바로 이곳이 리투아니아와 라트비아 사이의 국경 검문소였다. 특별한 건물이나 이정표도 없었다. 으레 그러하듯이 무뚝뚝한 국경 경비대원의 눈빛을 승객들은 덤덤히 받아들이고 있었다. 채 10분도 되지 않아 검문은 끝나고 버스는 갈색톤의 들판을 다시 달리기 시작했다. 갈아엎은 밭에는 황새떼들이 먹이를 찾아 어슬렁거리고, 하늘은 어느새 짙은 회색톤의 먹구름으로 덮여가고 있었다.

한때 동유럽의 파리, 동유럽의 라스베가스라고 불리던 리가 시외버스터미널은 변두리의 버스정류장처럼 소박했다. 버스터미널을 벗어나 리가 구시가지 입구 근처에서 묵을 만한 숙소를 잡았다. 서유럽에 비해 시설 대비 가격은 훨씬 저렴했다. 숙소에 짐을 풀고 가장 먼저 할 일은 라트비아 돈으로 환전을 하는 일이었다. 숙소 맞은편에 있는 은행 창구로 가서 유로화를 라트비아의 라트^{Lats}로 환전했다. 이제 머무를 거처가 있고 수중에 현지 화폐까지 있으니 여행자의 마음은 한결 여유로워져 즐거운 마음으로 한 걸음씩 걷기만 하면 되었다. 어깨에 둘러맨 카메라도 얼른 아름다운 프레임으로 채워달라고 조르듯 대롱대롱 흔들렸다.

길가의 소박한 노점상에는 호박의 산지답게 호박을 이용한 목걸이, 귀걸이, 팔찌를 비롯한 각종 장신구와 직접 손으로 뜨개질을 한 단정한 색깔의 양말과 모자들, 화려한 색채의 전통의상이 그려진 목각인형들이 가지런히 놓여 있었다. 구소련 지배의 영향 때문인지 인형 속에 끊임없이 더 작은 인형들이 연속해서 나오는 러시아 전통 목각인형인 마뜨료쉬까^{Матрёшка}도 자주 눈에 띄었다. 곰돌이

상업적인 서유럽과 달리 이곳에는 투박하지만 정겨운 느낌이 있다.

푸우와 같은 디즈니의 만화 주인공들도 이곳에서는 조금 이상한 몸매의 마뜨료쉬까로 변해 있어서 웃음이 절로 났다. 선한 눈매의 아름다운 라트비아 아가씨는 조금은 무심한 표정으로 지나가는 여행자들을 바라보았다. 그런 무심함이 여행자의 마음을 한결 편안하게 해주었다. 지극히 상업화된 서유럽의 관광지에서 상투적으로 느끼는 압박감이 이곳에서는 없었다. 그래서인지 더욱 여유로운 마음으로 리가의 소박한 풍경들을 마음에 담을 수 있었다.

노점상이 자리를 잡고 있는 성 피터 교회St. Peter's Church 뒤쪽에는 그림형제의 유명한 동화 〈브레멘의 음악대〉에 나오는 동물들의 동상이 설치되어 있다. 브레멘 음악대의 동상이 리가의 한복판에 설치되어 있는 이유는 독일 브레멘과의 역사적인 인연 때문이다. 리가의 기원은 1201년 독일 브레멘의 대주교 알베르트Alberts가 지금의 리가 지역에 상륙하여 이 지역을 무역 본거지로 건설하고 자신의 기사단을 발족하여 발전시키기 시작하던 때라고 하는 것이 통설이다. 이 야심만만한 주교가 창설한 '검의 형제 기사단Fratres Militiae Christi'은 리보니아오늘날의 라트비아와 남부 에스토니아 지역를 완전히 점령해서 독일의 봉토로 삼았다. 리가는 에스토니아의 탈린과 함께 리보니아의 주요 도시로서, 또 중세 유럽의 무역 도시 연맹이었던 한자동맹의 중심 도시로서 그 이름을 떨치기 시작했다. 이 역사적 사실을 기념해서 브레멘 시에서 이 동물 군악대 동상을 리가 시에 기증했다고 한다. 동상의 당나귀 코를 만지면 소원을 이뤄준다는 전설이 있어 당나귀의 코는 유난히 반질반질 빛이 나고 있었다. 역사와 동화, 현실이 절묘하게 만나는 경험은 여행에서만 누릴 수 있는 색다른 즐거움일 것이다.

서로 다른 시대에 건축된 다양한 양식과 색채의 건축물들, 무너지거나 흔적이 남은 성벽 사이로 미로 같은 길이 나 있고, 여행자는 마치 탐험가가 된 듯 그 곡선의 길 뒤편을 상상하며 설레는 가슴을 안고 걸어간다. 기다란 벽면을 갤러리 삼아 그림을 걸어놓은 그림가게는 그대로 하나의 미술관이 되었다. 굳이 사지 않아도 그 벽면을 따라 걷다 보면 노천 미술관에 온 듯한 착각에 빠져들었다. 그렇게 그림을 감상하며 걷고 있는데, 어디선가 정확히 나를 향해 외치는 소리가 우렁차게 들려왔다.

고개를 돌려 돌아보니 한 무리의 씩씩한 아가씨들이 나를 향해 손을 흔들며 크게 외치고 있었다. "Where are you from?" "Korea."라고 대답하자 자신들이 앉아 있는 벤치로 오라고 손짓을 한다. 다가가보니 기다란 벤치에 짙은 눈매의 얼굴 가득 함박웃음을 짓는 활달한 아가씨 7명이 내게 호기심어린 질문을 던진다. "여행 중이에요?" "응, 너희들도 여행 중이니?" "아뇨, 우린 터키 이스탄불에서 왔는데, 리가에서 열리는 유럽육상대회에 참가하려고 왔어요." 왠지 모두들 건강미가 철철 흘러넘쳤다. 한국에서 왔다는 내 말에 더욱 반가움을 표시하던 그녀들은 내가 묻지 않아도 자신들을 한 명씩 소개해 주었다. "얘는 400m 달리기 선수고, 얘는 창던지기 선수에요. 그리고 난 투포환 선수에요." 말을 끝내고서는 시키지도 않았는데 투포환을 던지는 시늉을 했다. 나도 그들도 모두 웃음보가 터졌다. 우리는 함께 기념촬영을 하고 서로의 여행과 앞길에 행운을 빌어주었다.

잠시나마 터키 아가씨들과의 즐거운 대화가 끝나고 다시 리가의 골목길로 들어서자 금세 사위가 촛농처럼 진득한 적막감으로 가라앉았다. 다양한 시대의 건축물이 공존하고 있는 리가의 골목길을 걷다 보면 마치 여러 차원의 시간과 공간을 여행을 하는 듯한 묘한 기분이 든다. 리가의 옛 시가지에는 굴곡 많았던 역사의 흔적이 그대로 배어 있기 때문에 전형적인 중세 건축물부터 신고전주의, 유겐트Jugend, 일반적으로 프랑스에서 '아르누보'(Art Nouveau)라고 불리는 독일 양식, 포스트모더니즘에 이르기까지 다양한 유럽 건축 양식을 접할 수 있다. 넓지 않은 구시가지에서 이처럼 다양한 건축 양식을 본다는 것, 또한 이런 다양한 양식들이 상충되지 않고 조화롭게 공존하고 있다는 건 여행자에게 더욱 매력적인 장소임에 틀림없다.

한참을 걷다 보니 어느새 시청사 광장에 다다랐다. 광장의 한가운데에는 성 롤란드 동상Roland Statue이 서 있었다. 그 동상 뒤편에 리가에서 가장 유명하고 아름다운 건축물로 손꼽히는 검은 머리 전당House of Blackheads이 우뚝 서 있다. 독일 르네상스의 진수를 보여주는 아름다운 고딕풍의 이 건축물은 상상 속의 아프리카 흑인 무어인인 '성 모리셔스'를 그들의 수호신으로 삼아서 '검은 머리'라는 명칭이 유래되었다. 당시 '검은 머리 길드'는 사회에서 큰 비중을 차지했으며 이 길드가 주최하는 행사에는 러시아 황제를 포함한 많은 귀빈이 참석할 정도로 큰 영향력을 과시했다.

어느덧 낯선 도시에 저녁이 오고, 맑던 하늘도 푸르스름한 저녁 어스름과 함께 먹구름이 잔뜩 채워지기 시작했다. 따스한 조명이 밝혀진 노천카페에 자리를 잡고 앉아 커피를 한 잔 주문했다. 여름인데도 밤 공기는 쌀쌀해져서 카페 직원이 부드러운 모포를 한 장 건네주었다. 떨어지는 빗방울을 바라보며 마시는 커피는 마음까지 따뜻하게 감싸주었다. 옛 돌이 박힌 고풍스러운 도시의 길이 빗방울로 반짝거렸다. 숙소로 돌아가는 길, 우산 없이 걸어가는 내게 가느다란 빗방울은 자나리 감미롭게 느껴졌다. 카메라 프레임도 흔들렸고 여행자의 마음도 리가의 밤 풍경에 취해서 흔들렸다.

다음 날 구경도 하고 과일도 살 겸해서 숙소 근처에 있는 리가 중앙시장에 들렀다. 시장은 사람들의 생동하는 삶의 현장이기에 그곳을 거닐기만 해도 삶의 활력이 몸과 마음에 스며든다. 큰 수박 한 조각과 과일 몇 개를 사서 숙소에 두고 유럽 건축물 중에서 특히 아름답기로 소문난 리가의 아르누보 건축물Art Nouveau in Riga들을 구경하러 나섰다. 19세기 후반에서 20세기 초에 유럽에서 일어난 예술사조인 아르누보는 '새로운 예술'이라는 그 명칭처럼 기존의 천편일률적이고 모방적인 양식에서 벗어나서 새로운 형태의 아름다움을 추구하는 사조를 말한다.

라트비아어로는 유겐트스틸Jugendstil이라고 하는데, 기존의 교회 중심주의, 이

아루누보 건축으로 대표되는 리가의 건축술은 동유럽에서도 손꼽힌다.

태리적 건축양식을 배제하고 라트비아의 정신을 화려한 장식과 결합시킨 리가의 건축물은 유럽 건축물 중에서 가장 아름다운 아르누보로 인정 받았다. 리가에 있는 건물 중 1/3 이상이 아르누보 건축물일 정도로 이 도시는 아르누보의 중심지라 할 수 있다. 대표적인 아르누보 건물들이 집중적으로 모여 있는 알베르타 거리로 들어서자 장식미가 넘치는 아르누보 건물들이 대로 양편으로 늘어서서 여행자들의 시선을 하늘로 끌어당기고 있었다. 특히 사람의 얼굴을 건물의 외벽에 조각해 놓은 것이 인상적이었다. 그곳 아르누보 거리의 한 카페에 들러서 따끈한 차 한 잔을 주문했다. 실내 인테리어 역시 아르누보로 유명한 거리답게 클림트의 그림처럼 화려하고 형이상학적인 무늬로 채워져 있었다. 마치 세기말의 그때로 돌아간 듯한 몽환적인 느낌마저 들었다. 여행자는 어찌 보면 눈에 보이는 공간 속에서 길을 잃기보다는 보이지 않는 시간 속에서 길을 잃게 되는 건 아닐까.

아르누보 거리에서 다시 구시가 중심지로 돌아오는 길에 브리비바스Brivibas 대로에 있는 자유의 기념탑Freedom Monument에 들렀다. 라트비아 국민에게 자유의 상징인 이 탑은 밀다Milda라는 애칭으로 불리는데 1935년에 시민들의 기부금으로 건설되었다. 원래 이곳은 러시아의 피터 대제 동상이 서 있던 자리였다. 기념비의 맨 윗부분에서 세 개의 별을 들고 있는 소녀 동상이 바로 밀다이다. 소녀의 손에 들린 세 개의 별은 원래 라트비아의 역사적인 세 지역인 쿠제메Kurzeme, 비제메Vidzeme, 라트갈레Latgale를 상징한다. 놀랍게도 구소련 지배하에서도 이 자유의 기념탑은 철거되지 않았는데, 세 개의 별이 소련에 새로 편입된 발트3국인 에스토니아, 라트비아, 리투아니아를 상징한다고 재해석해서 철거하지 않고 소녀상의 이름을 밀다 대신 '마더 러시아Mother Russia'라고 불렀다고 한다.

그 시절에는 이 탑 아래에 꽃을 바치거나 집회를 가지면 정치범으로 몰려 즉시 체포되어 시베리아로 추방되었기 때문에 이 탑은 시베리아행 편도 티켓을 받

시간이 멈춘 도시 리가.
중세의 유적과 감성이 고스란히 남아 있는
그 길에서 역사의 속삭임이 들려온다.

게 하는 '여행 대리인'이라는 자조 섞인 농담이 나돌기도 했다고 한다. 기념탑의 아랫부분에는 'Tevzemei un Brivibai'라는 글이 새겨져 있는데, 이는 '조국과 자유'를 의미한다. 기념탑을 바라보며 조국땅에서 자유롭게 살아가기를 꿈꾼 라트비아인들의 슬픔과 염원이 담긴 이 문구가 낯선 이방인 여행자에게 가슴 저린 슬픔으로 다가왔다.

　조금은 가라앉은 마음으로 구시가지 골목길을 걸어가고 있었는데 저쪽 골목길로 낯익은 얼굴이 스쳐지나가고 있었다. 다름 아닌 미꼬였다. 리투아니아 빌뉴스에서 제대로 작별 인사도 못하고 헤어졌던 그였다. '이렇게 또 다른 낯선 땅 골목길에서 우연히 두 번이나 만나게 되다니…….' 아는 이 하나 없이 적적했던 리가에서 미꼬와 나는 반갑게 재회했다. 반가움도 잠시 아쉽게도 그는 배낭을 메고 리가를 떠나는 중이었다. "여행은 잘 하고 있어? 난 오늘 떠나. 에스토니아 탈린으로 가서 이제 고향 핀란드로 돌아갈 거야." "난 내일 탈린으로 갈 거야. 잘하면 또 거기서 만날 수 있겠군." 우리는 리투아니아에서의 서로의 여행담과 앞으로의 여정에 대한 계획을 나누며 걸었다. 똑같은 장소를 똑같은 시기에 여행을 해도 서로의 여행 보따리에 담긴 이야기는 천차만별이다. 그렇게 바라보는 이의 시선에 따라 다양한 스펙트럼과 느낌으로 표현될 수 있다는 것 또한 색다르다.

　한참 서로의 이야기에 정신이 팔려 걷다 보니 뭔가 느낌이 이상했다. 직감적으로 수상한 느낌을 알아채고 우리는 각자의 소지품을 확인했다. 내 가방 속 선글라스와 케이스가 사라지고 없었다. 뒤돌아보니 잔뜩 부른 배를 안고 힘들게 걷고 있는 임산부를 포함한 4명의 여인들이 슬금슬금 눈치를 보며 옆으로 발길을 돌리고 있었다. 길거리 이정표에도 소매치기를 조심하라는 표지판이 있어서 내심 조심했는데, 미꼬를 만나서 잠시 방심을 한 사이에 그들의 표적이 된 듯했다. 미꼬와 함께 그들을 뒤쫓아갔다. 그들은 눈치를 보면서 도망을 치다가 어느 골목의 카페로 들어갔다. 잽싸게 그 카페로 달려 들어가서 그들을 향해 소리를 질렀다. "너희들 소매치기들이지, 얼른 내 선글라스 내놔!" 나 혼자 좇아온 걸 본 그들은 무슨 소리냐는 듯한 표정을 지으며 오히려 나를 향해 삿대질을 하며 큰 소리를 치기 시작했다.

그들과 실랑이를 벌이고 있는 사이 잠시 후에 미꼬가 카페 입구로 뛰어왔다. "미꼬, 입구를 막아줘. 그리고 네 핸드폰으로 경찰에 빨리 전화해!" 미꼬는 핸드폰으로 경찰에 연락하는 듯한 동작을 취했다. 그리고 그들을 추적하는 중에 만난 미꼬의 친구들 몇 명이 미꼬를 따라 카페로 들어왔다. 이제 수적으로나 기세 싸움에서 그들은 밀리기 시작했다. 내가 그들의 두목으로 보이는 여자와 서로 큰 소리로 언쟁을 하는 도중에 갑자기 미꼬가 내게 다가오더니 선글라스를 받았다고 말한다. 알고 보니 4인조 중 한 명이 아무래도 자신들이 불리할 거 같으니 차마 내게 다가오지는 못하고 미꼬에게 선글라스를 슬쩍 건네주고는 밖으로 한 명씩 슬금슬금 꽁무니를 뺐다고 한다.

"정말 다행이야. 여행길에서는 항상 조심해야 해." 미꼬는 안도하는 표정으로 아직도 흥분이 채 가시지 않은 나를 위로했다. 그 순간에 미꼬가 없었다면 리가 여행은 엉망이 될 것이 뻔했다. 길 위의 친구가 있어서 여행길은 또 다시 웃을 수 있는 추억으로 기억될 것이다. 탈린행 버스정류장에서 우리는 언젠가 다시 만날 거라는 희망 섞인 약속을 작별 인사로 대신했다. "미꼬, 정말 네가 있어 즐거웠고 고마웠어. 무사히 잘 돌아가고 언젠가 또 만날 수 있기를 진심으로 기대할게."

리가에서의 마지막 저녁을 답답한 숙소에서 그냥 보내기에는 뭔가 너무 아쉬웠다. 저녁 어스름을 머금은 공기는 조금은 무거운 질감으로 바닥으로 내려앉았다. 그 골목길을 걷다가 낮에 눈여겨보아 두었던 블랙 매직Black Magic이라는 중세풍의 카페에 들렸다. 마치 중세의 어느 카페를 그대로 옮겨놓은 것처럼 직원들의 의상이나 내부 인테리어, 조명에 이르기까지 모든 것이 중세풍이었다. 조각 케이크와 쿠키, 초콜릿과 커피를 주문했다. 달콤쌉싸름한 초콜릿은 여행의 추억이 주는 단맛과 소매치기와의 예기치 않은 만남이 주는 쓴맛이 공존하는 여행 그 자체와 같았다.

    초콜릿 같은 여행, 인생도 그러하다. 달콤한 맛만 존재하는 초콜릿은 불완전한 반쪽의 초콜릿이다. 달콤함과 쌉싸름함이 공존할 때 진정한 초콜릿이 완성되듯 우리의 삶도 달콤한 추억과 쌉싸름한 기억이 함께 어울려 완전한 삶을 향해 나아가는 게 아닐까. 하나의 초콜릿 속에도 눈물과 웃음이 있고, 슬픔과 기쁨이 공존하며 여행과 인생이 들어 있다. 블랙 매직에서 초콜릿과 커피를 마시며 조금씩 진정한 여행자로 완성되어 가는 듯한 스스로를 느낄 수 있었다.

in good memories

리가

◆ 라트비아의 수도이자 발트해의 항구 도시

고대부터 중개무역지로 부와 명성을 쌓았고, '동유럽의 파리', '동유럽의 라스베가스'라고 불렸다. 역사 기록상 독일 브레멘의 대주교 알베르트 신부가 리가를 건설했다고 전해진다. 화려한 아르누보 양식의 750여 건축물이 리가를 수놓고 있다. 빌뉴스에서 리가까지는 유로라인이나 에코라인 버스로 4~5시간 정도 걸린다.

볼거리
- ◆ 독일 르네상스의 진수를 보여주는 리가에서 가장 화려한 건축물인 검은 머리 전당
- ◆ 유럽에서 가장 아름답다고 인정받는 리가의 아르누보 건축물 감상
- ◆ 성 피터 성당과 브레멘 음악대 동상의 당나귀 코 만지며 소원 빌기
- ◆ 버스터미널 근처에 있는 리가에서 제일 큰 상설 시장 구경

잠자리
- ◆ Hotel Forums(Valņu iela 45, Tel. +37 (1) 67814680, www.hotelforums.lv)
  포럼 호텔은 구시가 초입에 있으며 버스터미널에서 도보로 5분 이내의 거리에 있다. 구시가 중심까지도 도보로 충분히 이동 가능해서 여행과 이동에 모두 용이하다. 객실도 깨끗하고 주변 지역도 조용하다. 아침 식사 포함.

먹을거리
아래 소개하는 곳 외에 추천할 만한 곳으로 Alus Seta(Tirgonu 6), Lido(Gertrudes 54. 24시간), Dzirnavas(Dzirnavu 76) 등이 있다.

- ◆ Bar Black Magic(Kalku 10, Tel. +37 1 67222877, www.since1752.lv)
  1752년부터 문을 열었으며 중세의 느낌이 그대로 묻어 있는 매력적인 카페다. 직원들의 의상이나 내부 인테리어, 조명에 이르기까지 모든 것이 중세풍이다. 커피와 다양한 쿠키, 수제초콜릿, 진하고 독한 45도 술인 리가의 블랙 발삼Black Balsam을 맛보거나 예쁘게 포장된 기념품을 구입할 수 있다.

- ◆ Lido
  라트비아 전통 음식 체인 식당으로 뷔페식으로 차려놓아 원하는 음식을 골라 먹을 수 있다. 맛과 분위기에 비해 가격도 비싸지 않다.

중세의 시간 속에 머문 에스토니아의 보석
탈린

오랜 세월의 더께가 내려 앉은 골목을 거 닐 다

◆ 리가를 출발한 버스가 5시간을 부지런히 달려서 마침내 탈린Tallinn 버스터미널에 도착했다. 여행자들이나 가이드북을 통해 수없이 얘기를 듣고 읽어서 당연히 멋진 중세의 도시가 눈앞에 펼쳐질 거라 기대하며 버스에서 내렸다. 하지만 눈앞에 펼쳐진 풍경은 조금은 황량한 현대적 소도시의 풍경이었다. 설상가상 버스터미널에는 관광안내센터가 없어서 탈린 관광지도를 구할 수도, 구시가지로 가는 교통 안내를 받을 수도 없었다. 더구나 에스토니아 화폐인 크론으로 환전할 마땅한 장소도 없어서 대중교통을 이용할 최소한의 돈마저도 없었다.

일단 버스에서 내린 여행자들을 따라가려고 눈치를 살폈지만 사람들은 제각각 자신의 행선지를 향해 사방으로 뿔뿔이 흩어지고 있었다. 결국은 현지인인 듯한 행인을 붙잡고 물어보는 수밖에 없었다. 친절한 행인은 내 등 뒤를 가리키며 그 방향으로 한참을 가야 한다고, 웬만하면 버스나 트램을 타라고 자상하게 말해주었다. 하지만 버스를 탈 돈도 없는 나는 어쩔 수 없이 무거운 배낭을 메고 걷기로 했다. 일단 탈린에 도착했으니 길을 따라 걷다 보면 목적지가 나올 것이다. 지금까지 길은 언제나 나를 실망시킨 적이 없었고, 혹 길을 잃어도 더욱 멋진 곳으로 안내해주지 않았던가. 길을 믿어보기로 했다. 머리보다는 두 발을 믿고 가슴이 이끄는 대로 걸어가보자.

화려한 현대적 건물들, 쇼핑센터, 패스트푸드점들이 도로 양쪽으로 펼쳐져 있었고 빌딩들의 숲이 길게 이어졌다. 도대체 중세도시이자 발트3국에서 가장 아름답다는 탈린의 모습은 어디에 숨어 있는 것인가. 가끔 회의감이 소나기처럼 마음 한 구석에 쏟아졌지만, 갈림길이 나오면 또 다시 길을 묻고 잘못 갔다가 되돌아오기를 반복하던 어느 순간, 마침내 짙은 회색의 성벽과 탑들이 우뚝 솟아 있는 탈린 구시가지가 눈앞에 펼쳐졌다. 조금 전까지만 해도 각진 빌딩들, 현대적인 쇼핑센터로 대표되는 급속한 현대에서 갑자기 모든 것이 느리게 흘러가는 중세로의 놀라운 시간 이동이자 공간 이동이었다. 아스팔트 도로가 아닌 돌들이 박힌 길바닥에서 벌써 중세의 시간이 확연히 느껴졌다.

바나 투르그^{Vana Turg} 거리에 들어서자 이제 현대적인 시각 요소는 완전히 사라지고 건물의 형태나 식당의 종업원들의 복장까지도 완연한 중세의 느낌이었다. 탈린에서 가장 유명한 중세 식당인 올데 한자^{Olde Hansa} 앞에는 완전한 중세식 복장을 한 종업원들이 옛날 나무 수레에서 예전 그대로 수작업으로 아몬드를 달콤한 설탕과 계피소스에 버무리고 볶아 팔고 있었다. 한 봉지 사서 먹어 보니 이제껏 먹어본 아몬드 중에 최고로 맛있었다. 중세의 유명 요리사인 바르톨로메오 사키^{Bartolomeo Sacchi}는 아몬드에 대해 이렇게 말했다고 한다. "만일 당신이 말린 아몬드를 다섯 개만 먹으면 그 아몬드가 술에 취하지 않게 해줄 것이다. 아몬드 오

화려하게 채색된 카페의 문은 탈린의 골목을 작은 갤러리로 탈바꿈시킨다.

일은 연약한 사람과 피곤한 사람들에게 영양분을 공급해준다."(올바른 즐거움과 건강에 관해, 1470)

올데 한자를 지나 구시청사 광장으로 향했다. 눈부시게 푸르른 하늘과 중세식 건물들이 사면을 에워싼 중세 광장에는 소박한 노점상들이 펼쳐져 있었다. 기념품보다는 일상 생활용품들이 더욱 많은 노점상들이 주로 현지인들을 대상으로 장사를 하고 있었다. 그저 소박한 삶의 모습이었다. 여행 중에 벌레에 물렸는데 좀처럼 아물지 않아 약을 사기 위해 광장 구석에 있는 약국에 들렀다. 마치 약제 박물관처럼 고풍스러운 약국의 내부 인테리어는 절로 오랜 세월이 느껴졌다. 알고 보니 1422년부터 한 집안이 10대째 영업을 하고 있는 에스토니아에서 가장 오래된 약국이었다.

가만히 살펴보면 마치 중세 영화 속 마법사의 실험실처럼 신비스러운 느낌마저 드는 곳이다. 이곳에서 그 옛날 고양이피, 생선눈, 유니콘 뿔로 만들어진 파우더를 정력제로 팔았는데 그 당시 유니콘을 너무 많이 잡아서 현재 유니콘의 씨가 말랐다는 우스갯소리 같은 전설도 전해온다. 온갖 약재와 약초들이 서랍장에 진열되어 있어서 굳이 약을 살 필요가 없는 건강한 여행자들도 자주 약국 문턱을 넘나들었다. 약국의 주인장도 여행자들을 성가시게 여기기보다는 반가운 미소로 맞아주며 안쪽도 구경하라며 친절을 베풀었다. 새삼 중세의 모습만이 아닌 따스한 사람의 인정이 느껴져 탈린에서의 여정이 더욱 즐거워지기 시작했다.

여행자의 발길이 닿는 탈린의 골목마다 오랜 세월의 더께가 내려앉아 있었고, 옛 시간이 오래도록 머물러 있었다. 낡은 듯 빛바랜 벽들과 카페의 문들은 오히려 더욱 정감 있는 풍경으로 여행자의 마음을 사로잡았다. 카페의 문이나 창문은 화려한 그림으로 채색되어 마치 그 자체로 하나의 그림이요, 액자였다. 그래서 골목길을 걷다 보면 작은 갤러리에서 그림을 감상하는 듯한 착각에 빠져들었다.

이제 방향을 바꿔 1219년 덴마크가 최초로 요새를 건설한 지역이자 탈린의 탄생지인 톰페아Toompea 언덕으로 향했다. 언덕으로 향하는 길의 한쪽 벽을 따라 거리의 화가들이 자신들의 작품을 걸어놓고 여행자들을 대상으로 그림을 팔고 있었다. 차가운 벽면과 따스한 색감의 그림, 일상과 예술이 절묘하게 만나 아름다운 프레임을 만들어내고 있었다.

톰페아 언덕에 올라서 내려다보는 탈린의 풍경은 초록의 나무들과 붉은 중세의 지붕, 그리고 새파란 하늘과 흰 구름 등 화려한 색채의 조화와 대비로 강렬한 인상을 주었다. 도시 너머 발트해가 펼쳐져 있고 바람이 언덕 위로 가볍게 불어왔다. 도시를 보호하기 위해 만들어진 성벽과 적의 침입을 관측하기 위해 세워진 성벽들은 이제는 중세도시 탈린을 아름답게 만드는 스카이라인을 이루고 있었다. 톰페아 언덕에서 내려오다가 성 광장Lossi Plats에 도착했다. 현재 에스토니아 국회로 사용되는 톰페아 성 맞은 편에 우뚝 서 있는 알렉산드르 넵스키 교회는 19세기 에스토니아를 지배한 제정 러시아 차르의 권력을 보여주는 러시아 정교회 건물이다. 세 개의 큰 원형 돔이 인상적이고, 지금도 수많은 교회 신도들과 관광객들이 끊임없이 교회를 방문하고 있었다.

탈린의 중세 풍경에 푹 빠져 시간 가는 줄 모르고 지내다보니 어느덧 허기진 배가 신호를 보내왔다. 고민할 필요도 없이 탈린에서의 첫 번째 식사는 바로 올데한자로 결정했다. 식사 시간이 가까워서인지 올데 한자 주변은 벌써 한껏 흥겨운 분위기였다. 올데 한자 입구와 주위에는 중세 복장의 아가씨들이 피리도 불고, 의자에 앉아 식당의 허드렛일을 하면서 웃으며 수다를 떨고 있었다. 그 모든 풍경이 너무나 자연스러워서 마치 생생하게 살아 있는 중세의 시간이 내 앞에 존재하는 것처럼 느껴졌다. 식당 입구에서 기웃거리자 허리에 하얀 수건을 착용하고 머리에 두건을 쓴 두 아가씨가 들어오라며 손짓을 한다. 중세식 술병을 내밀며 나를 위해 기념촬영도 해주었다. 나는 그 옛날 한껏 흥에 취하고 술에 취한 호탕한 중세의 한 남자처럼 두 여인을 각각 팔에 안고 기념촬영을 했다.

입구에서부터 중세의 감성을 느낄 수 있는 올데 한자. 은은한 조명이 운치를 더한다.

올데 한자 안으로 들어서자 마치 중세 영화의 세트장에 들어온 것처럼, 아니 진짜 중세의 한 식당에 들어온 것처럼 내부 인테리어와 식탁, 의자, 종업원들의 의상, 천정과 벽, 길게 드러난 나무 대들보, 그리고 중세식 글자체로 된 메뉴판에 이르기까지 모든 것이 과거로 되돌아간 모습이었다. 탈린의 황금기에 한자동맹에 연합된 상인들이 이곳에 들러 호탕하게 웃으며 식사를 하는 모습이 저절로 연상되었다. 식당 내부의 모든 조명도 전기가 아닌 촛불이고 조금 어두컴컴한 분위기가 더욱 운치 있었다. 메뉴판에 적힌 메뉴들도 요리에 관한 정보와 유머가 가득 넘쳤고, 마치 중세 시대의 책을 읽듯이 고어체로 된 메뉴판을 읽는 것은 조금 난해하면서도 즐거웠다.

'대상인의 연회 Grand Merchant's Feast'는 분명 대식가를 위한 것이고, 'Grand beef of the Mighty Knight'는 힘센 기사를 위한 넉넉한 양의 소고기 요리일 것이다. 'Town Councilman's Game Feast'는 시의원의 사냥감으로 요리를 했다는 얘기일 것이다. 물론 지금은 그렇지 않겠지만 메뉴 하나하나에도 중세의 이야기들이 깃들어 있는 올데 한자는 여행자들에게 스트레스 가득한 현재에서 벗어나 중세의 일상을 살짝 엿볼 수 있는 소중한 기회를 제공한다. 한참을 고민하다가 '귀족의 표고버섯 소스가 곁들여진 훈제 프랑스식 돼지고기 안심 Nobleman's Smoked Fillet Mignon in Forest Mushroom Sauce' 요리를 선택하자 씩씩한 목소리의 여종업원이 "Good choice!"라며 엄지를 치켜세웠다. 잠시 후에 둥그런 나무접시에 고기 요리와 사이드 메뉴인 밥과 간단한 채소, 그리고 만두 하나가 곁들여 나왔다.

맛과 분위기, 호탕한 종업원들의 웃음소리와 중세의 음악이 연주되는 올데 한자에서의 저녁식사는 탈린에서의 첫날밤을 마치 중세에서 하루를 보낸 듯한 느낌으로 한껏 충만하게 채워주었다. 그 흥겨움을 가슴에 안은 채 탈린의 골목길을 정처 없이 걸어다녔다. 어차피 이 아름다운 도시 안에서 헤맨다 할지라도 성벽으로 둘러싸여 있기에 크게 걱정할 필요는 없었다. 그렇게 구시가지의 입구에

해당하는 비루^{Viru} 문까지 걸었다. 꽃가게들이 모여 있는 비루문에서는 온갖 향기로운 꽃향기가 탈린의 저녁 공기를 가득 채웠다. 수많은 카페와 레스토랑에서 여행자들은 웃음꽃을 피웠고, 여유로운 시선으로 탈린의 아름다움에 취해 거리를 배회하고 있었다. 깊어가는 밤과 따스한 빛의 가로등이 켜지는 시간 속에서 비루문과 올데 한자 골목, 구시가지 광장을 거닐었다. 소란스러움은 사라지고 카페 테이블마다 소곤소곤 속삭이는 여행자들의 여유가 광장과 골목길을 가득 채웠다. 탈린의 밤은 그렇게 오묘한 마술처럼 신비롭게 깊어가고 있었다.

다음 날, 발트해 연안의 도시답게 수시로 온갖 배들과 대형 유람선이 드나들고 정박하는 항구의 모습이 궁금했다. 구시가지 입구인 비루 문을 지나서 무작정 항구를 향해 걸었다. 그 옛날 야만스러운 바이킹족들이 약탈을 하며 오가던 바다, 그리고 중세에는 독일의 십자군들이 쳐들어왔으며, 제2차 세계대전의 시발점이 되었던 이 바다는 이제는 수많은 여행자들이 찾아오는 평화와 기쁨의 장소가 되었다. 결국 이렇게 잔잔하고 푸른 바다를 바라보는 사람들의 마음에 따라 세상은 전쟁의 공간이 될 수도, 평화의 대지가 될 수도 있다. 거대한 유람선이 정박해 있는 항구에서 바라보는 탈린은 한가로이 흘러가는 흰 구름과 초록의 나무들, 뾰족한 탑들과 교회의 첨탑들이 만들어내는 스카이라인으로 평화로움 그 자체였다.

다시 구시가지로 돌아오는 길, 배낭에 붉은 장미꽃 한 송이를 메고 다정히 손을 잡고 걸어가는 두 연인의 모습이 보인다. 사랑으로 걸으면 어느 곳인들 기쁘지 않으랴, 따스한 체온이 마음에서 마음으로 전해지는 손을 잡고 걸으니 무엇이 두렵겠는가. 그렇게 뜨거운 심장을 안은 사람들이 걸었을 그 길을 걸어본다. 구시가지 광장의 모퉁이 계단에 앉아 끊임없이 오가는 사람들의 모습을 말없이 지켜 보았다. 저마다 기대와 호기심, 열정을 담은 표정으로 광장을 오가고 있었다. 소란스럽게 오가는 사람들에게는 아랑곳하지 않고 독서삼매경에 빠져 있는 아가씨의 모습이 아름다웠다.

탈린에서의 마지막 식사를 위해 올데 한자의 라이벌인 페퍼색Peppersack으로 향했다. 워낙 손님이 많아서 낮시간에 미리 예약을 해두었다. 문을 열고 들어서자 올데 한자에 못지않게 중세적인 느낌의 인테리어가 눈에 들어왔다. 우아한 샹들리에와 나무들보가 천정을 가로지르고, 돌기둥들이 군데군데 천장을 받치고 있으며, 중세 기사들이 자리를 잡고 앉았을 법한 긴 나무 식탁들이 늘어서 있었다. 중세 복장의 직원은 나를 2층 난간 옆자리로 안내해주었다. 조금 있으면 놀라운 일이 벌어질 거라며 한쪽 눈을 찡긋하며 살짝 귀띔을 해주는 것도 잊지 않았다.

주문을 하고 얼마 지나지 않아 입구 쪽에서 시끌벅적한 소리가 나면서 수십 명의 단체손님들이 들어왔다. 그렇게 넓은 1층 홀의 테이블이 금세 들뜬 여행자들로 가득 채워졌다. 잠시 후 내가 앉은 2층 난간 테이블 앞으로 아라비안나이트에 등장할 법한 요염한 복장의 아가씨가 등장했다. 뒤이어 중세 복장을 한 2명의 술 취한 기사가 나타났다. 서로 여인을 차지하려고 몸싸움을 시작하더니 급기야 칼싸움으로 커졌다. 그들은 2층 나무 계단에서 엎치락뒤치락 서로를 제압하기 위해 멋진 검술을 펼치며 활극을 보여주었다. 식사를 하던 사람들은 모두 흥미진진한 표정으로 그들의 검투를 바라보았다. 결국 두 사람은 한 중재인이 술을 권하면서 서로 화해를 하고 건배를 하며 해피엔딩으로 결말을 맺었다. 사람들은 기꺼이 그들에게 박수갈채를 보냈다.

곧이어 1층 홀에는 에스토니아 전통 복장을 한 남녀 무리가 나와서 경쾌한 전통 무용을 선보였다. 페퍼색은 단순한 식당이 아닌 열기 가득한 하나의 공연장이 되었다. 와인잔을 손에 든 여행자들은 와인에 취하고 공연의 매력에 취해서 식당 내부를 들뜬 열기로 가득 메웠다. 샹들리에 불빛처럼 환한 미소가 사람들의 얼굴에 가득했다. 그저 그 풍경을 바라보기만 해도 인생이 참 즐겁다는 생각이 절로 들었다. 민속춤 공연이 끝나자 공연단은 손님들을 몇 명 불러내어 모자 돌리기 게임도 하면서 식당을 찾아온 여행자들의 흥취를 돋우었다. 더할 나위 없이 만족

우아한 샹들리에 아래 탈린 주민들과 여행자들이 하나되어 여유를 즐긴다.

스러운 탈린에서의 마지막 만찬이었다.

　식당을 나와 천천히 어둠이 내린 탈린의 구시가를 걸어 다녔다. 자연스레 발길은 구시가의 중심인 구시청사 광장으로 향했다. 한여름인 8월인데도 밤이 되자 북극에 좀 더 가깝다는 이유 때문인지 탈린의 밤공기는 차가워졌다. 그 차가운 밤공기를 타고 발트해의 신비로운 전설들이 탈린의 어두워진 골목골목을 배회하고 있었다. 그 옛날 바이킹들의 전설과 튜톤 기사단의 이야기들, 그리고 수많은 뱃사람들의 모험담들, 한자동맹의 상인들이 그들의 무역선에 함께 싣고 왔을 수많은 이야기들이 지금도 어느 선술집에서 전해지고 있을 듯한 신비로운 밤이었다.

　광장의 한 카페 노천 테이블에 앉아 탈린의 마지막 밤을 좀 더 응시하고 싶었다. 내 자신이 그 옛날 바이킹의 시대, 기사단의 시대를 살았다면 어땠을까. 한자동맹의 무역선을 타고 세상을 떠돌아다녔으면 어땠을까? 영원히 계속될 것만 같은 탈린의 깊어가는 밤. 어느새 차갑게 식어버린 커피를 한 잔 들이키자 마치 몽롱한 꿈에서 깨어나듯 다시금 현실로 돌아왔다.

탈린

◆ 발트해의 핀란드만 연안에 있는 항만 도시

에스토니아의 수도이자 발트3국 중에서 단연 여행자들의 사랑을 받고 있는 보석 같은 중세 도시다. 옛 모습 그대로 잘 보존된 구시가지는 마치 중세로 되돌아간 듯한 착각을 불러일으킨다. 리가에서 버스로 5시간 정도 소요된다. 유럽의 주요 도시에서 항공편으로 연결된다. 버스터미널에서 구시가까지는 상당히 거리가 멀기 때문에 버스나 트램을 이용해 이동하는 편이 좋다.

볼거리
- ◆ 구시청사와 시청 광장Raekoja plats 주변 골목 산책하기
- ◆ 탈린 전망과 발트해가 내려다보이는 톰페아 언덕 오르기
- ◆ 탈린의 성벽길을 따라 걸으며 성벽 가게 구경
- ◆ 중세 식당 올데 한자와 페퍼색에서의 만찬과 중세시대 체험

잠자리
신시가와 구시가는 거리가 꽤 되기 때문에 숙소는 구시가 안에 있는 곳을 선택하는 편이 좋다. 중세 주택을 예쁘게 단장한 분위기 있는 숙소들이 많다. 특히 요즘은 유스호스텔들도 치열한 경쟁 속에 많이 생겨나고 있어서 여행자들의 선택의 폭이 넓어졌다. 탈린 관광 정보 웹사이트를 방문하면 그 모든 목록과 자세한 정보를 확인할 수 있다. 여름 성수기에는 미리 예약을 해두기를 권장한다. www.tourism.tallinn.ee

먹을거리
- ◆ 올데 한자(Olde Hansa, Vana Turg 1, Tel. +37 2 627 9020, www.oldehansa.com)
탈린을 대표하는 중세 식당. 올데 한자에 들어서면 마치 15세 한자동맹 상인의 집에 넉넉한 환영을 받으며 들어서는 듯하다. 촛불로만 조명을 해서 실내가 조금 어둡긴 하지만 든든히 속을 채우는 고기류의 식사와 향긋한 와인을 맛보며 진짜 중세의 시간 속에 들어선 듯한 착각이 드는 곳이다. 특히 식당 앞에서 직원들이 직접 설탕과 계피소스를 버무려 볶아서 파는 아몬드는 간식거리로 일품이다.
- ◆ 페퍼색(Peppersack, Viru 2/Vana turg 6, Tel. +37 2 646 6800, www.peppersack.ee)
올드마켓Vana Turg의 대로를 사이에 두고 올데 한자와 경쟁하듯 자리잡은 중세식당이다. 중세를 재현한 느낌에서는 올데 한자와 비슷한데, 매일 저녁 8시에는 한 여인을 두고 두 명의 기사가 중세식 검투대결을 벌인다. 탈린 카드가 있으면 일부 메뉴를 10% 할인해준다.

Part 5

체코
the Czech Republic

다채로운　　문화가　　피어오르다

6년만의 재회, 그리고 잠 못 드는 밤
프라하

카프카의 영혼과   골목길을 서 성 거 리 다

Ⅰ. 프라하, 6년만의 재회

◆　　　　　　　　희미한 어둠 속에서 시계를 보니 새벽 5시를 가리킨다. 침대 머리맡으로 보이는 창밖은 이미 사물의 윤곽을 다 가늠할 수 있을 정도로 어슴푸레 동이 터오고 있었다. 지난밤, 프라하Prague는 나를 깊이 잠들지 못하게 했다. 전날 프라하에 도착하자마자 기나긴 비행의 피로도 잊고 밤이 새도록 구시가지 광장Staromestske nam과 카를교Karluv most, 골목길을 정처 없이 돌아다녔다. 실로 6년만이었다. 프라하는 여전히 아름다웠다. 아니 아름다웠다는 말로 표현할 수 없는 마법 같은 매력이 정신을 몽롱하게 했다. 모두가 잠든 틴호스텔Hostel Tyn의 현관문을 살짝 열고 마치 마법에 취해 자신도 모르게 숲길로 향하는 '헨젤

과 그레텔Hänsel und Gretel'처럼 프라하의 새벽 거리로 나섰다. 부지런한 비둘기들이 마치 까마귀떼처럼 검은 궤적을 남기며 틴 성당Makta Bozi pred Tynem 위를 날아 광장을 가로지른다. 새벽의 구시가지 광장은 인적 없이 텅 비어 있었다. 늘 가득 채워져 있던 공간이 비워지자 비로소 가슴 깊이 편안하게 숨을 쉴 수 있게 되었다. 길이 나타나면 그저 마음 가는 대로 걷는 새벽 산책길, 그 고요한 새벽 공기 속에서 오직 프라하와 나만이 가슴으로 서로를 느끼고 있었다.

얼마 걷지 않아 잔잔한 블타바Vltava 강 위로 오랜 세월의 역사를 안고 있는 카를교가 나타났다. 대로 같은 카를교 위에서 프라하 성Prazsky hrad을 바라보았다. 마침내 아침 햇살이 비치기 시작하고, 그 빛 속에서 카를교와 웅장한 동상들, 붉은 지붕의 프라하 성이 저마다 자신의 빛깔을 발했다. 이럴 때 보면 스스로는 결코 빛을 낼 수 없는 존재가 바로 인간이 아닐까 싶다.

카를교 아래 아직 문을 열지 않은 어느 강변 카페에 들렀다. 체코가 자랑하는 음악가 스메타나의 박물관Museum Bedricha Smetany이 있는 곳이다. 몰다우 강과 카를교, 프라하 성이 파노라마처럼 눈앞에 펼쳐졌다. 6년 전 프라하를 떠나는 그 순간부터 프라하에 다시 올 꿈을 꾸었다. 꿈은 분명 현실이 될 수 있기에 아름다우며, 그 힘 또한 강렬한 듯하다. 카페가 문을 열면 꼭 이곳에 앉아 향기로운 커피 한 잔 마시리라 다짐하며 발길을 돌렸다. 이른 아침 산책을 마치고 틴호스텔로 돌아가는 길에 구시가 광장 뒤편에 있는 채소시장을 들렀다. 그곳에 있는 현지 식료품점에서 아침거리로 간단히 장을 봤다. 감자, 양파, 오이와 소시지가 오늘의 아침 재료다.

호스텔 주방에서 밥 대용으로 구수한 누룽지를 냄비에 끓이고, 감자와 양파, 소시지는 프라이팬에 볶았다. 부스스한 얼굴로 빵에 버터와 잼을 의무적으로 발라먹던 푸른 눈동자의 여행자들은 식탁에 차려진 나의 아침식사를 보고는 엄지손가락을 치켜세우며 "원더풀"을 연발했다.

오랫만에 재회한 프라하는 첫사랑인 듯 그렇게 떨림으로 다가왔다.

구시가지 광장을 유유히 맴돌다가 높은 탑에서 내려다본 풍경이 궁금해져 구시청사 Staromestska radnice 탑으로 올라갔다. 푸른 여름날의 태양은 눈부시게 빛났고, 붉은 도시 위로 파란 하늘이 펼쳐졌다. 구시청사 탑의 아치는 멋진 프레임이 되어 프라하의 붉은 지붕들을 품어주었다. 신의 지혜가 깃든 자연도 아름답지만, 인간이 건설한 도시도 분명 아름다울 수 있음을 구시청사 탑 꼭대기에서 절감할 수 있었다. 탑 아래를 내려다보자 두 마리의 말이 이끄는 마차가 천문시계 Orloj 앞길을 곡선을 그리며 돌아나간다. 6년 만에 재회한 프라하는 첫사랑인 듯 잔잔한 떨림으로 다가왔다. 그렇게 한참을 불어오는 바람 속에 서 있었지만 왠지 모를 아쉬움에 좀처럼 지상으로 내려오지 못하고 탑에서 맴돌았다.

그러나 이제 프라하의 품으로 들어가야 할 때다. 아쉬움을 가득 안은 채 구시가지 광장을 벗어나 몰다우 강변을 따라 걸었다. 빗방울이 한두 방울 떨어지더니 갑자기 세찬 소나기로 바뀌었다. 소나기를 몰고온 거친 바람이 강변에 휘몰아쳤다. 푸른 하늘 아래 다채롭던 색채의 프라하는 사라지고, 어느새 회색빛 톤으로 변신해 있었다. 윙윙거리는 몇 마리 벌들조차도 거센 비를 피해 나무 아래로 모여들었다. 하지만 나는 거세게 쏟아지는 빗방울을 꿋꿋이 맞으며 강 건너 프라하 성을 바라보면서 블타바 강변길을 걸었다. 미처 비를 피하지 못한 사람들이 간혹 강변 노천카페 테이블을 차지하고 있었다.

소나기가 쏟아져도 우산 하나 펼치지 못한 연인에게는 아무런 문제가 되지 않았다. 빗방울들의 갈채 속에 빗속의 키스는 더욱 달콤하고, 흐린 풍경 속에 그 속삭임은 더욱 감미롭게 연인의 마음을 사로잡을 것이다. 여행길의 소나기는 들뜨기만 하는 여행자의 과열된 심장을 식혀주며, 찬찬히 길을 걸어가라 말한다. 여행길에 소나기를 듬뿍 맞아본 사람만이 먹구름 사이를 뚫고 나오는 햇살의 고마움을 알 듯 아프게 울어본 사람만이 인생의 소중함을 알게 되겠지. 그렇게 소나기 쏟아지는 몰다우 강변길을 나는 멈추지 않고 계속 걸었다. 분명 프라하가 여행자들에게 알 수 없는 마법의 주문을 걸어 그 마음을 빼앗아간 것이리라.

높은 언덕 위에 위치한 프라하 성에 오르자 블타바 강과 카를교를 비롯해서 프라하 구시가지가 시원스레 펼쳐졌다. 성 바로 아래에 위치한 카페는 따뜻한 햇살과 느긋한 여유가 가득했다. 눈을 크게 뜨고 바라본 프라하는 물론, 카메라 프레임으로 살짝 엿보는 프라하도 숨이 막힐 만큼 황홀했다. 문득 프라하 성벽에 걸터앉아 화구들을 옆에 놓고 프라하를 내려다보며 그림을 그리는 한 남자가 프레임에 들어왔다. 내게도 그림을 그리는 재주가 있었으면 얼마나 좋았으랴.

하지만 나는 가난한 글쟁이와 사진가, 그리고 언제나 소심한 여행자일 뿐이다. 갑자기 세상의 수많은 것들을 소유한 이들이 부러워졌다. 좋은 카메라를 소유한 사진가들이 부러울 때도 있고, 값비싼 렌즈를 뽐내는 그들이 부러울 때도 있다. 그중에서도 가장 부러운 건 프레임을 잡아내는 그 시선이었다. 이렇게 아름다운 도시를 눈앞에 두고 행복을 추억하다가 자괴감에 빠져드는 이 모순이란……. 하얀 도화지 한 장, 펜 하나를 들고 자신의 그림에 몰두한 화가를 보면서 나도 그처럼 최선을 다해 사진을 찍고 있는지 자문해 보았다. 다시금 눈을 들어 카메라로 풍경을 바라보았다. 수많은 이야기와 비밀들을 간직한 세상이 눈앞에 있었다.

빗방울들의 갈채 속에 빗속의 키스는 더욱 달콤하다.

푸른 하늘 아래에서 중세의 위용을 가득 품고 있는 성 비타 성당.

프라하 성 한가운데에 우뚝 솟은 성 비타 성당 Katadrala sv. Vita은 내 앞에 강인한 의지로 서 있었다. 첫 만남의 추억은 엄청난 위압감이었다. 사람은 자신이 바라보는 만큼의 세상을 가슴에 품고 살아간다. 또한 자신이 정한 경계를 뛰어넘을 용기가 부족하고, 일상의 울타리를 벗어나는 여행을 주저하며 세월을 흘려보내 버린다. 마치 그 경계를 넘어서면 죽을 듯한 생각에 감히 한 걸음도 내딛지 못하고 세월만 흘려보내다가 후회의 늪에 빠져 허우적거린다.

하지만 다시 만난 그 풍경은 내게 강해지라고 말해주었다. 자꾸만 동굴처럼 어두운 자신의 내면으로 향하는 시선을 힘겹게 들어 하늘을 바라보았다. 풍경이 내게 말을 걸어오고, 하늘이 내게 미소를 지었다. 프라하 성벽에 기대 앉아 오랫동안 성 비타 성당과 하늘만 쳐다보았다. 나에게로 향하는 시선을 돌려 구도자처럼 수백 년이나 된 성과 그보다 더 오랜 영원의 시간 동안 존재해온 하늘이 전하는 말을 듣고자 귀를 세웠다. 시간은 흐르고, 여행자는 그 세월 속에 늙어가겠지만 프라하 성은 더욱 오래 남아서 또 다시 후대에게 그 전설의 언어들을 전해줄 것이다.

새벽에 들렀던 스메타나 박물관 앞 강변 카페를 다시 찾았다. 그곳에는 눈부신 햇살과 푸른 하늘이 쏟아지고 있었다. 그 카페에 앉아 향긋한 커피 한 잔을 마시면서 아름다운 프라하의 운치에 한껏 빠져들었다. 커피 한 모금을 마시고 고개를 들어 블타바 강과 그 위를 가로지르는 카를교를 따라 시선이 흘러갔다. 카를교가 끝나는 지점에서 자연스레 시선은 프라하 성으로, 프라하의 하늘로, 그 하늘 뭉게구름을 따라 하염없이 흐르다 지상에 내려와 머무르곤 했다. 카를교 위로 예수상이 하늘 높이 솟아오르고, 프라하 성은 아득히 빛나고 있었다.

늦은 오후의 햇살 속에 카를교의 공연자들은 고단한 연주를 잠시 멈추고 가방에서 와인 한 병을 꺼냈다. 그러더니 서로 와인병을 돌리며 한 모금의 와인을 쭈욱 들이켰다. 그 와인이야말로 세상 최고의 맛을 지닌 것이 아닐까? 와인이 주는 힘을 얻어 그들은 다시 연주를 시작했다. 오후 햇살 속에 그림자가 길게 늘어지고 햇살은 긴 밤의 이별을 앞두고 카를교 위 사람들을 따스하게 감싸주었다. 황금빛 찬란한 햇살 속에 연인은 프라하 성을 바라보며 영원한 사랑을 약속한다.

또 다시 구시가지 광장으로 발길을 향했다. 아니, 그저 걷다 보니 나도 모르게 자연스레 구시가지 광장으로 닿게 되었다고 보는 것이 옳을 것이다. 중세의 거리가 그대로 살아 있는 구시가지 광장을 막 휘돌아 나오는 마차의 말발굽 소리가 유난히 또각또각 귀에 울려왔다. 구시가지 광장을 거닐다보면 마치 타임머신을 타고 중세로 돌아간 듯한 착각이 든다. 여행은 단순한 공간의 이동만이 아닌 시간 여행이기도 하다는 생각이 더욱 강렬해졌다.

틴 성당과 달리Dali와 무하Mucha의 갤러리, 그리고 노천카페가 만들어내는 풍경은 그 자체로 한 폭의 예술작품이 되어 강렬한 이미지로 뇌리에 각인되었다. 광장에 세워진 마차를 타면 과묵한 마부가 어딘지 알 수 없는 시간 속으로, 미지의 공간으로 여행자를 데려 갈 것만 같다. 눈앞에 펼쳐지는 풍경 앞에서 나는 지금까지 살아왔던 세계를 잊었다. 아등바등 스트레스 속에서 알 수 없는 목표를 향해 달음박질하던 분주한 일상도 잊고, 이제 누구도 알 수 없는 미지의 시간 속으로 대담하게 성큼 걸어 들어갔다.

저녁 시간, 모차르트, 바흐Bach, 차이코프스키Tchaikovsky, 드보르작Dvorak, 스메타나Bedrich Smetana를 비롯한 유명한 음악가들의 작품을 연주하는 음악회를 찾아갔다. 저녁이면 구시가지 곳곳에 있는 성당에서 다양한 음악회가 펼쳐지곤 한다. 나는 카를로바Karlova 1번지 생 클리멘트St. Climent 성당에서 하는 프라하 바로크 콘서트를 예약해 두었다. 왕의 대관 행렬이 지나간 '왕의 길Royal Path'가에 있는 성당에 도착하니 이미 수십 미터의 긴 줄이 늘어서 있었다. 천장과 벽면에 아름다운 프레스코화가 그려진 성당의 실내에서 울려 퍼지는 선율은 사람들의 귀를 통해 영혼까지 파고들었다. 음악의 선율에 취해 광장 한 구석에 앉아 저녁이 내리는 프라하를 멍하니 바라보았다. 광장은 어느새 오렌지빛 가로등이 불을 밝

히고 푸른 색감을 머금은 밤의 장막으로 뒤덮이기 시작했다.

낮에는 급하게 걷기 바쁘던 여행자들의 움직임이 밤이 되자 풍경과 하나되어 느긋해졌다. 한 시간이고 두 시간이고 광장 담벼락에 기대어 프라하의 밤을 음미하며 행복에 젖어든다. 밤이 내리는 프라하의 구시가지는 그대로 한 편의 예술 작품이었다. 예기치 못한 일들로 가득한 일상의 걱정은 잠시 접어두고 지금은 내 앞에 펼쳐진 프라하 밤 풍경을 온 마음으로 누려보리라.

그렇게 얼마의 시간이 지났는지 모른다. 아니, 시간의 흐름은 내게 더 이상 중요하지 않다. 프라하의 그 밤 속에 내가 있다는 사실, 프라하와 내가 함께하고 있다는 그 사실만이 의미가 있었다. 프라하의 밤은 그렇게 따스하게 내 마음을 위로해 주었다. 시선이 향하는 곳마다 그 어떤 화가의 작품보다 아름답게 펼쳐지던 프라하의 밤은 고단한 내게 속삭였다. '아름다운 여행이라고, 인생도 그렇게 아름다운 거라고……'

Ⅱ. 프라하를 사랑한 영혼, 카프카

◆   프란츠 카프카Franz Kafka. 그를 말하지 않고 프라하를 얘기할 수 있을까. 그는 프라하를 너무나 사랑했고, 프라하에서 태어나 프라하에서 짧은 생을 마감했다. 내가 머물고 있던 틴호스텔 복도 벽면에 카프카의 발자취를 찾아볼 수 있는 프라하 내의 명소와 그에 관한 설명이 붙어 있었다. 여행자들이 무심코 지나치는 카프카 거리에는 그의 얼굴 조각상이 특별한 표시도 없이 벽에 붙어 있었다. 유대인이라는 정체성을 평생 짊어지고 살아간 카프카, 언제나 파고들면 들수록 오리무중인 삶의 의미와 자신의 정체성, 그리고 우울과 불안, 소외……. 어찌 보면 위대한 예술가들은 언제나 불행한 운명을 타고나는 것이 아닐까.

　이런저런 생각으로 유대인 지구에 있는 카프카의 동상 앞에서 한참 동안이나 앉아 있었다. 가슴 부분이 뻥 뚫려 있는 그의 조각상이 공허한 인간의 마음을 드러내는 듯했다. 결핵으로 40대 초반에 운명한 카프카는 1924년 프라하-지즈코프Prague-Žižkov에 있는 신유태인 공동묘지에 매장되었다. 담장 너머로 바라본 유태인 묘지에는 이름 없는 묘비들이 가득했다. 산 자와 죽은 자가 담장 하나 사이로 공존하고 있었다.

　카프카의 발자취를 따라 걷던 발걸음은 블타바 강변 한적한 곳에 자리 잡은 카프카 박물관까지 이어졌다. 이제 'K' 하면 떠오르는 말이 당연히 'Kafka'임을 시위하듯 커다란 'K'자 조형물을 박물관 입구에 세워놓았다. 그 옛날 카프카의 불안과 고독, 소외는 오늘날의 화려한 프라하 속에서는 찾기 어렵다. 하지만 누구나 자신의 가슴 속을 들여다보면 말로 다하지 못하는 고독과 소외, 불안감이 내재되어 있다. 그런 소외를 이기기 위해 열정적인 사랑을 하고, 무언가에 자신의 모든 걸 쏟아 붓는다. 하지만 끝을 알 수 없는 동굴처럼 인간의 깊은 본질 속에는 운명 같은 고독이 있고, 떨쳐낼 수 없는 소외가 자리 잡고 있다. 그의 발자

취를 따라갈수록 점점 미로와 같은 막막함이 나를 가로막고 있는 듯했다. 카프카의 발자취를 찾는 한낮의 여정은 막막한 밤길을 걷는 듯 그렇게 더디고 힘겨웠다.

내일이면 또 다시 미지의 도시로 떠나야 하는 여행자의 발걸음은 더욱 분주해졌다. 그래서 조금은 빨라진 걸음걸이로 다시금 프라하 성으로 향했다. 프라하를 다시 찾아오는데 6년의 시간이 걸렸다. 다시 떠나면 언제 올지 모르는 내게 프라하는 바라만 보아도 애틋한 공간이다. 낮에 프라하 성 매표소에서 일하던 직원이 내게 저녁 6시 이후에는 황금소로 Zlata ulicka를 무료로 개방한다는 귀띔을 해 주었다. 카프카가 살았던 황금소로 22번지……. 화려한 프라하 성과 위엄 가득한 성 비타 성당 옆 낮고 낮은 골목길, 그 색색의 황금소로에 카프카가 살며 작품을 썼던 작은 파란집이 있다. 고등학교 시절 문학도를 꿈꾸며, 독서광인 한 친구와 카프카의 《변신Die Verwandlung》을 얘기하던 그때, 내 가슴 깊숙이 카프카의 이름은 각인되었다. 그리고 무수한 세월이 흘러 마침내 그가 존재했던 곳을 찾게 되었다.

점점 사위에 내리는 어둠이 여행자의 발걸음을 재촉했다. 황금소로를 걸어 나오다가 아쉬움에 다시 한 번 몸을 돌려 아름다운 그 길을 담았다. 프라하 성의 한쪽에서는 뮤지컬 공연이 흥겹게 펼쳐지고 있었다. 하지만 이제 이 밤이 지나면 언제 또 프라하를 찾을지 알 수 없다. 날이 밝기 전, 다리가 아플 때까지 조금이라도 더 프라하의 밤길을 걷고 싶었다. 성 주변 언덕에는 포도원이 가꿔져 있고, 와인 레스토랑이 운치 있게 블타바 강을 내려다보고 있다.

그 비탈길을 걸어 내려오는데, 향긋한 와인의 향기가 콧속으로 흘러들어왔다. 시선이 향하는 곳마다 꿈꾸던 프라하가 존재하고 있었고, 프레임에 담기는 풍경마다 소망하던 프라하가 새겨지고 있었다. 프라하 성 언덕길을 내려와 블타바 강에 있는 이름 모를 다리 위를 걷다가 문득 뒤를 돌아보았다. 마지막 푸른빛을 머금은 하늘과 신비로운 조명 속에 빛나던 프라하 성, 황금빛 도로가 어우러져 자꾸만 내 발길을 붙잡는다. 마치 신의 명령을 어기면서까지 떠나온 도시를 돌아본 롯의 부인처럼 프라하의 눈부신 야경 앞에 나는 하나의 새하얀 소금기둥이 되어 있었다. 아, 그러나 현실이 나의 발길을 재촉한다. 또 다른 여정이 나를 기다리고 있기에.

아름다운 프라하를 뒤로하고 무거운 걸음으로 숙소로 향했다. 어느덧 정이 들어버린 낡은 골목길, 등불 하나, 바닥에 빛나는 돌들, 벽에 휘갈겨진 그래피티들, 들어가 보진 않았지만 오가며 늘 반겨주던 가게 간판들······. 정든 도시를 떠나야 하는 여행자의 가슴은 어쩌면 사랑하는 연인에게 버림받은 자의 뒷모습처럼 처량하고 허전하다. 언제나 프라하에서는 깊이 잠들지 못한다. 분명 내일도 어김없이 이른 새벽에 깨어 또 다시 구시가의 어느 골목길을 서성거리고 있겠지.

프라하
◆ 중세 보헤미아 왕국의 영화로운 수도

블타바 강을 가운데 두고 동쪽으로는 구시청사 광장을 중심으로 한 구시가지Stare Mesto, 시나고그가 가득한 유대인 지구Josefov, 바츨라프 광장으로 대표되는 신시가지Nov Mesto 지구가 있고, 서쪽으로는 프라하의 상징인 프라하 성, 성 비타 성당, 스트라호프 수도원이 있는 흐라차니Hradcany 구역과 페트신 공원이 있는 말라 스트라나Mala Strana 지구가 있다.

볼거리
- ◆ 틴 성당, 구시청사, 천문 시계, 얀후스 동상, 화약 탑의 구시가지Stare Mesto 지구
- ◆ 프라하를 대표하는 작가 카프카의 흔적 찾기
- ◆ 프라하의 낭만이 있는 카를교 여유롭게 산책하기, 카를교에서 바라보는 프라하 성 야경 감상
- ◆ 프라하 성과 성 비타 성당, 황금소로, 스트라호프 수도원이 있는 흐라차니 지구
- ◆ 구시가지 곳곳의 성당과 공연장에서 펼쳐지는 다양한 콘서트와 인형극 관람

잠자리
유럽에서 손꼽히는 여행지답게 수많은 종류와 가격대의 숙소가 존재한다. 자신의 예산과 일정에 맞춰 구시가에서 멀지 않은 숙소를 찾아보자.

- ◆ Hostel Tyn(Tynska 19, Tel. +42 224 828 519, www.hostel-tyn.web2001.cz, info@hosteltyn.com)
구시가 광장에서 걸어서 2~3분 거리에 있으며 가격도 적당하다. 틴 성당을 오른편에 두고 골목길을 조금만 걸으면 된다. 구시가지 중심이지만 주위 소음도 없다. 부엌이 마련되어 있어 간단한 요리도 해먹을 수 있고, 무료 인터넷도 사용 가능하다. 공용 샤워실은 각 층마다 있어서 편리하다. 워낙 인기가 많아 미리 예약을 해두는 편이 좋다.

먹을거리
- ◆ Klub Lavka(Novotného lávka 1, Tel. +42 221 082 288, www.lavka.cz)
클럽과 레스토랑을 겸한 곳. 카를교 근처 스메타나 박물관 바로 옆 블타바 강변에 위치하며 노천 테이블에 앉아서 바라보는 프라하 성과 카를교, 블타바 강의 전망이 일품이다. 메뉴가 제한적이지만 덤플링을 곁들인 굴라쉬 요리가 좋다.

- ◆ 3+3+3(Tomasska 6, Tel. +42 257 534 377)
말라 스트라나 광장 근처에 있으며 규모가 그리 크지 않은 서민적인 레스토랑이다. 현지인들이 주로 찾는다. 소고기 굴라쉬, 수프, 샐러드 등이 있으며 적당한 가격에 맛도 좋다.

첫사랑처럼 아련함으로 다가온 그곳
체스키 크롬로프

붉은 지붕 아래 동화를 만나러   가 다

◆ 　　　　　무더운 한여름 오후, 오스트리아 국경마을 그뮌트 Gmünd의 허름한 기차역 식당에서 기름진 슈니첼 한 덩이로 허기를 달래고 있었다. 뜨거운 햇살에 지친 듯 빛바랜 붉은색 열차가 한 칸짜리 허름한 몸을 이끌고 느릿느릿 기차역으로 들어섰다. 나는 별로 서두를 것도 없이 김 빠진 콜라를 들이킨 후 배낭을 메고 열차에 올랐다.

　열차는 특별한 안내 방송도 없이 도둑고양이처럼 살금살금 출발했다. 창밖으로 도시의 경계는 금세 끝이 나고 한적하고 소박한 전원 풍경이 파노라마처럼 펼쳐졌다. 추수가 끝난 들녘에 동그랗게 김밥처럼 말려 있는 짚단들은 듬성듬성 불규칙하게 자리를 잡고 있었다. 문득 저 한적한 들판에 내려 잠시 아무 생각 없이 그저 머물고 싶은 욕망에 사로잡혔다. 공간의 이동 속에 시간은 마치 정지해 있는 듯 묘한 이질감이 느껴졌다. 창밖의 평화로운 풍경은 따스한 햇살처럼 감미롭기만 하다. 자꾸만 늘어지는 감정을 깨우려는 듯 뜬금없이 소나기가 쏟아지더니 또 거짓말처럼 금세 맑게 갠 하늘이 펼쳐진다. 프라하와 더불어 체코를 대표하는 예쁜 소도시 체스키 크롬로프Cesky Krumlov로 향하는 길은 그렇게 단조롭지만은 않은, 달짝지근한 평화로움으로 다가왔다.

체스키 크롬로프 역은 세계적인 명성에 비해 규모가 작은 편이다. 열차를 타고 다른 도시로 떠나려는 여행자들과 기대감에 한껏 들떠 있는 얼굴로 내리는 여행자들이 뒤섞여 상당히 소란스러웠다. 그런 소란스러움을 피하고 싶어 얼른 짐을 챙겨 기차역 밖으로 나와서 지도를 보며 길을 찾았다. 머리 위로 쏟아지는 뜨거운 태양열과 땅에서 솟아오르는 지열로 인해 순간 현기증이 일었다. 일반 주택가의 평평한 도로를 지나서 내리막길을 약간 내려오자 푸른 녹음 사이로 붉은빛 도시가 아련히 모습을 드러냈다. 마치 공연의 시작을 알리는 무대 커튼을 걷어내듯 터널 같은 수풀 사이로 붉은 지붕들, 독특한 모양의 첨탑과 성Zamek이 어우러진 체스키 크롬로프의 아름다운 풍광이 펼쳐졌다.

이곳은 영화 〈일루셔니스트The Illusionist, 2006〉와 〈아마데우스Amadeus, 1984〉의 배경으로 나왔으며 중세 영화 세트보다 더 중세적인 느낌이 살아 있는 도시로 유명하다. 300여 개의 건물이 문화유산으로 등록되어 있고, 18세기 이후의 건물은 아예 없다고 하니 그 자체로 중세가 살아서 숨을 쉬고 있는 도시다. 영화 〈일루셔니스트〉에서 환상적인 마술로 사람들의 영혼을 휘어잡는 마술사 아이젠하임과 황태자의 약혼녀 소피가 못다 이룬 옛 사랑을 완성해가는 모험이 '보헤미아의 보석'으로 불리는 고도 체스키 크롬로프와 프라하를 배경으로 펼쳐진다.

부푼 기대를 안고 달려온 여행자를 아름다운 풍광으로 맞아주는 체스키 크롬로프. 마치 마법의 세계로 향하듯 설레는 가슴을 안고 언덕길을 걸어 내려갔다. 가파른 언덕길을 내려가서 마을을 향해 조금 걸어가자 운치 있는 부데요비체문

이곳을 찾는 많은 사람들이 동화 같은 자연 속으로 들어가 지친 몸과 마음을 위로한다.

Budejovice Gate이 나타났다. 400여 년 전에 건설된 이 문은 그때나 지금이나 구시가지로 들어가는 관문 역할을 하고 있다. 마치 타임머신의 문을 열고 들어서는 느낌처럼, 마법의 문 속으로 들어가는 것처럼 설레는 마음으로 문을 통과했다. 그 문에 들어서자 눈앞에는 중세 영화에서나 보았던 고풍스럽고 운치 가득한 건물과 골목들이 펼쳐졌다. 잔잔히 흐르는 강은 아름다운 중세의 도시를 포근히 감싸며 흘러가고 있고, 좁은 골목길을 따라 수없이 여행자들이 오가며, 옛 전설과 이야기를 가득 담은 골목길은 미로처럼 구불구불 이어졌다.

일단 나무다리를 건너 성벽 아래 강가에 자리한 펜션에 짐을 풀었다. 그리고는 펜션 앞 테이블에 앉아 보트를 타거나 래프팅을 하며 내려오는 사람들의 모습을 흥미롭게 바라보았다. 물살이 갑자기 빠르게 흐르는 곳에 이르자 모두가 스릴 넘치는 함성을 지르며 힘차게 노를 저어 아래쪽으로 내려갔다. 여유와 생기가 자연스레 어우러진 풍경이다. 그들의 모습에서는 행복이 가득 묻어났다. 사랑하는 연인, 혹은 친구, 가족과 함께 즐거운 한때를 보내는 그들의 여유 속에서 인생의 행복이 멀리 있지 않음을 다시금 느낄 수 있었다.

잠시 한가로운 휴식을 마치고 여행자가 누려야 할 큰 즐거움 중의 하나인 식도락을 위해 구시가지 중심부로 향했다. 골목골목 앙증맞은 기념품과 마리오네트 인형을 파는 기념품점들, 한가로운 낮 풍경의 노천바, 마법사의 주술이 담겨 있을 것만 같은 색색의 약병이 진열된 약국, 창문에 책과 그림을 걸어놓은 낡은 서점, 알록달록 그림 간판이 예쁜 인형 박물관이 골목길을 걸을 때마다 번갈아 나타났다. 벤치마다 여행자들이 삼삼오오 모여 앉은 광장 주변은 그 옛날 과거의 시간들이 그대로 남아 있었다.

단지 이 도시 속에서 살아가는 사람들의 외형만이 중세에서 현대로 바뀐 느낌이다. 체코에서 최고의 고기그릴 요리를 한다고 추천받은 크로츠마 사뜰라브스케Krcma v Satlavske 레스토랑은 이미 만원이었다. 잠시 기다리겠다고 하고 노천 테이블에 자리가 나기를 기다렸다가 몇 종류의 고기그릴 요리와 체코의 전통맥주 부드바이저Budweiser를 주문했다.

사람이 많아서인지 한참 후에야 그릴에 구운 고기들과 감자, 그리고 신선한 채소가 넓은 나무접시에 담겨 나왔다. 아름다운 풍경으로 가득한 운치 있는 구시가 골목에서 입맛을 돋우는 요리와 전통맥주가 선사하는 맛에 취해갔다. 진정으로 맛있는 음식은 육신의 허기뿐만 아니라 마음까지도 든든히 채워주는 듯하다. 몸과 마음 모두 기분 좋게 부르니 한결 여유롭게 구시가 골목을 발길이 이끄는 대로 걸었다. 그냥 일정에 쫓겨 조급하게 걷기보다는 최대한 느긋하게 이곳의 골목 정취를 느껴보고 싶었다.

어느새 발길은 마을을 한 바퀴 돌아 펜션 뒤쪽의 작은 언덕배기로 향하고 있었다. 그 언덕에 올라서 바라보는 체스키 크롬로프는 짙은 회색빛 먹구름 아래 붉은 지붕들이 묘한 대비를 이루며 꽃같이 화사하게 빛나고 있었다. 수많은 소도시를 봐왔지만 체스키 크롬로프는 그중에서도 손꼽을 만큼 아름다운 곳이었다. 그 아름다움에 취해, 시간의 흐름도 잊은 채 언덕을 서성거렸다. 구름은 바람에 밀려 서서히 붉게 물드는 서쪽 하늘로 옮겨가고 있었다. 늘 변화무쌍한 구름처럼 여행도 인생도 이런 변화가 있기에 지루하지 않다. 일정의 변화가 없는 여행만큼 단조로운 것이 있을까. 아마도 갈림길과 고뇌가 없는 인생만큼 따분한 것은 없을 것이다.

혹시나 소나기가 쏟아질 듯한 예감에 서둘러 언덕길을 내려갔다. 주택가 작은 슈퍼에서 간단히 내일 아침을 위한 장을 본 후에 펜션으로 돌아왔다. 그리곤 곧바로 강변을 향해 놓여 있는 테이블에 앉았다. 여행지에서 하룻밤 머무를 공간이 있고, 내일의 한 끼를 위한 음식이 있으니 그 어떤 것도 걱정할 것이 없었다. 세상은 아주 많은 것을 소유할수록 행복보다는 욕망이 더욱 커질 뿐이라는 진리를 강이 바라보이는 이곳에서 다시 한 번 깨닫는다. 그저 현재 내게 주어진 것에 만족할 수 있다면 그것으로 삶은 충분히 행복하다. 가난한 여행자로 낯선 세상의 골목길을 누비는 삶도 누가 뭐라고 하든 나는 행복하다.

소란스럽던 래프팅족들이 떠나버린 블타바 강은 다시금 평온함을 되찾았다. 해가 뉘엿뉘엿 넘어가는 서쪽 하늘은 완전히 붉게 물들었고, 성의 첨탑도 활활 타오르는 거대한 불기둥처럼 석양에 물들어갔다. 강변 카페에 하나둘 불이 켜지고, 나란히 늘어선 테이블에는 저녁식사를 하기 위해 사람들이 모여들기 시작했다. 물 바깥 도시가 수채화 풍경처럼 화사하다면 물속에 비친 반영은 유화처럼 진득했다. 연못에 비친 자신의 모습에 반해 물속으로 뛰어들었던 나르키소스 Narkissos처럼 블타바 강물에 비친 체스키 크룸로프는 마음을 빼앗아갈 만큼 아름다워 나도 모르게 자꾸만 몸이 강으로 기울었다. 난간이 없었다면 사진을 찍다가 강물 속으로 빠졌을지도 모른다. 바람이 강물을 흔들었고 마치 깊은 꿈에서 깨어나듯 나의 의식은 다시 현실세계로 돌아왔.

밤이 찾아온 중세 도시의 골목길을 걸어보고 싶었다. 도시의 이곳저곳을 떠돌며 영원한 사랑을 고백하는 중세의 트루바두르troubadour, 음유시인가 되어보는 건 어떤 기분일까. 그는 성(城)에서 성으로, 궁정 귀녀를 찾아다니면서 노래를 불렀던 시인이다. 결코 보답을 받을 수 없는 사랑의 탄원과 봉사의 맹세를 여인에

역사의 소용돌이 속에서도
유유히 시간 속을 흘러가는 강물.
그 잔잔한 물결 위로 낭만적인 선율이 부드럽게 곡선을 그리며 지난다.

게 하지만, 그 소원이 이루어진다 해도, '콩솔라멘테^{Consolamente}'라는 이마 키스를 받는 정도가 그나마 최고의 보상이었다. 그러나 트루바두르는 그 '콩솔라멘테'라는 키스의 영예를 받기 위해 더욱 온맘과 정성을 바쳤다고 한다.

아직 푸른 기운이 남아 있는 밤하늘 아래 중세 도시의 골목길을 거닐다보니 만약 내가 중세에 태어났더라면 아마도 나는 세상을 떠도는 트루바두르의 삶을 선택하지 않았을까 싶어졌다. 한 대상을 향해 자신의 모든 열정을 쏟아부을 수 있다는 건 정말 행복한 삶이다. 비록 그 보상이 보잘 것 없는 것일지라도 자신의 열정을 다했다면 분명 만족한 삶이다. 저 앞 광장의 한 모퉁이에서 중세 복장을 한 아가씨가 활활 타오르는 횃불을 들고 한 무리의 사람들을 이끌며 어디론가 향하고 있었다.

그녀는 나이트 투어의 가이드이지만, 내게는 마치 무언가 신비스러운 곳으로 사람들을 이끌고 가는 미모의 마법사처럼 보였다. 골목골목 고요함과 한적함이 무겁게 내려앉아 있었고, 간혹 중세 도시의 밤을 즐기려는 여행자들의 무리가 정적을 깨며 지나갔다. 근데 저만치 오르막길에서 분명 허리에 칼을 찬 몇 명의 남자들이 나를 향해서 성큼성큼 걸어 내려오고 있었다. 트루바두르를 잡으러 온 과거의 잔혹한 기사들이 아닐까.

하지만 그들은 나를 본체만체 스쳐 지나 넓은 골목길에서 서로 칼을 부딪치고 소리를 지르며 칼싸움을 했다. 사진을 찍는 나를 보더니 씨익 미소를 짓고는 이내 검투에 몰두했다. 공연을 위한 연습을 하고 있는 것 같았다. 그들을 지나 체스키 크롬로프의 골목 탐험을 계속했다. 어른 한 명이 겨우 빠져나갈 듯한 좁은 골목길에서 광장에서 만났던 횃불을 든 미모의 마법사 아가씨가 다시 사람들을 이끌고 나타났다. 그녀를 따르는 사람들은 마치 무언가에 홀린 듯 그녀를 바짝 뒤따라 골목길 반대편으로 눈 깜짝할 새도 없이 사라져버렸다. 신비로운 기운이 골목길 가득 퍼져나가고 있는 듯했다. 수백 년의 시간이 쌓였을 돌길을 밟으며 체스키 크롬로프의 밤의 흥취를 한껏 즐기며 피곤할 줄도 모르고 걷고 걸었다.

강변 펜션에 돌아와 낮에 사 두었던 라데가스트Radegast 캔맥주 하나를 들고 테이블에 앉았다. 맞은 편 강변 레스토랑에는 빈자리가 하나도 없이 손님들로 가득했다. 강물은 고요하고, 저 멀리 크롬로프 성도 무거운 바윗덩어리처럼 침묵을 지키고 있다. 갑자기 강변 레스토랑에서 흥겨운 음악소리가 퍼져 나오기 시작했다. 한 밴드가 라이브로 연주를 하며 흥겹게 노래를 부르고 있었다. 중세 도시의 한가운데에서 맥주 한 모금을 마시며 가사도 알아들을 수 없는 체코어로 된 노래를 듣는 이 시간이 내게는 말로 형용할 수 없는 낭만과 행복을 선사해주었다. 인생을 노래하고, 음악을 즐기며, 현재의 행복을 마음껏 누리는 이 밤이야말로 체스키 크롬로프가 내게 선사한 최고의 선물이었다. 그 밤 행복한 여운을 가득 안고 달콤한 잠에 빠져들었다.

다음 날 창밖에서 들리는 소란스러운 소리가 단잠을 깨웠다. 창문을 열고 내다보니 벌써 한껏 흥분한 래프팅족들이 구호를 외치고 웃음꽃을 피우며 강을 따라 길게 늘어서서 하류로 내려가고 있었다. 연인이나 부부, 가족, 친구 등이 한 배를 타고 저마다 열심히 노를 저으며 한여름의 휴가를 즐기고 있었다. 문득 나 혼자만 게으름에 빠진 여행자가 된 것 같아 얼른 자리를 박차고 일어났다. 그리곤 크롬로프 성을 향해 부지런히 발걸음을 옮겼다.

마음이 여유로운 여행자는 괜찮지만 몸이 게으른 여행자는 여행을 제대로 누리지 못한다. 제한된 시간 속에서 여유롭게 바라보는 시선은 필요하지만 게으름으로 몸이 늘어져서는 안 된다. 여행이든 인생이든 게으름은 소중한 시간을 갉아먹는다. 크롬로프 성의 플라슈티교most Na Plasti; 망토 다리에 올라 바라보는 체스키 크롬로프는 탄성이 절로 나올 만큼 아름다우면서도 소박함이 느껴졌다. 완만한 블타바 강의 곡선과 붉은 지붕들이 모여 있는 중세의 도시는 한여름의 초록을 배경으로 한 폭의 장대한 풍경화를 완성시켰다. 여기저기서 셔터 소리와 감탄사

가 터져 나왔다. 그 풍경을 한껏 감상한 후 입장권을 구입해 입구에서 기다리는데, 갑자기 말발굽 소리가 또각또각 들려왔다. 초록색 갑옷을 입은 풍채 좋은 중세기사가 시종 한 명을 데리고 말을 타고 나타났다. 현대의 시간은 까마득히 사라지고 여행자는 어느새 중세의 한가운데로 들어왔다.

체스키 크롬로프의 랜드마크와 같은 원통형 탑은 1257년에 처음 건설되었고 16세기에 재건축되었는데, 높이에 따라 지름이 점점 좁아지고 외벽도 다양한 색채와 무늬로 채색이 되어 있어서 상당히 독특한 느낌을 준다. 160개의 계단이 있는 탑을 오르자 발 아래로 블타바 강과 도시의 전경이 시원스럽게 펼쳐졌다. 수많은 여행자들이 이 탑의 난간에 서서 경쟁적으로 사진을 찍으며 이 도시의 풍광을 담아내고 있었다. 가만히 그 탑 위에 머물러 있다 보면 전 세계의 언어들을 다 들을 수 있을 정도로 각국 여행자들이 몰려들었다. 저 멀리 비투스 성당은 견고한 바위처럼 우뚝 서 있고, 굽이쳐 흐르는 블타바 강을 따라 보트들이 끊임없이 오갔다. 강변 카페의 파라솔은 동글동글 원과 사각형을 이루며 강을 따라 군데군데 모여 있고, 부지런한 개미떼처럼 여행자들은 끊임없이 골목길을 들고났다.

그저 바라보고만 있어도 생에 대한 찬미가 흘러나오는 중세 도시 체스키 크롬로프. 만일 절망에 빠진 여행자가 이 도시의 성탑에 올라 잠시 그 풍경을 바라본다면 저절로 마음 속 깊은 절망까지 봄눈 녹듯 사라지리라.

마지막 여정으로 신시가지의 라트란Latran 거리와 구시가지를 연결하는 라제브니키 다리Lazebnicky Bridge, 이발사의 다리를 건넜다. 이 다리에는 신분을 초월해 이발사의 딸을 사랑한 레오폴트 2세 황제의 서자가 살해당한 슬픈 전설이 깃들어 있다. 세상에는 이루어질 수 없기에 더욱 애틋하고 아름다운 것들이 너무나 많다. 사랑의 형태는 다양하고 또 복잡한 모습을 하고 있어서 만약 모든 사랑이 다 이루어진다면 오히려 세상은 더욱 혼란스러워질 것이다. 역설적이게도 이루어지지 못한 사랑이 더욱 애달프게 사람들의 심금을 울린다. 저녁 어스름이 강물을 따라 슬금슬금 마을로 퍼져나갔다.

이 도시의 마지막 밤을 그냥 보내기가 아쉬워 카메라를 벗삼아 어둠이 깔린 골목길을 배회하기 시작했다. 저만치서 불쑥 튀어나온 한 남자가 술에 취한 듯 비틀거리며 휘적휘적 걸어갔다. 마치 시간여행을 하다가 길을 잃은 자처럼 그의 뒷모습에서는 술에 취한 것보다 더한 혼란스러움이 느껴졌다. 때로는 삶이 주는 무게와 혼란에 그 남자처럼 비틀거릴 수도 있다. 체스키 크롬로프의 밤이 깊어가는 가운데 나는 다시금 이루지 못한 사랑에 아파할 필요가 없음을, 이루지 못한 소망에 슬퍼할 필요가 없음을, 그리고 가끔은 인생길에서 비틀거릴 수도 있음을 깨달아가고 있었다.

체스키 크롬로프 ◆ 16세기 르네상스 시대의 운치를 품은 도시

완만하게 도시를 감싸고 흐르는 블타바 강과 언덕 위에 우뚝 선 체스키 크롬로프 성과 성의 탑이 만들어내는 풍경이 아름답다. 프라하에서 열차로 체스케 부데요비체Ceske Budejovice를 경유해서 3시간 30분~4시간 정도 소요된다. 프라하에서 체스케 부데요비체를 거쳐서 운행하는 버스도 1일 10편 정도 있다(3시간 내외 소요).

볼거리
- ◆ 체스키 크롬로프 성Zamek 내부 관람과 성의 탑Hradek 오르기, 성의 정원 산책하기
- ◆ 블타바 강 따라 산책하며 여유롭게 쉬기, 보트를 대여해 강 따라 래프팅하기
- ◆ 시청사를 중심으로 한 구시가 좁은 골목길과 다양한 기념품 가게 구경하기
- ◆ 체스키 크롬로프를 제2의 고향처럼 사랑한 에곤 쉴레 문화센터 둘러보기

잠자리
가격이 비싼 호텔보다는 구시가 중심에서 조금 벗어난 블타바 강변의 펜션이 가격도 적당하고, 한가로운 느낌이 난다. 관광안내소에서 숙소 정보 제공과 함께 예약도 해준다. 성수기에는 방을 구하기가 쉽지 않기 때문에 미리 예약을 해두는 것이 좋다.
- ◆ **Pension U Matesa**(Rybarska 23-24, Tel. +42 603 518 674, www.pensiony.com)
  체스키 크롬로프 성 아래 블타바 강가에 자리 잡은 깨끗하고 아담한 펜션. 조용하고 아늑하다. 아침 식사 포함.

먹을거리
- ◆ **Krcma v Satlavske**(Horni 157, Tel. +42 380 713 344, 608 973 797, www.satlava.cz, satlavack@seznam.cz)
  체코에서 최고의 고기그릴 요리를 한다고 인정 받은 중세식 선술집Krcma 레스토랑이다. 입구에 들어서면 오른쪽에는 다양한 고기가 불에 구워지고 있는 쇠그릴을 직접 볼 수 있다. 체코식 요리와 전통 올드 보헤미안식 요리를 주로 한다. 체코 맥주인 버드와이저Budweiser나 에겐베르크Eggenberg를 곁들여 먹으면 좋다.
- ◆ **트르델니크**Trdelnik 가운데가 뻥 뚫린 반죽을 둥근 막대기에 둘둘 말아서 설탕과 계피가루를 뿌려 즉석에서 구운 체코의 전통 빵. 겉은 바삭하고 속은 부드러운 질감이 느껴지는 달콤한 빵이다.

황금빛 밀밭에서 꾼 행복한 꿈
타보르

자유의 열망 속에서 역사의 현장을 거닐다

◆ 　　　　　　　　체코의 위대한 종교개혁자 얀 후스Jan Hus는 당시 부정부패한 로마 카톨릭을 비판하고, 어려운 라틴어가 아닌 일반 대중들이 알아 듣기 쉬운 체코어로 설교를 하다가 교황 요한 23세에 의해 교회로부터 파문을 당했으며, 콘스탄츠 공의회의 결정에 따라 1415년 화형에 처해졌다. 그의 불꽃 같은 신앙과 정열은 그의 추종자들에 의해 계속 이어졌으며 후스파Hussite로 지칭되는 이 보헤미아의 후스 추종자들은 카톨릭의 박해를 피해 프라하에서 남쪽으로 80km 떨어져 있는 타보르로 몰려들었다. 이곳에 몰려든 과격하고 열정적인 후스의 추종자들은 타보르파로 그 명성을 떨치게 되었고, 자연히 타보르는 그들의 신앙을 지키기 위한 요새이자 성지가 되었다. 왠지 은밀한 이야기들이 전해 내려올 것 같은 타보르Tábor가 몹시 궁금해졌다. 체스키 크롬로프 다음 여행지는

고민할 필요도 없이 타보르로 결정했다.

체스키 크롬로프를 출발한 열차는 체스키 부데요비체에서 잠시 멈췄고, 프라하로 향하는 들뜬 여행자들을 가득 싣고 서서히 출발했다. 체코의 작은 기차역을 지날 때마다 여행자들은 점점 열차를 가득 메우고 있었다. 텅 빈 객실에서 한가로운 여행의 여유를 만끽하던 나도 유모차를 끌고 두 아이를 데리고 들어온 가족 여행자로 인해 꼼짝달싹 못하게 객실에 갇혀 버렸다.

여행을 하다보면 세상은 오로지 여행자와 비(非)여행자 두 부류로 나눌 수 있다는 생각이 든다. 새 신발을 사면 항상 시선이 사람들의 신발에 머무는 것처럼 언제나 세상은 자신의 주관적 관점으로 바라보게 된다. 보편적인 객관성을 가지고 여행을 하고, 세상을 살아간다는 것은 결코 쉽지 않은 일이다. 어차피 여행은 보편타당한 객관성을 가질 수 없는 것이다. 스스로의 길을 가고, 자기 자신에게 질문도 하고, 또 대답도 하면서 그렇게 자신만의 여행을 한다. "그동안 여행을 많이 하셨는데, 어떤 도시를 제일 추천하고 싶어요?"라는 질문만큼 우문은 없다. 소박한 체코의 소도시들과 들판을 바라보며 이런저런 상념에 빠져 있다보니 열차는 어느새 서서히 속도를 늦추고 있고, 창밖으로는 타보르라는 역간판이 보였다.

타보르의 기차역은 종교개혁의 역사적 장소답게 소박하고 정갈했다. 순수한 그들의 열정처럼 푸른 하늘은 드높았다. 기차역에서 얼마 걷지 않아 작은 공원이 나타났고, 저만치서 망토를 걸치고 중세 복장을 한 몇 명의 젊은이들이 걸어오고 있었다. "혹시, 타보르에 중세 축제라도 있니?" 내 카메라를 향해 환하게 웃음 짓는 그들에게 질문을 던지자마자 그들은 약속이라도 한 듯 까르르 웃었다. "아니요, 우리는 그냥 이 복장이 좋아서 입고 다녀요." 서로 마주보며 또 웃는다. "타보르에 사니?" "아니요, 우린 그냥 이렇게 입고 이곳저곳 돌아다녀요." 수수께끼 같은 대답만 하는 그들 중 한 친구가 무슨 중세의 비밀을 속삭이듯 낮은 목소리

붉은 지붕 아래 중세의 역사를 가득 품고 있는 도시, 타보르.
그 안에서 여행자는 어느새 중세의 나그네가 되어 골목 이곳저곳을 누빈다.

로 내게 말했다. "사실 우리는 어떤 게임 속의 캐릭터를 따라하고 있어요. 친구들끼리 이렇게 모여서 이 마을 저 마을 돌아다니죠." 정말 개성이 넘치는 젊은이들이었다.

자기가 좋아하는 것을 자연스럽게 표현하는 그 자유로움과 용기가 부러웠다. 인류가 옷을 걸치기 시작하면서 위선적인 삶이 시작되었다는 말도 있는 것처럼 옷은 사람의 본질을 가리는 역할을 한다. 하지만 그들에게 옷은 자신을 표현하는 수단이었다. 타인의 시선에 상관없이 옷이든 무엇이든 스스로를 자유롭게 표현하며 살아가는 삶은 분명 행복하다.

공원을 거치고 레스토랑과 슈퍼, 호텔이 늘어선 타보르의 번화가를 지나 교차로를 건너자 갑자기 길이 좁아진 듯한 느낌이었다. 이 프라즈스카 Prazska 거리를 따라 수십 미터 똑바로 걸어가자 갑자기 시야가 탁 트이면서 드넓은 광장이 나타났다. 이 광장이 바로 타보르의 중심인 지스카 광장 Žižkovo nam. esti이었다. 체코 역사상 가장 위대한 영웅이자 타보르를 세운 얀 지스카 Jan Žižka, 1360~1424의 이름을 딴 이 광장의 중심에는 그의 동상이 우뚝 서서 낯선 여행자를 위엄있게 내려다보고 있다. 그는 후스전쟁 중 로마제국의 황제 지그문트가 파견한 십자군을 수차례나 물리쳐서 체코의 구국 영웅으로 떠올랐다. 사실 그때 그의 나이가 60세였고, 한쪽 눈은 실명한 상태였다. 더구나 그의 부하들은 미숙한 농부들이었다. 하지만 그는 탁월한 전략과 농기구를 무기로 활용하는 창의적인 방법으로 강력한 로마군을 수차례나 패퇴시키며 체코를 위기에서 구했다. 그는 얼마 후 두 눈의 시력을 다 잃고 난 뒤에도 사망할 때까지 최고사령관으로서 일했다고 한다.

  2005년에 그는 역사상 체코의 가장 위대한 5대 인물에 선정되기도 했다. 그가 세운 타보르는 자연적인 지형 자체가 하나의 요새와도 같아서 웬만해서는 외부의 적이 틈을 찾기 힘든 지형적 이점을 가지고 있다. 또한 구시가지를 걷다 보면 타보르에는 똑바로 이어진 길이 거의 없다는 걸 문득 깨닫게 된다. 모든 길이 좁게 형성되었고, 갈고리처럼 구부러진 길이 대부분이다. 이는 이 도시를 적으로부터 지키기 위해 전략적으로 그렇게 건설되었음을 짐작케 한다. 지스카의 삶은 포기와 절망 없이 앞으로 나아가는 삶, 긍정의 힘을 보여주는 삶이었다. 광장에서 서성이다 보니 어느새 지스카의 그 용기와 불굴의 의지가 눈에 보이지 않는 타보르의 숨결이 되어 가슴 속으로 흘러드는 듯했다.

  상념에서 빠져나와 광장 근처의 좁은 골목길로 접어들었다. 우선 허름하나마 펜션에 짐을 푸는 것이 먼저였다. 외세에 대항하고 불의에 타협할 줄 몰랐던 지스카의 후예들이라 그런지 낯선 여행자에게 사근사근하기보다는 퉁명스러움이 느껴졌다. 먼 길을 달려온 손님의 입장에서 내심 불만스러웠지만, 그 옛날 지스카와 용맹한 후스파의 뜨거운 피와 열정의 유산이라고 생각하기로 했다. 가벼운 차림새로 숙소를 나서서 타보르에서 반드시 들려야 할 코트노프 성Kotnov Hrad으로 향했다. 광장에서 300여 미터의 내리막길을 얼마 걷지 않아 비록 세월에 낡았지만 숲속에 숨어 있다가 스윽 모습을 드러내는 곰처럼 웅장한 성이 모습을 드러냈다.

  성의 외벽과 탑은 오랜 세월의 흐름 속에 풍화와 보수를 반복하고 있었다. 성

내부는 후스파 박물관으로 개방되어 있고 동시에 실험적인 현대 설치미술 작품들도 전시를 하고 있어서 과거와 현재가 묘한 이질감 속에 공존하고 있었다. 성의 나무 들보가 내부에 큼직큼직하게 드러나 있는 그 공간 속에 현대 작가들의 실험미술 작품들이 설치되어 있는 모습이 상당히 인상적이었다.

누구에게나 무료로 열려 있는 이 전시 공간은 주머니가 가벼운 여행자에게는 너무나 소중한 문화체험의 기회가 된다. 전시실에서 방문자를 안내해주는 청년과 눈빛이 마주치자 밝은 미소로 화답한다.

한껏 풍요로운 마음으로 전시실을 나와서 삐걱거리는 나무 계단을 밟고 성탑의 꼭대기에 올라갔다. 꼭대기에 올라서자 푸른 대자연이 뿜어내는 시원한 바람이 불어왔다. 마을을 둘러싼 성벽은 마치 아기를 감싸안은 어머니의 팔처럼 부드러우면서도 강했다. 성벽 바깥으로 천혜의 요새답게 깊은 절벽이 있고 그 아래는 강이 흘렀다. 붉은 지붕의 마을 바깥으로는 낮고 푸르른 들판이 부드럽게 지평선까지 달려가고 있다. 그 옛날 자신의 신념을 지키기 위해 자유를 찾아 이곳을 찾은 후스파의 뜨거운 의지처럼 눈부신 햇살이 붉은 지붕을 가득 비춘다.

지스카 광장 북쪽의 그리스도 변용 교회를 정점으로 타보르의 중세 주택의 붉은 지붕들이 길게 이어졌다. 그들의 삶의 중심은 신념과 신앙이었고, 그것은 바로 자유의 또 다른 표현이었다. 자유가 없는 믿음은 그들에게 진정한 믿음이 아니었다. 머리를 들어 하늘을 바라보자 한 무리의 새가 날개를 활짝 펼치고 어디론가 날아가고 있었다. 날아가는 새들처럼 자유로운 삶을 꿈꾸던 나의 십대는 어느새 까마득한 과거가 되어버렸다.

점심 겸 이른 저녁을 먹기 위해 지스카 광장으로 향했다. 시청사 앞에는 아이들의 손을 잡은 부모들이 허릿춤에 나팔을 차고 중세 복장을 한 어떤 남자의 이야기에 귀를 기울이고 있었다. 아이들은 호기심 가득한 눈빛으로, 어른들은 그 아이들을 따스한 시선으로 바라보며 즐거워하고 있었다. 체코어를 알아들을 수는 없었지만 그는 분명 타보르의 수많은 전설들과 지스카 장군의 무용담, 이 도시의 지하터널과 자유를 얻기 위해 싸웠던 조상들을 이야기하고 있을 것이다. 이야기 도중에 그는 길게 나팔을 불곤 했다.

자유의 나팔. 그 기나긴 역사의 흐름과 시대의 변화 속에서도 우리는 자유와 행복을 찾기 위해 힘겹게 싸워왔다. 그 나팔수는 아이들에게 그런 자유를 지켜갈 것을 말하고 있으리라. 카메라 프레임으로 그를 한참이나 들여다보고 있으니, 그런 내 마음이 가 닿았는지 그가 나를 보며 머리를 숙여 동양식 인사를 한다. 나도 그에게 미소를 지으며 머리를 숙여 인사를 했다.

시청사 옆에 위치한 메르지나Meruzina 레스토랑은 가이드북에서 적극 추천하는 곳이다. 현지에서 식당을 고를 때 실패하지 않는 비결은 가이드북의 추천과 함께 현지인들이 얼마나 찾는가를 살펴보면 된다. 현지인이 많이 찾는 식당은 분명 맛집임에 틀림없다. 메르지나의 고기는 부드러웠고, 곁들여진 소스는 고기와 어울려 깊이 있는 풍미를 선사했다. 이제 배를 채우고 한결 여유롭고 풍요로운 마음으로 지스카 광장을 한 바퀴 돌아 벤치에 앉았다. 이 광장은 사면이 각자 다른 건축 양식과 모양의 건물로 둘러싸여 독특한 매력을 지니고 있다. 특히 광장 남쪽에 늘어선 후기 고딕과 르네상스풍의 건축물은 광장의 아름다움을 한껏 높여주었다.

성벽길을 따라 마을을 한 바퀴 둘러보기 위해 발걸음을 옮겼다. 인적 없는 놀이터에서 홀로 놀고 있던 아이는 나를 보고 잠깐 가만히 있더니 다시금 자신의 놀이에 열중했다. 정원을 가꾸는 두 노부부는 정겨워보였다. 잔디밭에 탁구대를 설치하고 열심히 랠리를 하던 두 청춘 남녀는 내가 카메라를 들이대자 쑥스러워하다가 공을 놓쳤다. 홀로 땀을 뻘뻘 흘리며 울퉁불퉁한 중세의 골목길을 자전거를 타고 다니던 한 남자에게서는 강한 의지가 느껴졌다. 그렇게 성벽길을 따라 걷던 내 걸음은 어느새 나도 모르게 마을 아래 강가로 향하고 있었다. 마치 타보

아이에게 있어서 타보르의 역사는 멀리 있는 것이 아니라 가까이에서, 어른들의 이야기를 통해 전해오는 것이다.

르의 자유로운 옛 전사들이 나를 이끄는 듯한 느낌이었다. 위에서 내려다볼 때와는 달리 내려간 자리에서 바라본 타보르는 요새의 위엄을 자랑하고 있었다.

저기 앞으로 잔잔히 흐르는 강가에서 두 남자가 낚싯대를 드리우고 한가로운 시간을 보내고 있다. 갑자기 소란스러운 소리가 들려서 돌아보니 농구 골대도 없는 곳에서 동네아이들 여러 명이 모여서 축구공으로 농구를 하고 있었다. 나를 보자 호기심 반 반가움 반으로 웃으며 손을 흔들었다. 내가 카메라를 눈에 갖다 대며 셔터를 누르려는 순간, 잠깐 기다리라는 손짓을 하더니 나름 대형을 이루어서 포즈를 취한다. 소박한 아이들의 모습에 웃음을 터뜨리니 그들도 함께 웃는다. 내가 찍은 사진을 보여주자 작은 액정에 담긴 자신들의 모습에 또 까르르 웃음을 터트렸다. 겉모습은 넉넉지 못한 형편을 보여주고 있었지만, 그들의 눈빛과 웃음에는 풍요로움이 있었다. 내 모습이 저쪽 숲 뒤로 사라질 때까지 그들은 나를 지켜보며 손을 흔들어 주었다.

천천히 걷다가 이번에는 강을 건너갔다. 약간 비탈진 언덕길을 오르자 소박한 주택들과 드넓은 황금밀밭이 눈앞에 펼쳐졌다. 그 언덕 위로 눈부시게 파란 하늘이 빛났고, 갈대를 누이는 바람이 강 건너편 마을에서 불어왔다. 길도 아닌 길을 걸으니 내가 탐험가라도 된 것처럼 설레기 시작했다. 밀밭길을 마음껏 뛰기도 하고, 이리저리 왔다갔다 하면서 자유롭게 셔터를 눌렀다. 뒤돌아보니 저 멀리 강 건너 언덕 위에 붉은 지붕의 타보르가 붉게 타오르고 있었다. 자유의 상징처럼 붉게 노을지는 하늘 위로 열기구 하나가 느긋하게 모습을 드러냈다.

나는 행복을 찾아 길을 떠나왔다. 저 머나먼 풍경 너머에 행복이 있을 거라 믿으며 그렇게 길을 걸어왔다. 분명 그 속에 눈물이 있고, 슬픔도 있고, 고뇌 어린 일상의 한숨도 있겠지만, 멀리서 바라보는 타보르뿐만 아니라 세상은 늘 아름답다.

내가 걷는 여행길에도 언제나 걱정과 고민이 있다. 남들이 가지 않는 길을 걷

황금빛 물결 위를 넘나드는 바람 속에는
잊혀진 역사와 현재의 삶이 녹아 있다.

그곳에서 여행자인 나는 또 다시 자연의 숭고함에 고개를 숙일 뿐이다.

고 있는 내 앞길이 불안해질 때도 있다. '분명 저 길을 따라 걸으면 내가 찾는 행복과 희망이 나를 기다리고 있을까……' 하는 생각에 주저하기도 한다. 반면 환희의 순간이 찾아오기도 한다. 보석 같은 풍경과 비단결보다 아름다운 마음씨를 가진 사람들을 만날 때면 역시나 떠남의 행복을 선택하기를 잘 했다는 생각이 들곤 한다. 하지만 인생이 그렇듯이 여행도 동전의 양면과 같다. 약간의 걱정을 일상처럼 늘 안고 살아가는 우리의 삶은 여행이라고 별로 다를 게 없다. 내 앞에 주어진 길은 무엇일까? 타보르의 황금밀밭에 선 작은 여행자는 눈앞에 펼쳐진 길을 보며 다시금 고민에 빠져든다. 그리고 붉은 석양이 타보르를 삼켜버릴 듯 내리쬐는 하늘 아래 내게 주어진, 또 내가 찾는 그 길을 찾아 다시 떠나야겠다고 다짐한다.

타보르

◆ 15세기 체코 종교개혁운동의 중심지

중세의 골목과 광장, 성, 주택들이 예전 모습 그대로 남아 있다. 프라하에서 직행 열차가 10편 정도 있다(1시간 30분 정도 소요). 체스케 부데요비체에서 자주 열차가 운행된다(1시간 정도 소요). 기차역에서 구시가까지는 도보를 이용한다(15분 정도 소요).

볼거리
- ◆ 체코의 영웅 얀 지스카 광장과 광장 주변의 후기 고딕과 르네상스 양식의 건축물들
- ◆ 후스 운동 박물관을 겸한 시청사와 시청사 아래 타보르의 지하 미로
- ◆ 코트노프 성과 성탑에 올라 타보르 전경 감상, 성내 후스파 박물관 탐방
- ◆ 성벽길을 따라 타보르 한 바퀴 산책, 루즈니체Luznice 강 건너 밀밭에서 본 타보르 풍경

잠자리
다른 곳에 비해 아직 많이 알려지지 않아서 숙박비는 상대적으로 저렴한 편이다. 구시가 중심지에 있는 펜션을 선택하면 무난하다.
- ◆ **Pension Alfa**(Klokotska 107, Tel. +42 381 256 165, http://www.pensionalfa.cz)
  구시가지 안에 있는 가족이 경영하는 아담한 분위기의 펜션이다. 모든 객실에 화장실, 욕실, TV가 있고 WIFI 이용 가능. 아침식사 포함.

먹을거리
- ◆ **Meluzina**(Martina z Husky 55/3, Tel. +42 381 254 180)
  타보르에서 가장 맛좋기로 유명한 체코 요리 레스토랑이다. 지스카 광장 한켠 시청사 바로 옆에 위치해 있어서 위치와 가격, 맛 모두 만족스러운 타보르 최고의 맛집이다. 체코 전통 요리 외에도 메뉴판에 있는 다른 요리도 입맛에 잘 맞는다.
- ◆ **Cafe Campanila**(Farskeho 1461, Tel. +42 381 255 959)
  여러 종류의 케이크와 타르트, 12종류의 팔라친키 등을 진열해서 파는 케이크 가게이자 카페. 한 조각이 꽤 커서 양과 맛 모두 만족스럽다. 타보르 기차역과 구시가시 중간 지점에 있디.

평범함 속에 숨겨진 비범함의 아름다움
텔치

풍경에 취해   스스로를 돌 아 보 다

◆　　　　　　타보르를 떠나기 전날 밤, 숙소에서 지도를 펼치고 다음 여행지를 어디로 정할지 고민에 빠졌다. 새로운 도시를 찾을 때는 늘 이동에 익숙한 여행자지만, 새로운 도시를 찾을 때는 사뭇 설레는 마음을 주체할 수가 없다. 타보르에서 그리 멀지 않은 곳에 자리를 잡고 있는 아주 작은 소도시 텔치Telc가 왠지 모르게 본능적으로 나의 시선을 끌었다. 이제는 어느 정도 숙달된 여행자의 후각이 텔차라는 지명에서 풍겨 나오는 묘한 매력에 이끌리고 있었다. 낯선 도시에 대한 부푼 기대와 설레임으로 뒤척이다가 나도 모르게 깊은 잠에 빠졌다.

　다음 날 먼 길을 떠나는 날의 부산한 아침과는 달리 한여름에 엿가락 늘어지듯 느긋하게 아침을 먹고 천천히 배낭을 꾸렸다. 아름다운 타보르의 광장을 지나

기차역에 도착해 열차 시간표를 확인하니 텔치행 열차 시간이 얼마 남지 않았다. 그동안의 여유는 순식간에 사라지고, 황급히 승강장으로 달려갔다. 급히 서두르다 보니 승강장 번호를 헷갈렸나 보다. 고개를 두리번거리며 도움을 청할 사람을 찾는 내 눈에 마치 약속이라도 한듯 때마침 역무원 제복을 입은 한 초로의 남자가 나타났다. "저기 실례지만, 혹시 텔치행 열차가 이 열차가 맞나요?" 나는 그에게 영어로 다급히 물었다. 그의 대답이 떨어지기가 무섭게 곧장 달려갈 기세로 말이다.

그런데 초조한 내 마음에는 아랑곳하지 않고 그는 내게 어디서 왔냐고 먼저 물었다. "I'm from Korea."라는 말을 내뱉자마자 뒤이어 내 귀에 또렷하게 그의 대답이 들려왔다. "네, 이 열차가 맞아요." 다행이다 싶어 안도하는 마음으로 감사의 인사를 하고 열차를 향해 돌아서려는 순간, 뭔가 이상했다. 그의 대답은 영어도 아니고, 체코어도 아니었다. 분명 우리나라 말이었다. 그랬다. 그 초로의 역무원은 한국어로 내게 대답을 했던 것이다. 나는 깜짝 놀란 얼굴로 발걸음을 멈추고 그에게 물었다. "아니, 어떻게 한국어를 하세요?" "아, 나는 젊었을 때 프라하대학에서 한국어를 공부했어요. 그때 배우고 그동안 잘 사용하지 않았는데, 당신을 만나 한국어를 하게 됐네요." 자신을 조셉Joseph이라고 소개한 그는 중간 중간 말을 더듬기도 했지만, 분명 제대로 된 한국어를 구사하고 있었다. 놀라움과 경외감에 휩싸인 나에게 그는 예전에 배웠던 우리말을 간단한 문장이나 단어로 연습하듯 말하고 있었다.

열차 시간 때문에 급하게 그와 기념사진을 찍고 텔치행 열차에 올랐다. 창가에 자리를 잡고 앉은 내게 그는 계속 얘기를 나누길 원했다. "당신을 만나 너무 오랜만에 한국어를 말할 수 있어서 기쁩니다." 그는 밝은 미소를 지으며 말했다. "아, 당신이 기억하고 말해줘서 저도 정말 기쁘고 감사합니다." 진심으로 나는 그에게 감사를 표현하고 싶었다. 한국의 존재조차도 잘 모르는 유럽의 낯선 소도시에서 젊은 시절 한국어를 열심히 공부하고 그 먼 나라에서 온 여행자에게 한국어를 말하는 유럽인을 만난 것에 나는 좀체 흥분을 가라앉히지 못했다.

그는 그 옛날 배웠던 우리말이 생각날 때마다 내게 확인하듯 계속 말을 했다. 나는 열차가 움직이기까지 계속 경청을 하고 얘기를 나눴다. 기차가 서서히 역을 떠나기 시작했다. 정말 짧은 십여 분의 시간이었지만, 그와 나는 마치 오랜 세월 서로를 알아온 듯 아쉬움 속에 손을 흔들었다. "조셉 아저씨, 안녕히 계세요. 다음에 또 만나요." 멀어져가는 그에게 우리말로 큰 소리로 소리쳤다. 여행이 선사하는 경이로운 순간은 예상치 못한 곳곳에 존재한다. 그게 바로 여행의 묘미다. 짧지만 놀라운 만남이 여행자를 설레게 만든다.

열차는 모라비아의 평평한 대지를 가르며 부지런히 달려가고 있었다. 화사한 색채로 인해 그 낡은 느낌이 더욱 대비되는 체코의 간이역들은 잊혀져가는 옛 것들에 대한 아련한 향수를 자아냈다. 열차가 정차할 때마다 역 앞으로 나와서 깃발로 수신호를 하는 역무원들의 모습도 옛 모습 그대로다. 텔치의 기차역도 으레 체코의 소도시 기차역이 그러하듯 소박하다. 배낭을 메고 기차역을 나와서 10여 분을 걷자 텔치의 구시가로 들어가는 작은 길이 나왔다.

남 모라비아 지방의 매력적인 13세기 도시, 텔치는 로마네스크 교회의 은신처로 만들어졌다고 한다. 1530년 큰 화재로 인해 폐허가 되었던 마을 대부분의 집들은 르네상스 스타일로 온전히 재건되었고, 인구 6천여 명에 불과한 이 작은 마을은 놀랍게도 1992년 유네스코의 세계문화유산으로 지정이 되는 쾌거를 이루어냈다. 도대체 이 작은 마을에 어떤 매력이 있기에 세계문화유산 명부에 그 이름을 당당히 올릴 수가 있었을까?

일반적인 유럽의 도시들이 원형으로 광장을 이루고 있는 것과는 달리 텔치의 광장은 마치 긴 대로처럼 길쭉하게 구시가의 중심을 차지하고 있었다. 광장의 이쪽 끝에서 저쪽 끝까지 10분이면 충분히 왔다갔다 할 수 있을 정도의 거리다. 그

광장의 한복판에 서서 눈을 들어 광장을 둘러싼 주변 건축물을 향해 시선을 돌렸을 때, 나도 모르게 신음 같은 감탄사가 입에서 흘러나왔다. 광장을 따라 길게 통일감 있게 늘어선 건축물들이 선사하는 균형미와 조화로움, 그리고 눈부시게 파란 하늘과 솜사탕처럼 점점이 뿌려진 흰구름을 배경으로 빨강, 분홍, 노랑, 검정 등 온갖 색채로 채색된 파케이드들이 보이고 삼각형, 타원형, 반원형 등 다양한 패턴이 조화를 이룬 지붕과 건물 2층마다 세 개씩 약속이라도 한 듯 나란히 나 있는 창문, 그리고 광장을 향해 균일하게 나 있는 아치형 회랑들이 눈길을 끈다. 텔치는 균형감과 통일성 속에 다양한 색채와 형태의 변화가 만들어내는 건축미를 자랑하고 있었다. 이 작은 도시가 세계문화유산에 당당히 등록될 수밖에 없는 이유를 자연스레 알 수 있었다.

텔치를 둘러싼 전경을 보고픈 마음에 광장의 끝에 있는 성 야고보 교회의 첨탑에 올랐다. 바로크 양식의 '예수의 성스러운 이름 교회Holy Name of Jesus Church'의 쌍둥이 첨탑이 사이좋게 솟아오르고, 광장을 따라 늘어선 주택들의 화사한 색채와 형태에서는 더욱 균형감과 조화로움이 느껴졌다. 텔치를 둘러싸고 있는 작은 연못은 텔치가 누리고 있는 평화로움을 말없이 전해주고 있다. 미풍이 첨탑 위로 불어와서 이마에 흐르는 땀을 식혀주었다. 교회 바로 옆에 있는 텔치 성Chateau Telc은 이 도시가 지닌 오랜 역사와 깊은 문화유산을 보여 주는 듯 눈부신 햇살 아래 빛나고 있었다. 광장 한켠 햇살이 잘 드는 벤치에서는 한 여인이 가만히 앉아 오후의 햇살을 즐기고, 광장의 끝 첨탑 아래 큰 나무 그늘에서는 두 명의 화가가 아름다운 광장을 자신들의 캔버스에 담아내고 있었다.

그런 소박한 풍경들이 말로 표현하기 힘든 평화로움을 선사해주었다. 언제나 새로운 것을 찾아가는 현대인들, 좀 더 크고 웅장한 것을 찾아다니는 오늘날의 사람들에게 어쩌면 텔치는 그런 시대를 거스르고 작은 것이 아름답다는, 사소한 풍경 속에서 행복을 찾으라는 진리를 말해주고 있는 듯하다. 사람의 살아감도 그

텔치의 소박한 풍경은
말로 표현하기 힘든 평화로움을 선사해준다.

러하지 않은가. 높은 목표를 세우고 치열하게 살아가는 삶도 분명 의미가 있지만, 그렇게 높은 곳을 향해 앞만 보고 가다 보면 내 가까이에 있는 소중한 것에 상처를 주게 된다.

교회 첨탑의 한 공간에는 여행자들이 자신의 방문 기록을 남길 수 있는 게시판이 있다. 텔치가 제공하는 그 게시판은 이제 무수한 메모와 그 메모를 고정한 핀으로 너무나 빽빽해서 더 이상 빈 공간이 없을 정도였다. 사람들은 이렇게 텔치의 아름다움에 반해서 그들의 마음 한 점을 이곳에 두고 떠난다. 나도 그 텔치의 첨탑 속에 내 마음을 남겨두었다.

첨탑에서 내려와 텔치를 둘러싼 연못가를 따라 산책을 했다. 어느새 해는 서편 기슭으로 기울고, 작은 연못은 황금빛으로 빛나기 시작했다. 초라하고 평범한 연못도 석양이 선사하는 빛의 변주 속에 세상 가장 아름다운 황금빛으로 빛났다. 돌아보면 나의 청춘도 그러했다. 스스로 작다고, 볼품없다고 여겼던 그 시간이 사실 가장 아름다운 인생의 황금기였으리라. 무릇 평범함 속에 비범함이 있다고 말하듯, 나의 보잘 것 없는 일상 속에 특별함이 숨어 있고, 특별할 것 없는 인생의 시기, 너무 평범하고 진부해서 내세울 것도 없을 것 같은 그 시간이 어쩌면 가장 아름답고 순수한 시간일 수 있다는 것을 20대가 지나고 나서야 알게 되었다. 나이를 먹고 지난 시간에 대한 헛된 생각이 안타깝기만 했다. 하지만 다시 생각해 보면 내가 살아가고 있는 현재는 이 시간만의 아름다움과 가치를 지니고 있을 것이다. 텔치의 아름다움을 보듯이 그런 내 삶의 아름다움을 보는 내가 되기를 그 황금빛 햇살 속에서 기도했다.

광장으로 돌아오자 눈부시게 빛나던 광장은 어스름 속에 희미한 형태로 나를 맞아주었다. 그런 어스름 속에서 아직 가로등이 불을 밝히기 전 벌써 하늘에는 살짝 배가 부른 반달이 떠서 희미하게 빛을 뿌리고 있다. 마땅히 갈 곳도 없어 정처없이 광장을 배회하는 내게 그 달빛은 좋은 벗이 되어주었다. 달빛은 말없이

초라하고 평범한 연못도 석양이 선사하는 빛의 변주 속에 세상 가장 아름다운 황금빛으로 빛난다.

미소를 짓고 있었고, 자전거를 타고 집으로 돌아가는 아이들은 빠르게 나를 스쳐 저 멀리 골목 속으로 사라져갔다.

광장의 한쪽 끝에서 떠오른 달이 어둠이 내린 광장을 좀처럼 떠나지 못하고 서성대는 나를 따라다녔다. 푸르스름한 마지막 빛이 광장의 실루엣 너머 가장 아름다운 빛으로 빛나기 시작했고, 하나둘 가로등 불빛이 켜졌다.

광장이 내려다보이는 작은 노천카페에 들렸다. 커다란 두 개의 파라솔 아래, 현지인들이 주로 모여 앉은 카페에 들어서자 낯선 이방인을 한 번 힐끗 바라보더니 이내 자신들의 대화 속으로 빠져들었다. 이제는 익숙한 시선에 아무 거리낌 없이 자리를 잡았다. 그리곤 광장 방향으로 향한 테이블에 앉아 잘 마시지도 못하는 맥주 한 잔을 주문했다. 한 잔의 맥주와 한 줄기 달빛이 나를 어질어질하게 했다. 무엇보다 그 노천카페에서 바라보는 푸르스름한 밤하늘과 광장의 어둠, 그리고 광장을 둘러싼 주택의 실루엣이 만들어내는 그림 같은 풍경이 나를 다시금 취하게 했다. 텔치의 밤은 그렇게 풍경에 취해 깊어만 갔다.

텔치

◆ 체코 남모라비아 주에 있는 도시 유적

'모라비아의 진주'라고 불리는 작고 아름다운 소도시로 1992년에 유네스코 세계 문화유산에 지정되었다. 두 개의 고요한 연못에 둘러싸여 있으며 분주한 여행길에 잠시 쉬어가기에 좋은 곳이다. 열차로 타보르에서 텔치로 가려면 중간에 호르니 체레케프Horni Cerekev와 코스텔레치 우 지흐라비Kostelec u Jihlavy에서 환승을 해서 가야 한다(3시간 소요). 텔치 기차역에서 구시가까지는 도보로 10분 소요된다.

볼거리
- ◆ 긴 대로와 같은 자하리아슈 광장과 광장을 둘러싼 르네상스와 바로크 양식의 건축물들
- ◆ 텔치 성 관람과 내부 정원 산책
- ◆ 성 야곱 교회 탑에 올라 텔치 전경 감상하기
- ◆ 텔치를 감싸고 있는 두 연못인 우리츠키Ulicky와 슈테프니츠키Stepnicky 산책하기

잠자리
- ◆ **Hotel Telc**(Na Můstku 37, Tel. +42 567 243 109, www.hoteltelc.cz/e-index.htm)
구시가 역사 지구의 중심인 자하리아슈 광장으로 들어가는 입구에 있다. 화장실, 샤워, TV, 옷장 등이 모두 갖춰져 있고 방도 깨끗하고 널찍하다. 아침 식사 포함.

먹을거리
- ◆ **Senk pod vezi**(Palackeho 116, Tel. +42 567 243 889)
소박한 시골풍의 인테리어로 푸근한 느낌이 드는 체코 요리 레스토랑이다. 체코 전통 맥주 필즈너 우르켈과 모라비아 와인을 맛볼 수 있고, 식사 메뉴도 가격과 양, 맛 모두 만족스럽다. 주요 메뉴에 넉넉히 곁들여 나오는 채소가 입맛을 더욱 돋운다. 영어 메뉴도 준비되어 있다.

슈베르트를 스쳐 만난 말러의 향취
올로모우츠

여행자, 역사의 흔적을 어루만지다

◆ 　　　　　여행을 하다 보면 놓치고 싶지 않은 순간들이 있다. 즐겁고 흥겨울수록 그 순간은 더욱 짧기에 아쉽기만 하다. 그러나 그 찰나의 행복과 깨달음을 위해 나는 오늘도 길 위에 섰다. 수없이 많은 가지로 뻗어 있는 유럽의 철도 노선과 그 위의 수많은 도시들 사이에서 내 여행은 다양한 추억과 이야기들로 가득 채워진다. 스쳐가는 풍경이 아쉽고, 머무는 풍경이 애틋하다. 또한 만나는 인연에 설레고, 떠나는 사람에 아쉬워한다. 여행길의 공허와 충만은 언제나 같은 공간에 존재해 여행자를 힘겹게 만든다.

　　15시간이라는 긴 여정 끝에 유럽의 중심부에 위치한 3개국을 지나 또 다시 낯선 곳으로 향한다. 아침 8시 반에 리히텐슈타인Liechtenstein의 수도 파두즈Paduz에서 출발한 버스는 30분만에 오스트리아에 인접한 국경역 펠트키르히Feldkirch

중앙역에 도착했다. 그곳에서 다시 오전 9시에 출발한 열차는 금세 오스트리아로 넘어갔지만, 오후 4시 반이 되어서야 비로소 비엔나 서역 Westbahnhof에 다다랐다. 오늘 여행의 목적지인 체코의 소도시 올로모우츠 Olomouc로 가기 위해서는 비엔나 남역 Suedbahnhof으로 가야만 했다. 열차 시간표를 보면서 얼추 계산을 해보니 남역에서 오후 4시 58분에 출발하는 올로모우츠행 열차를 탈 수 있을 듯했다. 트램을 타기 위해 서둘러 서역 밖으로 달렸다. 초조한 내 마음과는 달리 트램은 느릿느릿 도심 속을 기어가고 있었다. 남역에 도착하니 이미 열차의 출발 시간이 아슬아슬했다. 오스트리아는 열차에도 유명 음악가들의 이름을 새겨놓았는데, 내가 타려던 열차는 프란츠 슈베르트 Franz Schubert라는 이름이 붙어 있었다. 20kg에 가까운 배낭과 10kg이 넘는 카메라가방을 둘러메고 승강장을 향해 달렸다. 그러나 슈베르트는 이렇게 숨가쁘게 달려온 나를 두고 거친 철로의 쇳소리를 내며 남역을 떠나갔다.

할 수 없이 다음 열차 시간표를 확인하니 두 시간 뒤에 출발한다고 적혀 있다. 갑자기 두 시간의 공백이 생겼다. 갑자기 긴장이 풀린 것인지 그때서야 허기가 느껴졌다. 남는 시간 동안 간단히 배를 채우기 위해 남역 안을 기웃거리며 돌아다니다보니 어느 가게 창문에 태극기가 붙어 있었다. 한인이 운영하는 작은 슈퍼인데, 가게 한쪽에 테이블 몇 개가 놓여 있고, 한국의 컵라면과 공기밥, 김치를 팔고 있었다. 가게 안쪽의 벽에는 이곳을 다녀간 우리나라 여행자들이 남긴 짧은 낙서들로 가득했다. 많은 젊은이들이 남역에 도착하고 떠나가면서 자신의 여행의 순간을 기록해 두었다. 아마도 자신의 인생에서 가장 즐거운 시간들 중의 한 부분을 얼굴도 모르는 다른 여행자들과 공유하고 싶어서겠지. 그렇게 낙서처럼 벽에 남겨진 이 여행의 기억은 그들이 일생을 살아가는 어느 순간, 특히나 인생의 힘겨움이 가슴을 답답하게 할 때 문득 되살아나 시원한 청량제가 되어주겠지. 남역 한가운데에 가만히 서 있으니 국적과 인종과 나이대가 제각각인 수많은

기차 안에서 바라본 풍경은 평화롭기만 하다. 그 평화 속에 여행자도 잠시 마음의 여유를 가져본다.

여행자들이 내 곁을 스쳐간다. 여행에 대한 기대 때문인지 역사 안의 공기까지도 나를 들뜨게 만들었다. 이리저리 오가는 여행자들을 가만히 구경만 하고 있어도 행복했다. 그렇게 기다리다 보니 어느새 두 시간이 훌쩍 지나 있었다. 다시 승강장으로 가보니 낭만파 교향악의 마지막 작곡가 구스타프 말러Gustav Mahler가 보인다. 열차에 이름 하나 새겨놓았을 뿐인데, 묘하게도 예술적, 문학적인 향기가 느껴졌다.

한여름의 해가 길다고는 하지만 열차가 부지런히 체코의 모라비아Moravia 지역을 달릴 때 창밖은 이미 사위가 깜깜해져 있었다. 한 치 앞도 보이지 않는 칠흑 같은 어둠 속을 가로지르며 열차는 계속 달렸다. 반쯤 열어둔 창문으로 세차게 흘러드는 밤바람이 열차의 속도를 가늠하게 해주었다. 열차를 갈아타기 위해 체스카 트레보바Ceska Trebova에 내렸을 때는 이미 밤 열시가 가까운 한밤중이었다. 애초에 예정에 없던 여정이어서 숙소조차도 미리 예약이 되어 있지 않았다. 열차를 타고 가다가 가이드북에 소개된 숙소들 중에서 기차역에서 가까운 저렴한 숙소를 골라 일단 전화를 걸었다. 유럽의 일반 호텔들은 저녁 시간이 되면 직원들이 퇴근을 해서 숙소 구하느라 애를 먹은 기억이 있어서 걱정이 되었다.

다행히 상냥한 목소리의 여직원이 전화를 받았다. "아, 안녕하세요, 제가 지금 올로모우츠로 가는 열차를 타고 있는데, 아마 한 시간 후, 그러니까 밤 11시쯤에 도착할 거 같아요. 혹시 빈 방이 있나요?" "네, 물론 있습니다." "혹시 11시쯤 도착해도 괜찮나요?" "그럼요, 저희는 24시간 오픈이에요." 그 말이 들리자마자 속으로 만세를 외쳤다. 올로모우츠 역에 내리는 승객은 나 외에 거의 없었다. 서둘러 기차역을 마주보고 우뚝 서 있는 숙소로 향했다. 기차를 타고 오면서 알려준 내 이름을 예약 명부에서 확인하더니 신속하게 체크인을 해주었다. 맞은편 창밖으로 올로모우츠 역이 내려다보이는 방에 짐을 풀고 대충 씻고 낡은 침대에 드러누우니 어느새 하루의 경계를 넘어서고 있었다. 특별히 한 일이라곤 기차를 갈아탄 일 밖에 없었지만, 하루 사이에 3개국을 가로질러 15시간 동안 이동을 한 대장정의 하루였다.

늦잠을 잘 거라는 예상과 달리 이른 아침 눈이 떠졌다. 창밖에는 가늘게 비가 내리는 차분한 아침이었다. 대부분의 동유럽 호텔의 조식은 서유럽의 초라한 아침과는 달리 푸짐한 뷔페식이다. 든든하게 배를 채우고 카메라가방을 둘러메고 올로모우츠의 심장부인 구시가행 트램을 타러 정류장으로 향했다. 기차역과 호텔 사이의 넓은 공간은 한창 공사 중이어서 구시가지로 향하는 트램의 노선이 조금 변경되어 있었다. "지금 들어오고 있는 저 트램을 타면 구시가지로 가요." 어쩔 줄 몰라하고 있는 내게 옆에 서 있던 한 아가씨가 밝은 미소로 친절히 설명해주었다. 트램이 구시가지로 깊이 들어갈수록 빗줄기가 거세졌다. 트램에서 내린 후 거친 빗속을 뚫고 올로모우츠 시청사로 향했다.

시청사 앞 드넓은 광장에 들어서자 거세게 쏟아지던 비는 어느새 잠잠히 잦아들었다. 제일 먼저 여행자들을 맞아주는 건 다름 아닌 웅장한 바로크 양식의 성 삼위일체 석주Holy Trinity Column였다. 이 석주는 높이가 무려 35미터에 이르는데, 시청사와 함께 유네스코 세계문화유산에 등재되어 있으며 중부 유럽의 바로크 걸작 중 하나로 평가받는 기념비다. 사실 올로모우츠는 브르노Brno에서 북동쪽으로 약 60km 떨어진 곳에 위치한, 여행자들에게는 잘 알려지지 않은 도시다.

유럽만이 가진 특별한 감성은 트램 속에도 존재한다.

중세에 태어난 걸작이
현대 속에서 아름다운 자태를 드러낸다.

과거와 현재가 공존하는 올로모우츠에서
삶의 덧없음과 의미를 새롭게 깨닫는다.

하지만 실제로 이 작은 도시가 보유한 문화재와 중세 건축물의 숫자는 수도 프라하의 뒤를 이어 체코 제2위를 차지할 정도로 풍부하다. 12세기 이후 로마네스크와 고딕 양식의 대성당, 고대 신화가 풍부한 영감이 되어 형상화된 올로모우츠의 수많은 분수들, 프라하의 것과는 차별화된 색다른 느낌의 우아한 천문시계 등이 대표적인 문화유산이다. 모차르트가 그의 심포니 제6번^{Symphony No.6 F-major}을 이곳에서 작곡하기도 했다.

　시청사 앞에 꽤 많은 사람들이 웅성거리고 있었고, 방송카메라를 멘 남자와 기자인 듯한 사람들이 사진을 찍으며 무언가를 기다리고 있었다. 호기심에 이끌려 그쪽으로 다가가 보았다. 트럭에서 덮개로 가려진 무언가를 내리고 있었다. 그러자 방송카메라를 비롯한 여러 매체의 카메라가 그런 과정을 담아냈다. 호기심 가득한 사람들의 시선 속에 마침내 덮개가 벗겨졌다. 가까이 가서 살펴보니 그건 바로 그냥 자전거였다. 하지만 가만히 들여다보니 그냥 자전거가 아니라 구글 마크가 새겨진, 조금은 특이하게 생긴 자전거였다. 핸들바에는 GPS 장치인 듯한 특수 장비가, 안장 뒤에는 사람 머리 위로 360도를 다 촬영할 수 있는 특수카메라가 설치되어 있다. '아, 이게 바로 구글 지도의 로드뷰를 만드는 장비로구나.'

　체코의 전통 의상을 예쁘게 차려 입은 소녀가 시승식을 하고, 올로모우츠의 대표인 듯한 한 남자가 구글 직원 두 명과 함께 얘기를 나누며 와인잔을 높이 들고 건배를 했다. 중세의 향기를 간직한 올로모우츠가 첨단의 현대 문명과 결합하며 한 걸음씩 세상 속으로 나오고 있는 현장이었다. 옛 것을 간직만 하는 것이 전통을 지켜나가는 방식은 아니다. 고고한 아름다움을 간직한 옛 도시가 세상 가운데 그 위용을 환히 드러내는 것이 어쩌면 당연한 시대의 흐름이리라. 그러나 한편으로는 마치 나만이 숨겨둔 보물이라도 되는 것처럼 세상에 알려지지 않았으면 하는 이중적인 마음이 들기도 한다.

　광장 근처의 한 식당에서 점심을 먹고 나오니 어느새 하늘은 활짝 개어 있고,

비 내릴 때의 서늘하던 기운은 뜨거운 열기로 변해 있었다. 천천히 올로모우츠를 거닐었다. 여행자가 느리게 걸을수록 여행길에 숨겨진 비밀들은 더욱 환하게 드러난다. 로마의 황제 시저^{Caesar}의 분수를 비롯해 고대 신화에 등장하는 넵튠^{Neptune}, 헤라클레스^{Hercules}, 트리톤^{Triton}, 머큐리^{Mercury}, 주피터^{Jupiter}, 아리온^{Arion}의 분수들이 제각각 개성을 뽐내며 올로모우츠의 광장과 골목 곳곳에서 신비로운 전설을 전해주었다. 높이가 100미터에 달하는 벤체슬라스 성당^{St. Wenceslas Cathedral}을 비롯한 다양한 성당들이 황제의 권력을 넘어섰던 영화로운 종교의 시대를 떠올리게 했다. 그러나 중세를 지배했던 종교의 시대는 가고, 이제는 돈이 세상을 지배하는 물질의 시대가 도래했다.

세상의 주인은 사람인 듯하지만 실제 깊이 들여다보면 사람들은 종교와 신분, 물질, 욕심에 지배되어 왔다. 그들에게 있어 자유란 입으로만 나오는 말일 뿐 실제 그것을 누리고 사는 사람은 거의 없다고 보는 것이 맞을 것이다. 여행도 마찬가지다. 많은 여행자들이 자유를 찾아 떠나지만 늘 눈에 보이지 않는 무언가가 자유를 억압할 때가 있다. 현실적으로 잔고가 비어가는 통장이 그러하고, 추상적인 여행을 통해 무언가 눈에 보이는 결실을 원하는 스스로의 욕심이 그러하다. 이럴 땐 여행의 속도를 잠시 늦추는 것이 좋다. 다급하게 여행길을 걸을수록 여행의 매력은 가뭄을 만난 풀잎처럼 시들해져 버린다. 수많은 박물관, 미술관, 성당, 유적들에 지치고 여행의 들뜸도 옅어지는 때, 그때야말로 바삐 가던 길을 잠시 멈추고 생각에 잠겨야 할 순간이다.

시저의 분수를 지나치다가 마침 맞은편에 있는 카페 말러^{Cafe Mahler}에 들렀다. 말러 열차를 타고 올로모우츠에 와서 말러 카페에 들르게 된 것도 묘한 인연인 듯했다. 알코올 도수가 낮은, 거의 무알콜에 가까운 맥주 바이렐^{BIRELL}을 한 병 주문하고 자리에 가만히 앉자 머릿속에는 여러 가지 생각들이 가지를 쳐나가기 시작했다. 무엇 때문에 여행을 하는가. 여행이든, 일상이든 그것이 반복적인 일과가

올로모우츠만의 특별한 예술적 감성을 드러내는 천문시계.

되면 여행과 일상의 모든 즐거움은 사라져버린다. 그때 멈춤이 필요하다. 일상의 멈춤이 여행의 시작이고, 여행의 멈춤이 일상으로의 회귀다.

땅거미가 지고 저녁 어스름이 올로모우츠를 서서히 덮어오고 있었다. 아리온의 분수 앞 벤치에 앉아 어둠으로 덮여가는 도시를 가만히 바라보았다. 올로모우츠는 도시를 아름답게 꾸미기 위해 아름다운 신화와 전설을 찾아 그것을 바탕으로 도시 곳곳에 다양한 분수들을 세웠다. 다른 분수들에 비해 가장 최근에 만들어진 아리온의 분수에도 영감 넘치는 전설이 담겨 있다.

옛날 그리스 고린도^{Corinth} 출신의 유명한 가수가 천상의 목소리로 노래를 부르고 하프처럼 생긴 전통 악기 키타라^{Cithara}를 연주해 부와 명예를 모두 얻었다. 큰 성공을 거두자 그는 자신이 활동하던 이탈리아에서 자신의 고향으로 금의환향하는 것을 꿈꿨다. 그러나 배의 선원들이 그를 바다 한가운데에 던져 죽이고 재산을 가로채기로 공모했다. 파도가 넘실대는 바다로 뛰어들기 전에 그는 생의 마지막으로 아름다운 노래를 불렀다. 그는 힘겹게 노래를 끝내고 절망한 채 끝을 알 수 없는 바다 속으로 몸을 던졌다. 이때 놀라운 일이 벌여졌다. 그의 아름다운 노래를 듣고 깊은 바다에서 헤엄쳐 온 돌고래가 그를 구해준 것이다. 신은 그 돌고래를 갸륵히 여겨 하늘의 별이 되어 영원토록 빛나게 해주었다. 돌고래의 선행 때문이기도 했지만 결국 그는 자신의 노래로 스스로의 생명을 구했다. 동화 같은 신화가 푸른 저녁 올로모우츠의 광장과 골목 여기저기에서 신비로운 마력을 뿜어내고 있었다.

도시가 점점 어둠 속에 잠겨가면서 사물의 윤곽 또한 희미해져 갔다. 그와 반대로 낮 동안 들떠 있던 대기는 점차 안정되어 갔다. 일상 속에서라면 집으로 돌아가야 할 시간이다. 그러나 길 위에 선 여행자는 돌아가야 할 집이 없다. 물론 그렇기에 어쩌면 더 자유로운지도 모른다. 어디든 발길을 향할 수 있고, 마음이 머무르는 곳에 시선도 머물 자유가 있다. 저녁과 밤의 경계에 서면 대기의 색깔이 수시로 변하고, 구름은 좀 더 빠른 속도로 하늘 위를 넘나든다. 하늘은 그 모든 대기의 색채를 모아 비현실적일 정도로 파랗게 빛나다가 이제는 까만 어둠 속으로 물러난다. 어둠이 내린 하늘에는 무수히 많은 별들만이 그 빛을 발한다. 저 멀리서 유난히 빛나는 별은 혹시 그 옛날 자신을 감동시킨 아름다운 노래를 떠올리며 눈물 한 방울 떨구었을 돌고래가 아닐까. 옛 전설을 아는지 모르는지 노천카페에 모인 사람들은 고요한 광장의 적막을 깨뜨리며 두런두런 이야기를 이어간다.

in good memories

올로모우츠   ◆ 풍부한 문화유산이 전설을 만드는 도시

아직 여행자들에게 낯설지만 사실 문화재 보유수는 프라하에 뒤이어 체코 제2위라고 한다. 구시가는 온갖 양식의 건축물들이 가득하다. 프라하에서 버스가 거의 1시간에 1대꼴로 운행되며 2시간~2시간 40분 소요된다. 텔치에서는 2~4번 갈아타고 5시간 30분 정도 소요된다. 기차역에서 구시가까지는 1km 정도 떨어져 있기 때문에 역 앞에서 트램이나 버스를 이용해 구시가지로 이동한다.

볼거리
- ◆ 올로모우츠의 중심 호르니 광장과 시청사의 천문시계, 성 삼위일체 기념비
- ◆ 구시가 곳곳에 배치된 다양한 분수와 분수에 담긴 전설 찾아보기
- ◆ 성 바츨라프 성당과 프제미슬 궁전 관람

잠자리
- ◆ **Hotel U Domu**(Domska 4, Tel. +42 585 220 502, http://udomu.3dpano.eu/index-en.php)
  성 바츨라프 성당 근처 조용한 골목에 위치하며 편안하고 내부 인테리어가 매력적인 호텔이다. 아침식사 포함.
- ◆ **Hotel Sigma**(Jeremenkova 36, Tel. +42 585 232 076, sigma@cpihotels.cz)
  올로모우츠 기차역 바로 맞은편에 있는 10층짜리 현대적인 건물이다. 내부 시설은 낡았지만 방은 널찍하고 욕실과 TV가 비치되어 있다. 뷔페식 아침식사가 일품. 구시가까지 호텔 앞에 있는 트램을 이용하면 편리하다.

먹을거리
- ◆ **Restaurace Varna**(Riegrova ulice č.6, Tel. +42 585 522 118, www.varna.cz)
  구시가 중심인 호르니 광장에서 성 삼위일체 상에서 리그로바 거리로 조그만 걸으면 오른편에 있다. 구운 거위 가슴살 요리가 맛있고, 가격 대비 맛이나 양에서 만족스럽다. 스낵 바, 레스토랑, 댄스 클럽을 겸하고 있다.
- ◆ **Cafe Mahler**(Horni Namesti 11, Tel. +42 737 242 852, www.olrestaurace.eu)
  호르니 광장에 위치한 카페. 다양한 케익과 아이스크림 선데이(sundae), 커피와 맥주 등을 즐길 수 있다.

체코 국경에 숨겨진 모라비아 와인의 보석
미쿨로프

운명적 이끌림이   특별한 인연을 만 들 다

◆ 분주하고 힘든 일상 속에서 문득 생각만 해도 절로 마음이 따스해지고, 얼굴에 미소가 번지는 추억의 장소가 있다. 무수한 여행길에서 우연찮게 만나게 된 미쿨로프Mikulov가 내게는 바로 그런 곳이었다. 여행의 일정이 모두 끝나갈 무렵, 비엔나로 가서 출국할 날이 얼마 남지 않았다. 짧은 기간을 분주한 대도시 비엔나에서 보내고 싶지 않아 급히 지도를 펼치고 주변을 탐색하기 시작했다. 그때 내 눈에 체코와 오스트리아 국경 근처에 있는 체코 모라비아Moravia 지방의 작은 도시 미쿨로프가 계시처럼 선명하게 떠올랐다. 아무런 정보도 없었지만 본능처럼 그곳이 끌렸고, 그곳에 가고픈 생각에 가슴이 뛰었다.

체코 제2의 도시 브르노Brno의 대규모 버스터미널에서 출발한 미쿨로프행 버스는 드넓은 모라비아의 들녘을 부지런히 달렸다. 끝도 없이 이어진 해바라기밭을 원없이 본 건 그때가 처음이었다. 흔들리는 버스 창밖으로 바람결에 풀들이 넘어졌고, 설레는 내 마음도 함께 흔들렸다.

노란 해바라기밭이 끝날 무렵, 싱싱한 초록의 포도밭이 펼쳐지기 시작했다. 가을을 코앞에 두고 포도송이들은 먹구름 사이로 곧 솟아날 마지막 여름 햇살을 갈망하고 있었다. 끝없이 이어진 포도밭의 초록 물결에 지쳐갈 무렵, 저 멀리 지평선 너머로 낯선 마을이 아련하게 모습을 드러냈다. 평지보다 조금 높은 언덕 위에 이정표처럼 성이 하나 우뚝 솟아올랐고, 마을을 둘러싼 초록의 물결은 생명력이 흘러넘쳤다. 그곳에 도착하자 동양인 여행자가 드문 편인지 관광안내소 직원이 반갑게 맞아주었고, 더욱 성심껏 여행 안내를 해주었다.

미큘로프는 모라비아 와인 생산의 중심지로 유명하다. 성 내부에 있는 와인 제조 설비들은 보고만 있어도 놀랍다. 그 크기가 인간의 몸의 수십 배에 달하는 와인통과 포도즙을 짜는 기계들은 미큘로프가 얼마나 와인과 밀접한 도시인지 알려준다. 풍요로운 모라비아의 포도밭 사이를 달리던 자전거 하이킹족들은 잠시 이곳 광장에 들러 시원한 맥주를 들이키거나 간단한 요기를 하곤 한다.

다음 날 관광안내소 직원이 추천한 근교 여행지인 레드니체Lednice행 버스를 기다리고 있었다. "여기서 레드니체행 버스를 타는 게 맞나요?"하고 버스정류장에 서 있는 한 무리의 일행에게 물어본 게 대화의 물꼬를 터주었다. 그들은 이곳에서 거리가 꽤 되는 체코 오스트라바Ostrava에서 할머니댁에 놀러온 체코의 10대들이었다. "우리도 지금 레드니체로 가는 길이에요. 같이 다니면 되겠네요." 가장 활달한 니콜Nikol이 먼저 제안했다. 우리는 서로 의기투합해서 레드니체행 버스에 올랐다. 버스는 미큘로프를 벗어나서 드넓은 포도밭 사잇길을 달렸다. 일행 중 유일한 남자인 토마스Thomas는 옛 유럽 화폐를 모으는 게 취미라고 했다. 그래서 그에게 우리나라의 천 원짜리 지폐 하나를 건네자 의외의 선물에 고마워하며 자신의 지갑 속에 조심스럽게 넣었다.

미큘로프에서는 푸른 자연과 인간이 만든 건축물이 자연스레 조화를 이루고 있다.

한 시간도 채 달리지 않아 버스는 레드니체에 도착했다. 붉은색의 꽃과 초록의 잔디 정원, 우아한 샤또가 숲 속에 숨은 듯 자리하고 있었고, 그 숲 속에는 넓은 연못과 구불구불한 산책로가 이어졌다. 호기심 많은 니콜은 한국의 자연과 음식, 그리고 사람들에 대해서 이것저것 물어왔다. 우리는 또한 체코의 역사와 언어, 음식, 코루나에 대해서도 이야기를 나눴다. "전 체코와 슬로바키아가 분리되어 서로 각자의 길을 가는 것에 대해 절대적으로 찬성해요. 서로를 존중하면서 각자 자신의 길을 가는 게 옳다고 생각해요." 의외로 역사관이 분명했다. 틈틈이 기념사진을 찍으며 걷다 보니 눈앞에 상당히 높은 이슬람 모스크 탑이 나타났다.

탑 꼭대기에 함께 올라 드넓은 모라비아의 평원을 바라보았다. 초록의 평원에는 푸른 나무숲과 그 너머로 줄지어선 포도밭, 그리고 아득히 먼 곳에 붉은 지붕의 마을들이 시원스레 펼쳐졌다. 시장기를 느낀 우리는 함께 소박한 피쩨리아Pizzeria에 들러 피자로 점심식사를 해결했다. 날씨가 너무 더워 한국에서 가져간 부채를 펼쳤다. 그들은 김홍도의 풍속화가 그려진 부채를 보더니 신기해하며 부채를 들고 기념사진을 찍었다. 또 그들의 이름을 냅킨에 한글로 적어서 보여주자 신기해했다. 그리곤 각자 그 냅킨을 소중히 접어서 지갑에 넣으며 학교에 돌아가면 친구들에게 보여주겠다며 웃었다. 바이올린을 공부하는 이사벨Isabelle은 내가 높은음자리표를 그리는 방식이 다르다며 신기해했다. 미쿨로프로 돌아오는 길, 나른한 오후 햇살에 포동포동 영글어가는 포도밭이 싱그럽다. 버스에서 내리면서 우리는 짧은 만남에 아쉬움의 인사를 나누며 각자의 여행길을 떠났다.

날씨가 조금 흐렸지만 한결 여유로운 마음으로 '성스러운 언덕'으로 향했다. 주택가 담벼락에는 와인의 고장답게 주렁주렁 포도송이들이 맺혀 있었다. '십자가의 길Way of the Cross, krizova cesta'이라고 불리는, 그리 가파르지 않은 언덕길을 따라 오르자 금세 붉은 지붕의 미쿨로프가 발아래 펼쳐졌다. 드넓은 모라비아의 들녘은 온통 포도밭이었다. 자멕요새와 주거 형태의 대저택 스타일을 중심으로 원형으로 형성된 붉은 지붕의 미쿨로프와 온통 초록색의 포도밭은 강한 대비를 이루었고, 그 속에서 생명의 환희가 느껴졌다.

미쿨로프의 광활한 자연을 가슴 속에 새긴 채 숙소에 돌아와 잠시 한가롭게 쉬고 있는데, 창밖으로 기어이 소나기가 쏟아졌다. 시장기를 느낀 나는 우산을 들고 거리로 나섰다. 카페에 들러 체코의 전통 요리인 베프조파 페체네Veprova pecene, 돼지고기를 삶아서 소스에 절인 요리, 크네들리키(Knedliky) 빵과 함께 곁들여 나옴와 화이트와인을 한 잔 주문했다. 든든히 속을 채우고 광장을 나서자 여전히 부슬부슬 비가 내리고 있었다. 그런데 비 내리는 광장 한가운데에 천막이 설치되었고, 그 안에 민속 의상을 입은 수많은 사람들이 모여서 조금은 소란스러웠다. 얼른 천막 속으로 달려가 보니 일부는 흥겹게 악기를 연주하고, 중년의 아저씨들은 우렁찬 합창을 하고 있었다. 또 일부 사람들은 천막 안 한쪽에서 손에 와인잔을 하나씩 들고 다양한 와인을 시음 중이었다. 1인당 150코룬(kc)만 내면 와인잔을 하나 주는데 무제한으로 마음껏 온갖 종류의 와인을 맛볼 수 있었다. 드디어 와인 축제의 전야제가 시작된 것이다.

열심히 그들의 모습을 사진에 담고 있는데, 민속 의상을 입은 한 아주머니가 내 카메라를 향해 미소를 지었다. 서로 눈이 마주치자 그녀는 내게 손을 내밀며 악수를 청했다. "전 수잔Susan이라고 해요. 풍성한 포도 수확을 바라는 축제를 하고 있어요. 내일은 자멕과 이 광장에서 더욱 크게 축제 행사가 벌어질 거에요." 그녀의 환한 미소에 나도 절로 미소가 지어졌다. "내일 자멕에서 공연이 시작되니까 꼭 보러와요."

그녀와 인사를 나누고 몸을 돌리자 아까부터 유심히 나를 살피던 한 남자가 내게 다가왔다. 그는 내게 자신의 와인잔을 건네며 와인을 권했다. 머나먼 이국 땅에서 이곳까지 찾아온 낯선 여행자에게 미큘로프의 와인을 맛보여주고 싶은 듯했다. 향기롭고 다양한 와인의 맛에 나도 모르게 조금씩 빠져들고 있었다. 파벨Pavel이라고 자신을 소개한 그는 이곳 미큘로프에서 포도를 재배해서 와인을 만들고 있단다. 그가 갑자기 자리에서 일어나더니 내게 제안을 했다. "괜찮으면 내 와인 셀러wine cellar를 보러가지 않겠어?" 현지인이 직접 가꾸는 포도밭과 그의 와인 셀러를 볼 수 있는 기회를 어찌 마다할 수 있겠는가. 흔쾌히 오케이하고 그를 따라나섰다. 파벨 아저씨에게는 일행이 있었다. 그의 친척인 모이미르Mojmir 형제와 프라하에서 음악을 가르치는 교사인 친구와 함께 그의 포도밭과 와인 셀러가 있는 구시가 외곽으로 향했다. 인적도 없는 밤길을 20여 분 걸어서 마침내 완만하게 비탈진 언덕에 자리잡은 포도원에 도착했다.

그가 문을 열고 들어간 와인 셀러는 겉보기에는 전원주택처럼 보였다. 마치 신비한 유적을 발견한 고고학자처럼 그의 안내를 따라 지하실로 내려갔다. 엄청난 양의 와인 원액이 담긴 거대한 통들이 제일 먼저 눈에 띄었다. 파벨 아저씨는 와인을 병에 담는 기계와 코르크 마개를 끼우는 기계도 보여주고, 친절한 모이미르 형제는 내게 직접 시범을 보여주기까지 했다. 그는 나를 좀 더 깊숙한 와인 저장고까지 데려갔다. 겉보기보다 지하 저장실은 더욱 깊고 넓었다. 그가 마지막으로 조심스럽게 문을 열자 서늘한 공기가 엄습했다. 매해 수확해서 직접 만든 와

인들이 원형의 저장실 벽면 가득 병에 담겨 차곡차곡 그 세월만큼의 먼지를 뒤집어쓴 채 가득 꽂혀 있었다. 우리는 자연스럽게 저장실 한가운데에 놓여진 원형의 탁자를 빙 둘러쌌다. 파벨아저씨는 벽면에서 와인 한 병을 꺼내더니 한 바퀴 빙 돌아가며 모두의 잔 가득 와인을 따라주었다. 자신의 와인을 사랑스러운 눈빛으로 바라보는 모습에서 이곳이 신성한 제단이 된 것 같은 착각이 들었다.

1층에 있는 방 벽면에는 수십 개의 액자가 걸려 있었는데, 매해 최고의 품질을 공인받은 와인 인증서diploma였다. 그는 단연 이곳 미쿨로프에서 최고의 와인을 생산해내는 최고 전문가로 인정을 받고 있었다. 그는 사실 상업적으로 팔기 위해 와인을 재배하는 장사꾼이 아니었다. 단지 와인이 좋아서 포도밭을 가꾸고 와인을 만들면서 누구든지 자기를 찾아오는 와인 애호가들에게 와인을 대접하기를 즐기는 진정한 와인 애호가였다. 우리는 와인 셀러 바깥에 있는 포도원 옆 정자로 자리를 옮겼다. 그의 일을 도와주러 온 조카 부부도 합석했다.

파벨은 연신 와인 셀러를 들락거리며 그때마다 새로운 와인을 들고 나왔다. "응, 이 와인은 조금 순하고 달콤한 맛이야." "이번 거는 조금 강하고 드라이한 맛이야." 한참을 마시다가 나는 문득 궁금증이 일어 그에게 물었다. "파벨 아저씨, 저 같은 와인 초보에게 좋은 와인 고르는 법 좀 알려주세요." "와인은 스스로 공부해야 해. 스스로 맛보고 느껴야 알 수 있어." 나의 우문에 그는 현답으로 맞받았다. 그의 말처럼 와인은 자신의 코로 향기를 맛보고 눈으로 색깔을 감상하고, 혀로 맛을 음미한다. 그리고 그 속에 담긴 여름 햇살과 비와 바람, 밤이슬과 고독한 별의 노래까지 감상할 수 있어야 하지 않을까. 고요한 파벨 아저씨의 포도밭에서는 그날도 포도가 말없이 영글어가고, 맑고 영롱한 와인잔 부딪히는 소리와 우리의 웃음소리가 포도넝쿨 구석구석으로 스며들었다. 와인병은 점점 늘어갔고, 우리는 점점 와인에 취해갔다. 와인 얘기를 할 때면 그는 나이도 잊고 뜨거운 열정을 토해냈다. 그는 내게 와인 셀러가 아닌 그의 와인 자체를 보여주고 싶었나

보다. 밤이 깊도록 포도원 옆 정자에서 열린 와인파티는 끝이 날 줄 몰랐다.

조금씩 와인을 마셨는데도 워낙 다양한 종류를 맛보다 보니 취기가 올랐다. "내일 다시 들러도 되나요? 떠나기 전에 인사를 드리고 싶어요." "내일 아침 일찍부터 여기서 와인을 병에 담는 작업을 할 거야. 언제든 들러. 또 마시자구." 그는 껄껄 웃으며 대답했다. 그리고는 내가 잘 마시던 순한 맛의 와인 한 병을 셀러에서 꺼내 선뜻 내밀었다. 극구 사양하는 내게 그는 말했다. "와인을 기쁘게 마셔주는 게 내게는 가장 큰 선물이고 행복이야. 사양하지 말고 받아." 숙소로 돌아오는 길, 달빛이 쏟아지고 있었고 내 손에 들린 파벨 아저씨의 와인병에도 달빛이 눈부시게 빛났다.

마침내 미큘로프 와인 축제의 아침이 밝았다. 자멕에는 온갖 민속 의상을 화려하게 차려입은 공연단들이 속속 모여들었다. 여인들은 눈부신 장식의 모자와 화려한 색상의 상의, 통이 넓은 치마로 한껏 맵시를 뽐냈다. 모라비아 와인의 중심지인 미큘로프에 다 함께 모여서 풍성한 포도 수확을 기원하며 각 마을 사람들이 공연을 펼치는 무대였다. 긴 부츠와 몸에 꽉 끼는 빨간 바지, 예쁘게 수놓은 레이스 자켓을 입은 악단의 기수는 행렬의 맨 앞에서 신나게 춤을 추었다. 그 공연단 무리 속에서 수잔이 나를 보더니 반갑게 인사를 했다. 자멕의 넓은 정원을 한 바퀴 일렬로 행진을 한 후 간이 무대에서 흥겨운 민속춤 공연이 펼쳐졌다.

수잔이 속한 공연단은 "요요요~욥!" 하며 바이브레이션이 실린 특이한 추임새를 넣곤 했다. 수잔은 잠시 공연이 한가한 틈을 타 와인 한 잔을 내게 건넸다. 미큘로프 와인에 대한 진한 애정과 자부심이 그녀의 표정에서 묻어났다. 공연단들은 이제 자멕을 나와서 마을로 향했다. 마을 곳곳을 돌아다니며 와인축제를 알리는 행진이 시작되었다. 행진하다가 멈추면 길 위에서 아코디언 반주에 맞춰 중년의 남녀들은 춤을 추었고, 바이올린 선율에 맞춰 아가씨들은 노래를 했다. "행진을 하고 난 후 잠시 점심을 먹고 오후에 다시 마을 광장에서 공연이 시작될 거

와인에 대한 열정으로 가득했던 파벨 아저씨의 와인 셀러에서 밤이 깊도록 와인의 향에 취해 마음을 나누었다.

에요. 그때 또 만나요." 수잔은 밝은 미소를 지으며 공연단 행렬을 따라가며 내게 말했다.

잠시 와인 축제가 쉬는 동안 파벨 아저씨에게 작별 인사를 하러 포도밭으로 향했다. 지난밤에는 자세히 보지 못했던 그의 포도밭은 싱싱한 포도송이들이 알알이 익어가고 있었다. 모이미르 형제와 함께 파벨 아저씨는 지하실에서 와인을 병에 담는 작업을 하고 있었다. 반갑게 나를 맞아준 파벨은 물어보지도 않고 와인잔을 하나 건네더니 주저없이 와인을 따라주었다. 와인을 들이키다가 와인 셀러 벽면에 수많은 동전들이 다닥다닥 붙어 있는 걸 발견했다. "이 동전들은 무엇 때문에 붙여 놓은 건가요?" "아, 그건 이곳을 방문한 사람들이 동전을 벽면에 잘 붙이면 다시 또 이곳을 오게 된다는 전설에서 시작된 거야." 파벨 아저씨가 웃으며 답했다. "그럼 나도 하나 붙일게요." 와인통 주변의 끈적끈적한 점액질을 모이미르가 내게 조금 떼어주었다. 동전 한쪽 면에 그걸 바른 후 벽면에 대고 꾹꾹 눌렀다. 손을 떼자 다행히 떨어지지 않고 잘 붙어 있었다. "그럼, 전 이제 다음에 또 이곳에 들를 수 있겠네요." "그래, 언제든 환영이야." 우리는 함께 웃었고, 나는 아쉬움 속에 건배를 하고 남은 와인을 마지막 한 모금까지 삼켰다.

분주한 일상 속에서 어느새 1년이 흘렀다. 다시 체코를 찾게 된 여행길에 나는 본능적으로 미쿨로프를 떠올렸다. 원래 여행 일정에 없었지만, 미쿨로프가 너무나 그리웠다. 아니 파벨 아저씨와 모이미르 형제의 따스한 환대, 그리고 그 와인의 향기가 더욱 그리웠는지도 모른다. 그래서 무작정 전화를 걸었다.

"저 지금 체코에 있어요. 내일쯤 미쿨로프에 들를 계획인데, 와인 셀러에 가도 되나요?" 수화기 너머로 귀에 익은 그의 목소리가 들려왔다. "물론이지. 요새 와인 작업 중이니까 언제든 들러. 환영이야." 미쿨로프에 도착해서 숙소에 짐을 풀자마자 파벨 아저씨의 포도밭으로 향했다. 1년 만에 다시 만난 그는 나를 보자마자 당연하다는 듯이 먼저 와인잔을 건넸다. 그리고 와인을 따라주고 나서야 안부

화려한 민속 의상을 입고 축제에 참여하는 모습이 여행자들에게 강렬한 인상을 남긴다

를 물어보았다. 포도밭 정자에 앉아 한참 동안이나 나의 여행 이야기와 그의 와인 이야기를 나누었다. 정자 한켠에 그는 10여 개의 와인잔을 나무 쟁반에 준비해 두었다. "오늘 저녁에 내 사위와 그의 직장 동료들이 와인을 마시러 오기로 되어 있어. 함께 어울리며 와인을 마셔보자구." 저녁 어스름이 내릴 무렵 사위와 그의 직장 동료 10여 명이 포도밭으로 몰려왔다. 다 함께 정자에 모여 앉아 와인에 깊이 빠져들었다. 밤이 깊어가자 날씨가 쌀쌀해졌고, 우리는 자리를 와인 셀러 1층으로 옮겼다. 파벨 아저씨는 넓은 테이블 위에 다양한 종류의 햄과 치즈를 듬뿍 담은 큰 접시들과 빵을 담은 바구니를 준비해 두었다. 와인과 함께 먹는 햄과 치즈는 정말 그 맛이 일품이었다.

그런데 벽면에 걸린 액자 중 한 곳에 낯익은 이름이 눈에 띄었다. 'Hillary Rodham Clinton' 그 액자는 다름아닌 힐러리 클린턴의 감사 편지였다. 클린턴이 대통령으로 재직 중이던 1996년에 체코로 국빈 방문을 했을 때 체코 정부가 환영 만찬에서 클린턴 내외에게 접대한 것이 바로 파벨 아저씨의 와인이었다. 힐러리는 미국으로 돌아가 백악관에서 그 와인에 감사하는 편지를 파벨 아저씨께 개인적으로 보내왔단다. 파벨 아저씨의 와인은 체코 정부에서도 중요한 행사가 있을 때 공식적으로 대접하는 와인으로 인정받고 있었다.

잠시 후 우리는 모두 파벨 아저씨가 가장 아끼는 깊숙한 와인 저장고로 이동했다. 마치 비밀스러운 사제의식을 치르듯 사람들은 그를 가운데에 두고 원형으로 빙 둘러샀다. 그가 와인병을 들고 한 바퀴 빙 돌아가며 사람들의 손에 들린 빈 잔에 와인을 가득 채울 때는 사뭇 엄숙함까지 감돌았다. 그의 수제자는 분명 그가 따라주는 와인을 남김없이 비워내고 또 다시 언제든 그가 따라주는 새로운 와인을 마실 준비가 된 사람일 게다. 사위는 장인인 파벨 아저씨의 와인에 대한 사랑과 열정에 대해 묻자 엄지손가락을 치켜세웠다. "난 장인의 열정의 반의 반도 따라가지 못해요. 정말 대단한 분이시죠."

저녁 7시에 시작한 와인파티는 밤 12시까지 장장 5시간 동안 쉴 새 없이 이어졌다. 그 5시간 동안 그는 한시도 쉬지 않고 보물창고 같은 와인저장고를 들락거리며 나와 다른 손님들에게 기꺼이 와인을 따라주었다. 사위의 직장 동료와 친구들 10여 명은 그의 열정적인 와인 따라주기에 너무나 감사했고, 일부는 그가 부어주는 와인의 속도를 따라가지 못해 손을 내저으며 사양하기도 했다. 그 밤에 취하지 않은 사람은 아무도 없었다. 모두가 유쾌했고, 행복했던 순간이었다. 와인이 가져다주는 흥취가 그러했고, 한 사람의 열정이 그러했다. "내일은 비엔나로 떠나야 하는 날이어서 먼저 자리에서 일어날게요." "그럼 내일 여기서 점심이나 먹고 떠나. 마리아가 널 위해 체코 전통식 요리를 준비할 거야." 파벨 아저씨는 헤어질 무렵 내게 점심 초대의 말로 작별 인사를 대신했다.

파벨 아저씨의 와인 셀러를 나와서 포도밭을 지나 마을로 돌아오는 길은 꽤 멀게 느껴졌다. 와인에 취해서일까. 길이 부드럽게 느껴졌고, 달빛은 유난히 환히 쏟아져 내렸다. 파벨 아저씨는 와인 그 자체를 사랑하는 사람이었다. 또한 와인을 사랑하는 사람을 사랑하기도 했다. 와인으로 생각하고 와인으로 호흡하고 와인으로 하루하루를 살아가는 사람. 그는 잠시 이런저런 다른 얘기를 무심히 말하다가도 와인 얘기만 나오면 금세 표정이 다양해지고 어느새 열정적인 톤으로 변하곤 한다. 그는 와인에 있어서 철학적인 소크라테스였고, 열정적인 그리스인 조르바였고, 경건한 수도사 프란치스코였다. 그에게 있어서 나는 소크라테스의 한 이름 없는 제자였고, 조르바의 열정이 부러운 니코스 카잔차키스였고, 여린 신념과 연약함을 가진 무명의 순례자였을 것이다. 그의 넓은 배려와 열린 마음이 아직까지도 내 마음 깊숙이 따스한 온정으로 남아 있다.

드디어 미쿨로프를 떠나야 하는 날이 다가왔다. 점심 시간에 맞춰 이제는 눈 감고도 찾을 수 있을 것만 같은 포도밭으로 향했다. 마리아 아주머니가 직접 끓인 수프는 마음까지 훈훈하게 해주었다. 그녀는 직접 요리한 베프조바 페체네를

와인에 취해 바라본 미쿨로프는 고요하지만 깊이 있는 속삭임으로 여행자를 이끈다.

내 접시에 가득 담아주었다. 그 어떤 식당에서 사먹은 것보다 그녀가 요리한 베프조바 페체네는 더 맛있었다. 파벨 아저씨는 흐뭇한 표정으로 나를 바라보고 있었고, 이상하게도 식사할 때는 와인을 권유하지 않았다. 식사가 끝난 후 모이미르 형제와 야로스로바 아저씨는 그의 와인 셀러로 가서 와인 작업을 시작했다. "혹시 제가 도와드릴 만한 일이 없을까요?" 모이미르는 나에게 와인이 담긴 병에 코르크 마개를 패킹하는 작업을 시범으로 보여주었다. 나는 그의 시범을 보고나서 열심히 코르크 마개를 패킹하는 작업을 해보았다. 코르크 마개를 패킹한 와인이 박스에 담겨 저장실로 옮겨졌다. 갑자기 복잡한 일상을 훌훌 벗어버리고 그의 포도밭에서 일하고 싶다는 열망이 들었다. 그러나 벌써 비엔나행 버스 출발 시간이 가까웠다.

　모이미르 형제와 야로슬로바 아저씨와 악수를 나누며 작별 인사를 했다. 파벨 아저씨와도 뜨거운 악수를 나눴다. 우리는 이별의 아쉬움을 조금이나마 달래보려는 듯 다정히 어깨동무를 하고 기념사진을 찍었다. "언제든 이곳에 들러. 너에게 이곳은 항상 열려 있어." 파벨 아저씨는 환한 웃음을 지으며 말했다. 그 순간 내 마음에는 세상 그 어떤 와인보다도 향기롭고 따스한 사람의 향기가 새겨지고 있었다.

in good memories

미쿨로프

◆ 체코 모라비아 지방의 와인 중심지

모라비아의 넓은 평원에 우뚝 솟은 미쿨로프 성과 팔라바 언덕을 가득 채운 초록색 포도밭, 작지만 중세의 모습이 그대로 보존된 구시가 풍경이 아름답다. 여름과 가을 수확기에 와인 축제가 열린다. 브르노에서 열차나 버스로 1시간 20분, 오스트리아 빈에서 버스로 1시간 30분~2시간 정도 소요된다. 열차는 빈 프라터슈테른 Wien Praterstern 역이나 서역에서 브레클라프Breclav로 이동해서 열차를 갈아타야 미쿨로프에 도착할 수 있다.

볼거리
- 미쿨로프의 중심이자 와인 양조장이 있는 미쿨로프 성Zamek 가이드 투어
- 미쿨로프와 모라비아의 벌판을 조망할 수 있는 홀리 힐Holy Hill 오르기
- 미쿨로프 성과 포도밭, 홀리 힐을 가장 잘 볼 수 있는 요새Goat Castle 오르기
- 마을 곳곳에 있는 와인 셀러 방문해서 향긋한 모라비아 와인 맛보기

잠자리
- **Hotel Templ**(Husova 50, Tel. +42 519 323 096, www.templ.cz)
  르네상스와 아르누보 양식의 예쁜 호텔로 예전에는 시나고그였다고 한다. 내부 인테리어도 훌륭하고 청결하며 구시가 중심에서 가깝고 조용하다. 미쿨로프 근처 팔라바 지역에서 자라는 식물들과 나무들, 그리고 가장 아름다운 새들의 영감을 받아 실내 인테리어를 구상했다고 한다. 자체 레스토랑과 중세식 와인 셀러도 있다. 아침식사 포함.

- **Hotel Eliska**(Piaristu 4, Tel. +42 519 513 073, www.hoteleliska.cz)
  템플호텔보다는 규모는 좀 더 크고 가격 면에서 좀 더 저렴하다. 실내 인테리어는 모던하면서 청결하다. 주변도 조용해서 편안히 휴식을 취할 수 있다. 아침식사 포함.

먹을거리
- **U Obriho soudku**(Namesti 24, Tel. +42 519 510 004)
  광장에서 나메스티 길로 조금만 걸어가면 나오는 체코 전통 레스토랑이다. 다양한 와인과 맛있는 전통 메뉴를 맛볼 수 있다. 샐러드나 다른 메뉴도 입맛을 돋운다.

Special Thanks go to

Pavel Mayer, Mojmir Volsa, Jarek, Jaroslava, Moravcikova Zuzana(Susan), Karl Michael Deinhammer, Karina, Marvin, Martin, Michael, Stefan Konrad, Mirka, Ivan, Miran, Martina, Matio, Mikko, Neda Cainero & Cedric Blaser, Tomas Kabat, Nikola Michurova, Isabelle, Aneta, Albert, Manfred Family(Fritz, Elisabeth, Wolfgang, Thomas, Felix, Anna), Monika Bischof, Robert, Jarek Hadala, Michael Knecht, Kivilcim Kaya, Johannes & Editha Leitner, Julia, Katrin, Aboi, two lovely angels in Freistadt, & lots of anonymous angels on the road.